나도 **부자**가 될 수 있다

부자가 되는 법, 부자로 남는 법

나도 **부자**가 될 수 있다

부자가 되는 법, 부자로 남는 법

프레드 영 지음 | 강주헌 옮김
한국어판 특별 집필 홍찬선

참솔

옮긴이 : 강주헌
1957년 서울 출생. 한국외국어대학교 불어과 졸업.
같은 대학의 대학원에서 석사와 박사 학위를 받은 뒤
프랑스 브장송대학에서 수학. 한국외국어대와 건국대 강사 역임.
현재 전문번역가로 활동중.
지은 책으로 『현대 프랑스 언어학』 등이 있으며
옮긴 책으로 『긴 일요일의 약혼식』, 『여성과 언어』,
『수도원의 비망록』, 『중세기행』,
『그들에게 국민은 없다』, 『새로운 세기와의 대화』,
『부자가 된다는 것은 인간의 의무다』 등 30여 권이 있다.

나도 **부자**가 될 수 있다

펴낸날 ▪ 2000년 5월 15일 1판 1쇄
2000년 9월 27일 1판 5쇄
지은이 ▪ 프레드 J. 영
옮긴이 ▪ 강주헌
펴낸이 ▪ 김혜숙

펴낸곳 ▪ 도서출판 참솔
등록번호 ▪ 제8-244호
등록일 ▪ 1998년 5월 13일
주소 ▪ ✪ 121-718 서울시 마포구 공덕동 404 풍림빌딩 521호
대표전화 ▪ 3273-6323 | 팩시밀리 ▪ 3273-6329
E-mail ▪ salamand @ unitel. co. kr

ISBN ▪ 89-88430-11-5 03320

값 ▪ 9,000원

이 책을 여러 항공사에 바친다.

유나이티드, 아메리칸, TWA, 델타, 노스웨스트, 에어 캐나다…….

비행기 안에서, 그리고 탑승하기를 기다리며

이 책이 씌어졌기 때문이다.

「부자가 되는 법, 부자로 남는 법」을 강연하러 전국을 떠돌아다녀야 했기에,

많은 시간을 비행기 안에서 보냈다.

나도 **부자**가 될 수 있다

부자가 되는 법, 부자로 남는 법

차례

프레드 영의 성공비밀을 당신의 것으로

프레드 영은 자수성가한 사람이다. 그는 시카고 해리스 신탁저축
은행의 부행장이면서, 나와는 25년을 함께 지내온 소중한 친구이자
동료이다. 그는 언제나 열정적이었고 근면했으며, 특히 투자 분야에
서 뛰어난 업적을 보여준 직원이었다.

그는 지난 15년 동안 증권분석가로 일하면서, 고객과 동료들에게
금융적인 문제만이 아니라 개인적인 문제까지도 성심성의껏 조언을
아끼지 않아 모두의 사랑을 받았다. 다정한 심성과 자신감 그리고
생활의 지혜는 그를 시카고 최고의 명사로 만들어주었고, 이제는 미
국 전체를 떠들썩하게 만들고 있다.

프레드에게 결점이 있다면, 휴가마저 잊고 일에 열중하는 습관이
다. 언젠가 나는 그에게 아무 일도 하지 말라고 명령한 적이 있었다.
그때 그는 정색을 하며, 자신의 유일한 취미활동이 배당금 통지서를
현금으로 바꾸고 이자표를 정리하는 것이라 말했다.

프레드는 1965년 기관투자부의 책임자가 되면서 본격적인 금융인
이 되었다. 그가 책임진 부서는 신탁회사, 보험회사, 뮤추얼 펀드 등

과 같은 전문투자자에게 조언해 주는 곳이다. 그의 노력 덕분에, 현재 해리스 은행의 기관투자부는 미국 내 어떤 기관투자부보다 많은 고객을 확보하고 있다.

프레드는 주식 동향과 경제 상황에 대한 해리스 은행의 보고서를 책임지고 있는 한편, 현재의 투자 상황에 대한 해설을 인기 있는 월간지에 쓰고 있다. 그는 따분하고 재미없는 「금융」이라는 문제를 흥미진진한 것으로 바꾸어놓는 놀라운 재주가 있다.

요즘 그는 주식의 자문에도 열심이지만, 「부자가 되는 법, 부자로 남는 법」이라는 주제로 강연하는 데 남다른 능력을 보여주고 있다. 그의 강연은 단순한 재미를 넘어 깊은 사고를 갖게 해준다.

나는 몇 년 전부터 프레드에게 이 책을 쓰라고 종용했다. 그의 폭넓은 투자 경험과 지식은 충분히 읽을 만한 가치가 있을 것이다. 프레드가 평생 동안 경험하고 생각한 끝에 터득한 원칙을 그대로 따라 한다면, 당신도 재정적 독립과 안정된 생활을 누릴 수 있는 기회를 얻을 것이다.

당신이 절제된 생활보다 「방탕한 생활」을 즐기는 사람일지라도, 이 책을 즐겁게 읽을 수 있을 것이다. 프레드 영은 오직 한 사람뿐이다. 그러나 그가 살아온 원칙은 당신의 것이 될 수도 있다.

베릴 W. 스핑켈*

---

* 베릴 스핑켈은 1981년 1월, 해리스 은행의 수석 부행장 자리를 떠나 레이건 행정부에서 재무부 금융담당 차관으로 임명되었다. 1985년 4월에는 「대통령 경제자문위원회」 위원장으로 임명되어, 레이건의 임기가 끝날 때까지 위원장직을 맡았다.

나는 이 책을 쓸 자격이 있다

나는 일리노이 주 시카고에 있는 해리스 신탁저축은행 신탁투자부에서 27년 동안 근무했다. 그곳에 근무하던 대부분의 시간을 (1) 부자가 계속해서 부자로 살도록, (2) 부자를 더욱 부자가 되도록 도와주며 지냈다.

당시 해리스 은행 신탁투자부는 1백억 달러 이상의 자금을 운영했다(내가 퇴직한 이후 170억 달러까지 성장했다). 이 자금은 연금공단, 병원재단, 학교재단 등의 기관과 개인적인 부자의 출자로 형성되었다.

부자를 도와준 지난 27년 동안, 나는 「부자가 되는 방법」과 「부자로 남는 방법」에 대해서 많은 것을 배웠다. 또한 부자가 어떤 점에서 다른지에 대해서도 배웠다. 이 책을 통해서 여러분에게 그런 비밀을 알려줄 수 있어 기쁘다. 여러분도 이 비밀을 터득해서, 금전적인 문제를 더욱 효율적으로 관리할 수 있기를 바란다.

나는 이 책에서 밝히는 「부자가 되는 법과 부자로 남는 법」을 최대한 활용해서 부자가 되었고, 지금은 수백만장자라고 자신 있게 말할 수 있다. 인내와 끈기를 지닌 사람이라면 누구나 나처럼 부자가 될 수 있다. 또한 행복은 적절한 돈관리에서 시작된다는 사실을 명심해야 한다.

이 책이 완벽한 것이라 말할 수는 없다. 또한 이 책 속에서 부자가 되고 부자로 남는 모든 방법을 포괄했다고 말할 수도 없다. 내가 개인적으로 터득한 비결에 나의 성공담을 곁들인 것이다. 은행이나 신탁회사에서 근무하는 전문가들이 여기에 다시 많은 것을 덧붙일 수 있을 것이다.

그러나 이 책에서 빼놓을 것은 절대 없다. 나는 이 책에 쓰인 모든 것이 부자가 되는 비결이라고 굳게 믿는다.

⬚1 시작하면서

나는 테네시 주 화이트버그 근처의 한 농가에서 자랐다. 그러나 오래 전 시카고로 이사했을 때, 북부 사람은 화이트버그에 대해 전혀 모를 것이라 생각해서, 테네시 주에서 두번째로 큰 도시 불스갭 출신이라고 말했다.

이런 선의의 거짓말이 부자가 되고 부자로 남는 법과 무슨 관계가 있을까? 생각보다 훨씬 깊은 관계가 있다. 내가 고향에 있었을 때 화이트버그나 불스갭에는 부자가 없었다. 솔직히 말해서, 나는 시카고에 온 다음에야 부자를 만날 수 있었다. 1930년대 후반 미주리 대학 법학부를 다닐 때, 나는 신탁과 부동산에 관련된 강의는 일부러 신청하지 않았다. 부동산 문제로 골치를 썩일 만큼 부자를 만난 적이 없었기 때문이다.

나는 부자와는 전혀 동떨어진 세계에서 살았다. 그래서 해리스 은행에 취직해서 부자들과 끊임없이 접촉해야 했을 때, 나는 완전히 다른 세계를 만나고 있는 듯한 심정이었다.

2 농부의 아들에서 부자들의 세계로

테네시 동부에서 태어난 농부의 아들이 시카고의 부자들에게 재산관리를 조언하게 되었다. 어떻게 그럴 수 있었나? 내가 자주 받는 질문이다. 당신도 무척이나 알고 싶을 것이다. 그래서 되도록 간단하게 그 과정을 이야기하려 한다.

어렸을 때, 나는 정말 농장일이 싫었다. 수확도 별로 좋지 못했다. 지독히도 뜨거운 날씨 아니면 코끝이 떨어질 것 같은 차가운 날씨, 그리고 홍수와 가뭄 때문에 어찌해 볼 도리가 없었다. 간혹 수확이 좋으면, 공급과잉으로 가격이 폭락해 버렸다. 나는 언덕 기슭에서 잡초를 뽑을 때마다, "이렇게 살 수는 없어. 멋지게 살 수 있는 방법이 있을 거야"라고 중얼거렸다.

어느날인가 아버지가 변호사 신세를 질 일이 생겼다. 아버지는 모리스타운으로 젊은 변호사를 만나러 갔다. 아버지는 그 변호사가 무척이나 인상에 남으셨던지, 어머니에게 "그 젊은 친구, 정말 만물박사던데"라고 말씀하셨다. 그 순간 나는 결심했다. 나도 어른이 되면

변호사가 되겠다고! 나도 만물박사가 되고 싶었으니까.

1941년 법과대학을 졸업했을 때, 소집 영장이 나를 기다리고 있었다. 그리고 소집 영장은 의회가 정식으로 선전포고를 했던 바로 그날, 1941년 12월 8일 내 손에 도착했다. 그때 나는 녹스빌에 있던 테네시 강 유역개발공사에 근무하고 있었다. 12월 9일, 나는 해군 수병이 되겠다며 자원입대서를 제출했다. 그리고 사무실로 돌아와 상관에게 자원입대하겠다고 말했다. 여행부서에 근무하는 용감한 청년이 해군에 지원서를 냈다는 소문이 사무실에 금세 퍼졌다. 여직원들이 수군거렸다.

"정말 멋지지 않니?"

"저런 젊은이들 때문에 우리 나라가 힘이 있는 거야."

다음날에도 칭찬은 멈추지 않았다. 기혼의 여직원까지 나를 찾아와 이렇게 말해 주었다.

"어제 남편에게 당신 이야기를 했어요. 그랬더니 남편이 자신도 총각이라면, 당신처럼 했을 거라고 하더군요."

물론 그들도 나중에는 조국을 위해 입대해야 했다. 어쨌든 나는 쏟아지는 칭찬을 의젓하게 즐겼다. 그러나 내 주머니 속에 소집 영장이 있다는 말은 뻥긋도 하지 않았다.

해군에 입대해서 9개월 동안 일리노이의 오대호, 텍사스의 코퍼스 크리스티, 루이지애나의 뉴올리언스를 차례로 돌아다닌 후, 나는 워싱턴에 소재한 의료국의 법의약과에 배치되었다. 1942년 9월, 나는 벤저민 E. 어윈 장군을 뵙게 되었다. 어윈 장군은 아직도 내 기억에 생생히 남아 있는 멋진 분이었다. 어윈 장군은 나에게 이렇게 말했다.

"영, 우리는 처음 6개월 동안은 자네에게 많은 것을 기대하지는 않겠네. 여기에서 하는 일을 파악하는 데에도 상당한 시간이 필요할 테니까 말이네."

내가 물었다.

"제가 6개월이나 이곳에서 근무하게 된다는 뜻입니까?"

해군에 입대한 이래 9개월 동안 3개월 이상을 한 곳에 있지 못했던 까닭에 그렇게 물었던 것이다.

"자네 능력에 달렸겠지. 자네가 일을 잘해 내면, 6개월이 아니라 그 이상도 여기에서 근무할 수 있을 거네. 하지만 그렇지 못하면, 어디 뜻대로 되겠나?"

나는 일을 잘해 냈던 모양이다. 전쟁이 끝날 때까지 그곳에서 근무할 수 있었으니까.

1946년 나는 해군을 제대했다. 그리고 재향군인회에서 일자리를 얻었다. 그들은 나에게 시카고로 발령을 냈다. 1947년에는 캔자스의 포트스콧으로 가서 그레이스 우드워드라는 여인을 아내로 맞은 후 시카고로 데려왔다. 나는 아내에게 직업을 갖도록 부추겼다. 아내는 직업소개소를 찾아가, 글로어 포간&컴퍼니라는 유명한 컨설팅 회사에 취직하였다. 필리프 몬크리프의 비서 자리였다.

몬크리프는 그 회사에서 투자상담부서의 책임자로, 부자 고객에게 투자를 자문해 주는 전문가였다. 아내는 몬크리프의 거래 관계를 준비하고 편지를 작성하면서 밤 9시나 10시까지 일하는 것이 보통이었다. 그처럼 밤늦게까지 일하는 아내를 위해서, 나는 필드 빌딩(지금의 라살레 은행 건물)의 40층에 있던 몬크리프 사무실에 자주 들렀다. 아내를 기다리면서, 나는 몬크리프의 책상에 놓인 투자관련 자

18

료를 읽었고, 때로는 고객에게 보내는 투자권유 편지를 읽어보기도
했다.

나는 투자사업에 묘한 흥미가 일기 시작했다. 그전까지, 나는 소
득만으로 재산을 축적하려고 했고, 내가 벌어들일 수 있는 돈만으로
주식을 매입했다. 그러나 투자사업으로도 최저생계비를 너끈히 벌
어들일 수 있다는 사실을 그때 처음으로 깨닫게 되었다. 어쨌든 가
난한 사람이 부자를 더 부자로 만들어주면서 윤택하게 살 수 있는
방법이 있다는 사실을 전혀 모르고 있었다. 내가 살던 시골에서는
누구도 그런 이야기를 해주지 않았기 때문이다.

1952년 초, 나는 몬크리프를 찾아갔다. 나도 그가 하고 있는 일을
해보고 싶다고 말했다. 법률 공부를 그만둘 작정이었다. 정말 내가
하고 싶은 일이라는 생각이 들어서였다. 이제 내가 이 사업을 시작
하게 된 과정을 말하겠다.

몬크리프는 솔직히 대답해 주었다. 그는 내가 투자사업에 전혀 경
험이 없기 때문에, 어느 정도 경험을 쌓을 때까지는 투자자에게 아
무런 도움도 주지 못할 것이라 말했다. 덧붙여서, 내가 정말 그 일에
평생을 매달릴 생각이라면 노던 신탁회사나 해리스 은행을 찾아가
투자조사부에 일자리를 얻으라고 조언해 주었다.

두 회사는 당시 시카고에서 가장 조직적이고 가장 능력 있는 투
자자문회사였다. 몬크리프는, 두 회사가 많은 봉급을 주지 않기 때
문에, 봉급 액수에 연연해서는 안된다고 충고해 주었다. 대신 내가
그곳에서 3년 정도의 경험을 쌓고 열심히 배운다면, 그때 가서 회사
가 주는 봉급이 만족스럽지 못하다고 생각될 경우, 그곳에서 쌓은
투자 경험을 무기로 라살레 가에서 내 몸값을 흥정해 볼 수 있을 것

이라고 조언해 주었다.

그래서 나는 노던 신탁회사를 찾아갔다. 그러나 그들은 나에게 별다른 관심을 보여주지 않았다. 다시 해리스 은행을 찾아갔다. 이상하게도 그들은 나에게 관심을 보였다. 하지만 나는 커다란 실수를 저지르고 말았다.

윌리엄 노비는 해리스 은행 투자조사부의 책임자였다. 그는 해리스 은행에서 잔뼈가 굵은 사람이었다. 그는 내가 만나본 사람 중에서 가장 헌신적인 사람이었다. 그는 해리스 은행을 최고의 투자회사라고 자부하는 사람이었다.

나를 면접한 사람은 노비였다. 노비는 예상대로 봉급에 대한 문제를 물었다. 나는 그 질문을 예상하고 있었기 때문에, 지체없이 대답할 수 있었다.

"노비 씨, 은행이 많은 봉급을 주지 않는다는 것을 잘 알고 있습니다……."

그는 의자에서 벌떡 일어섰다. 그러고는 귀 뒤까지 벌게지면서, 내 말을 가로막았다.

"당신이 잘못 알고 있는 것 같군요. 우리 해리스 은행은 여타 업계의 봉급수준과 비교할 때, 충분한 급여를 보장해 주고 있소."

그 바람에, 나는 투자조사부에서 일하고 싶으며 봉급은 전혀 문제가 아니라고 변명할 틈도 없었다. 당시 나는 재향군인회에서 7,600달러의 연봉을 받고 있었다.

2주일 후, 나는 인사부장이던 프레드 스톤의 편지를 받았다. 해리스 은행이 4,500달러의 연봉으로 나를 채용할 의사가 있다는 내용이었다. 나는 곧바로 답장을 썼다. 그들의 제안을 흔쾌히 받아들여,

1952년 4월 1일부터 근무하겠다는 내용이었다.

그 해 4월 중순경, 아내가 병원을 찾아야 했다. 뭔가 불안한 예감이 들었다. 예상대로, 아내는 임신이었다. 아내는 직장을 그만두어야 했고, 우리는 새 가족을 부양할 널찍한 집을 사야만 했다. 그런데도 가족의 총수입은 67% 가량 줄어들었다. 아내가 임신했다는 사실을 2주일만 일찍 알았더라면, 나는 그런 박봉을 받아들일 용기가 없었을 것이다. 또한 새로운 직업세계에서 불확실성에 도전할 수 없었을 것이다.

그러나 모든 일이 의도대로 잘 풀렸다. 그후 나는 27년 동안 해리스 은행에서 부자들을 도와주는 삶을 철저히 즐겼다.

솔직히 부자가 된다는 것은 상당히 매력 있는 일이다. 가난한 사람이 할 수 없는 것을 부자는 할 수 있다. 또한 부자는 가난한 사람이 꿈도 꾸지 못하는 흥미진진한 일을 벌일 수 있다.

이제 나는 부자가 되는 법, 그리고 부자로 남는 법에 대해 터득한 내 비법을 당신에게 귀띔해 주려 한다. 또한 부자가 어떤 점에서 다른가를 당신에게 알려주려 한다.

이 책을 진지하게 읽고, 내가 그랬던 것처럼 당신에게 찾아오는 기회를 최대한 활용한다면, 당신도 부자가 될 수 있을 것이다.

3 절실하게 원해야 부자가 될 수 있다

절실하게 원하는 사람은 누구나 부자가 될 수 있다. 터무니없는 소리로 들릴 수도 있다. 그러나 나는 그걸 믿는다. 절대적으로 믿는다. 그래서 누구에게나 그렇게 말한다. 정상적인 지능을 지닌 건전한 사람이라면, 자유경제체제하에서 누구라도 부자가 될 수 있다. 단, 조건이 있다. 절실하게 원하면서, 되도록 일찍 시작하는 것이다.

그런데 왜 우리 모두는 부자가 아닐까? 부자가 되는 데 연연하지 않는 사람이 있기 때문이다. 그런 사람에게는, 부자가 되는 것이 인생의 첫째 목표가 아니다. 가령 구세군, 종교인, 사회사업가, 교육자 등이 그런 사람들이다. 다시 말하면, 커다란 부를 축적하기보다는 타인을 위해 봉사하는 데 인생의 첫째 목표를 두는 사람들이다. 솔직히 말해서, 주변에 이런 사람들이 있다는 것이 여간 다행이 아니다. 그들이 없다면, 당신과 내가 사는 이 세상은 각박하기 그지없을 것이다.

그러나 부자가 되고 싶은 사람이 훨씬 많다. 그런데 왜 부자가 되지 못할까? 그 이유는, 누구라도 현재의 경제체계에서 부자가 될 수 있다는 사실을 일찍이 깨닫지 못하기 때문이다. 대부분이 버스가 한참 떠난 뒤에야 그런 사실을 깨닫는다. 시간이 그들을 저버린 셈이다. 그렇다고 젊은 사람만이 부자가 될 수 있다는 말은 아니다. 천만의 말씀이다. 65세가 되어 은퇴한 뒤에 부자가 된 사람도 부지기수로 많다.

샌더스 대령을 모르는 사람이 있을까? 그는 사회보장연금을 켄터키 프라이드 치킨에 투자해서 엄청난 돈을 벌어들였다. 아서 바이닝 데이비스는 알코아에서 은퇴한 후 플로리다의 부동산에 투자한 덕분에 거부가 되었다.

이처럼 은퇴 후에 부자가 된 사람도 많다. 그러나 이왕 부자가 되려면 일부러 은퇴할 때까지 기다릴 이유는 전혀 없다. 너무 위험하다. 일찍부터 시작하면 성공할 가능성이 훨씬 커지기 때문이다. 많을수록 좋듯이, 일찍 시작할수록 더 좋다. 이 문제에 대해서는 나중에 좀더 자세히 이야기하자.

대부분의 사람은 부자가 되고 싶어한다. 그러나 「절실하게 원하지는 않는다」. 오래 전, 나는 「절실하게 원하지는 않는다」는 말을 10대인 아들 녀석에게 처음 들었다. 아주 적절한 표현이라는 생각이다. 아들 녀석은 능력 있고 영리한 편이다. 그러나 우등생 명단에 들어본 적이 없었다. 어느날인가, 나는 성적표를 받아들고 아들 녀석에게 우등생이 되고 싶지 않냐고 물었다. 녀석은 "물론 되고 싶지요. 하지만 절실하게 원하지는 않아요"라고 대답했다.

그 뜻을 충분히 짐작할 수 있다. 우등생이 되려면, 더 많은 공부와 희생이 필요하다는 뜻이었다. 그렇기 때문에, 내 아들은 우등생이 되기를 절실하게 원하지 않았던 것이다.

대부분의 사람이 그렇다. 그들은 부자가 되고 싶지만, 충분한 노력을 기울이지 않는다. 바로 여기에서 부자가 되기 위한 두번째 비법을 찾을 수 있다.

4 모든 부에는 희생이 따른다

내가 27년 동안 만나보았던 부자들을 살펴보면 일정한 공식을 찾을 수 있다. 벌어들인 수입보다 적게 소비하는 희생을 감수하고, 그 차액을 가치가 상승해서 그를 부자로 만들어줄 무엇인가에 투자하는 것이다. 물론 아무런 희생도 치르지 않고 부자가 되었다는 사람이 있다고 한다. 하지만 나는 그런 사람을 한 번도 만나보지 못했다.

부자가 되기 위해서는 누군가 희생을 치러야 한다. 지금 부자인 사람이든, 그 아버지이든, 그 할아버지이든, 그 증조 할아버지이든, 아니면 삼촌이나 친구, 아니면 다른 누군가가 희생을 치렀어야 한다. 가령 어떤 농장에서 석유가 발견된다면, 그때부터의 희생은 별것이 아니다. 그러나 따지고 보면, 그 농장을 구입하기 위해서 희생을 치르며 돈을 모은 사람이 있었을 것이다.

내가 알고 있는 대부분의 재산가들도 마찬가지이다. 지치도록 일하면서 허리띠를 졸라매고 인색하게 돈을 모은 누군가에 의해서 시작된 재산이었다. 지금의 재산이 있게끔 종자돈을 마련하기 위해 믿어지지 않는 희생을 감수한 사람이 있었을 것이다.

나는 하나님을 믿는다. 하나님은 선하신 분이므로 이 땅을 내려다보시며, "너와 네 가족은 영원히 부자가 될 것이고, 너와 네 가족은 영원히 가난할 것이다"고 말씀하시지는 않았을 것이라 믿는다. 그러나 반드시 그런 것도 아니다. 요즘 부잣집이 부잣집일 수 있었던 것은, 과거에 누군가가 그들을 부자로 만들어줄 만한 무엇인가를 하였기 때문이다.

5 부자의 기준

경제적 배경에 따라 부자라는 개념이 달라진다. 상대적으로 많지 않은 재산을 가졌음에도 상당히 부유하다고 생각하는 사람이 있는 반면에, 평생 동안 펑펑 쓰고도 남을 정도의 재산을 가졌음에도 빈곤하다고 생각하는 사람이 있다.

내 아내는 캔자스 출신이다. 아내는 시카고를 그런대로 마음에 들어하지만, 시카고의 겨울만은 질색한다. 겨울이 너무 길고 춥다는 이유 때문이다. 심지어 여름에도 춥다고 말할 정도이다. 그래서 아내는 매년 8월이면 캔자스에서 보름 동안의 휴가를 즐기려고 어김없이 캔자스로 돌아간다.

몇 해 전이었다. 아내와 아이들이 캔자스의 산타페 치프에서 휴가를 즐기고 돌아오는 날이었다. 나는 그들을 마중하러 디어본 역으로 나갔다. 언제나 그렇듯이, 기차는 연착되고 있었다. 그날따라 날씨까지 찌는 듯이 더웠다. 사실 시카고가 폭염에 싸이면, 디어본 역은 지옥으로 변해 버린다.

출발하는 기차와 도착하는 기차 모두가 늦어지고 있었다. 덕분에 대합실은 발 디딜 틈조차 없었고 시끌시끌했다. 그런 소음을 뚫고 뚜렷이 들려오는 목소리가 있었다. 목소리의 주인공은 듬직한 체구의 중년 부인이었다. 그녀는 쉴새없이 떠들어대며, 대합실을 이리저리 다니고 있었다. 그럴 수밖에 없었다. 그녀가 말을 붙이면, 모두 자리에서 일어나 다른 데로 가버렸기 때문이다.

마침내 그녀가 내 옆에 와서 앉았다. 나는 진지하게 그녀의 이야기를 들어주었다. 그녀는 에반스빌행 기차를 타려고 3시경에 역으로 나왔다고 했다. 제부(弟夫)가 에반스빌에서 사망했는데, 사후문제를 도와달라는 여동생의 간곡한 부탁 때문이었다. 그녀의 제부가 지독한 수전노였던지 여동생은 몹시도 궁핍하게 살아야 했다. 그러나 제부는 세상을 떠나면서 여동생에게 상당한 유산을 남겼다. 그래서 여동생은 갑자기 수중에 떨어진 엄청난 돈을 처리하려고 언니에게 도움을 청한 것이다.

나는 그녀의 제부가 부인에게 유산으로 얼마나 남겼는지 물었다. 그녀는 대합실이 떠나가도록 커다란 목소리로 대답했다.

"5만 달러!"

물론 5만 달러는 가난한 사람에게 적지 않은 돈이다. 그러나 5만 달러가 있다고 해서 부자라고 생각할 사람은 거의 없을 것이다.

그런 일이 있은 며칠 후, 해리스 은행의 부행장이 나에게 한 숙녀를 모셔왔다. 그녀는 심각한 문제가 생겼다고 했다. 투자한 재산에서 나오는 연간 3만 6천 달러로는 도저히 살아갈 수 없다고 푸념을 늘어놓았다. 더 많은 이익을 얻기 위한 조치가 필요하다는 것이었다. 자, 내가 그녀를 도울 수 있었을까?

나는 그녀의 푸념에 그다지 동정심이 일지 않았다. 테네시 주 불스갭 근처에서 어린 시절을 보낸 사람에게, 연간 3만 6천 달러는 풍족하게 살고도 남는 돈이었다.

어쨌든 그녀는 내 앞에서 신세타령을 늘어놓았다. 그녀는 남편을 잃은 지 얼마 되지 않은 미망인이었다. 게다가 두번째 남편이었다. 그녀는 아버지에게 80만 달러를 유산으로 받았다. 그래서 그녀와 두번째 남편은 혼전계약을 맺었다. 그녀의 재산은 그녀의 것이고, 남편의 재산은 남편의 것이라는 철저히 계산된 계약이었다. 하지만 계약이 문제가 되지는 않았다. 오히려 각자 데려온 자식들이 나중에 재산 때문에 분란을 일으킬 수 있는 소지를 막아주는 적절한 조치였다.

남편은 커다란 법률회사의 선임변호사로, 연간 10만 달러를 벌어들였다. 그들은 그야말로 풍족한 생활을 누렸다. 그녀의 투자수입 3만 6천 달러, 남편의 연봉 10만 달러, 그리고 남편의 투자로 얻는 수입이 화려한 삶을 뒷받침해 주었다. 물론 상당 액수를 세금으로 지출했지만, 풍족한 생활을 하기에는 부족함이 없었다. 그런데 갑자기 남편의 10만 달러가 공중으로 떠버리면서, 그녀는 3만 6천 달러의 생활수준에 맞추어야 했다.

나는 그녀에게 우선 절약해야 한다고 충고했다. 그녀는 이미 최대한 절약하고 있다고 대답했다. 그래서 나는 그녀에게 어떤 식으로 절약하고 있냐고 물었다. 그녀는 운전기사를 해고시켰다고 말했다. 그녀는 월세 1,200달러인 아파트에 살고 있었다. 당연히 나는 더 작은 아파트로 옮기라고 권했다. 그러나 그녀는 그럴 수 없다고 대답했다. 가정부와 요리사를 위한 방이 필요하기 때문에! 나는 버럭 소리쳤다.

"작은 아파트로 옮기면 가정부가 필요없을 겁니다!"

그녀가 화를 내며 덤벼들었다.

"당신은 아무것도 몰라요. 내 나이 72세이지만, 지금까지 단 하룻밤도 혼자 지낸 적이 없다고요."

이쯤이면 당신도 감이 잡힐 것이다. 5만 달러의 유산만으로 부자가 되었다고 생각하는 여자가 있는 반면에, 연간 3만 6천 달러의 수입으로도 가난하다고 생각하는 여자가 있는 이유를 짐작할 수 있겠는가? 두 여자는 경제적 배경이 너무 달랐다. 그 때문에 부자에 대한 개념마저도 확연히 다른 것이다.

"내가 부자요?"

해리스 은행에서 일하면서 귀가 닳도록 들은 질문이다. 물론 다른 식으로 묻기도 하지만, 그 뜻은 언제나 마찬가지이다. 때로는 나에게 달려와 이렇게 말하는 사람도 있다.

"영 씨, 해리스 은행은 부자들 돈만 관리해 준다고 들었소. 이게 내가 가진 전부요. 이 정도 돈이면, 당신네 은행에 계좌를 열 수 있겠소?"

이런 질문도 결국 우리에게 그가 부자라고 생각하는지 묻는 것 아니겠는가?

때로는 가진 재산을 소상히 털어놓으며, 우리가 관리하고 있는 다른 고객의 계좌와 비교할 때 어느 정도가 되는지 묻는 고객도 있다. 결국 우리에게 큰 고객인지 아니면 평범한 고객인지를 묻는 것이다. 한 마디로, "당신네 부자 고객과 비교할 때 나는 어느 정도요?"라는 질문이다.

때로는 "내가 부자라고 생각하시오?" 하고 단도직입적으로 묻는 고객도 있다. 오래 전에 해리스 은행이 주간사가 되어 지방채를 판매한 적이 있었다. 그때 광고를 보았던지, 한 카톨릭 신부가 편지를 보내왔다. 채권부서는 그 편지로 골머리를 썩이다가 결국 나에게로 넘겼다.

그 신부는 재산 내역을 낱낱이 밝힌 다음, 이렇게 질문했다.

1. 내가 부자입니까?
2. 신부직을 그만두어도 되겠습니까?
3. 은퇴하더라도, 지금 가진 것으로 먹고 살 수 있겠습니까?
4. 은퇴한 다음, 뉴욕에서 살아도 괜찮겠습니까?
5. 뉴욕으로 이사하면, 아파트를 사는 것이 낫겠습니까, 아니면 전세가 낫겠습니까?

나는 그 편지를 간단하게 보아 넘길 수 없었다. 그 신부는 개인적인 문제를 상담하고 싶었던 것이다. 나는 부자인 카톨릭 신부를 생각해 본 적이 없었다. 그러나 그 신부는 상당한 재산가였다. 나는 정성을 다해서 답장을 보냈다.

"예, 신부님. 당신은 부자이십니다."

"예, 신부님. 신부직을 그만두셔도 되겠습니다."

"예, 신부님. 지금 가진 것만으로도 풍족하게 사실 수 있습니다."

"아닙니다, 신부님. 뉴욕으로 이사하지 마십시오. 시카고로 이사 오십시오. 시카고에 오셔서 해리스 신탁저축은행을 찾으십시오."

그 신부는 내 조언에 무척이나 고마워했다. 일부러 시카고까지 달려와 나를 찾아주었다. 그러나 그는 뉴욕으로 이사했다.

다시 본론으로 돌아가자.

5만 달러의 재산을 가진 여자가 있다. 그녀의 언니는 여동생이 부자라고 생각한다. 그래서 낯선 사람에게도 여동생이 부자라고 자랑해댄다.

전혀 다른 여자가 있다. 연간 3만 6천 달러를 투자수익으로 거두어들이는 여자이다. 그러나 그녀는 부족하다고 생각한다.

전혀 다른 사람이 있다. 180만 달러의 주식과 채권을 가진 신부님이다. 그는 자신이 부자인지 아닌지도 모른다. 그는 신자를 위해서 평생을 보내신 분이다. 돈 문제에 대해서는 별 관심이 없었지만, 자신이 부자일지도 모른다는 생각이 들었다. 그래서 그분은 어떻게 했던가? 그냥 책상에 앉아서, 시카고에 있는 큰 은행에 편지 한 장을 썼다. 그리고 "내가 부자요?"라고 물었다.

당신은 어떤가? 당신은 부자인가? 자신이 부자인지 아닌지 어떻게 알 수 있을까? 1976년 3월, 존 W. 켄드리치 박사는 이규식 박사 그리고 진 로마스크 박사와 공동으로 발표한 흥미로운 보고서 「미국의 국부(國富)」에서 1976년 초를 기준으로 미국의 국부가 5조 7천억 달러에 달한다고 평가했다. 당시 미국의 인구가 2억 1,400만 정도였으니, 남녀노소를 막론하고 1인당 평균 2만 6,511달러의 재산을 보유하고 있는 셈이었다.

따라서 미국 시민으로 2만 6,511달러 이하의 순자산을 보유하고 있다면, 그 사람은 국부를 좀먹는 사람이 된다. 결국 그는 평균 이하이며, 절대 부자가 아니다.

소득수준이 낮은 나라에서는 미국 시민 모두가 부자라고 생각하지만, 이 책의 독자는 그렇게 생각지 않으리라 믿는다. 1987년, 나는 미국 국부에 대한 최신자료가 있는지 확인하려고 통계국 자료를 뒤져보았다. 그러나 없었다. 인플레이션만을 고려해도, 그 수치는 50% 이상 상승되어야 할 것이다.

이제 당신 스스로 대답해야 할 차례이다. 지금 당신은 부자인가? 당신이 부자라고 자부하는 이유는 무엇인가? 앞에서 인용한 두 여인의 경우처럼, 이런 질문에 대한 대답은 부자라는 개념에 대한 당신의 판단 기준에 달려 있다.

가난하다는 것은 무엇인가? 이 책의 주목적은 아니지만, 나는 분명히 말할 수 있다. 가난이라는 개념도 기준에 따라 달라진다. 내가 테네시 동부에서 자라던 시절, 내 가족이나 이웃에게는 자랑스레 내보일 돈이 없었다. 그러나 우리는 결코 가난하다고 생각지 않았다. 오히려 우리를 가난뱅이라고 손가락질하는 사람이 있었다면, 내 부모는 심한 모멸감을 느꼈을 것이다. 사실 우리에게 돈은 많지 않았다. 그렇지만 우리 가족은 언제나 단란했다.

우리가 다니던 조그만 감리교회는 찢어지게 가난해서, 다섯번째 일요일에만 예배를 드려야 했다. 우리 구역의 담임목사는 일요일이면 더 나은 보수를 주는 교회에서 설교했고, 다섯번째 일요일이 끼인 달에만 우리 교회를 위해 봉사해 주었다. 그러나 우리 교회는 「은총」을 듬뿍 받기 위한 노력을 게을리하지 않았다. 지금도 그렇지만, 나는 그런 은총을 어떤 사람이 받는지 궁금했다.

6 부자가 되는 세 가지 방법

1. 재산을 상속받아라. 가능하다면, 재산을 상속받도록 하라. 당신이 부자라고 생각할 만큼 재산을 상속받았다면, 곧바로 17장으로 건너뛰어도 상관없다. 당신의 조상이 먹을 것을 덜 먹고 희생한 대가로 당신이 부자가 된 것이기 때문에 그들에게 감사해야 할 것이다. 그렇다고 그들을 위해 특별히 할 일은 없다. 조상을 되살려내서 효도하겠다고 할 수는 없는 노릇이니까! 어쨌든 당신은 행운아다.

2. 부자와 결혼하라. 노력 여하에 따라서 성취가 가능한 부분이다. 따라서 충분히 시도해 볼 가치가 있지만, 가난뱅이와 사랑에 빠지기 전에 시작하는 편이 나을 것이다. 다시 말해서, 부자와 결혼하는 것도 하나의 프로젝트이다. 실제로 나는 수많은 남녀가 이런 식으로 부에 접근하는 것을 보았다. 이런 노력을 두고 잘못된 것이라 말할 수는 없다. 나는 선하신 하나님께서 나를 위해 특별한 배우자를 마련해 줄 것이라 믿었다. 당시에는 대부분의 사람, 대부분의 청춘남

녀가 그렇게 믿었다. 그들에게 어른이 된다는 것은 하나님이 정해 주신 짝을 찾는 일이었다.

당신도 그런 짝을 찾았을 때, 그 짝이 우연히 부자일 때, 즐거운 마음으로 하늘의 섭리를 받아들여라. 하늘의 섭리를 거역하려 하지 말라.

3. 재산을 상속받을 가망도 없고 결혼으로 부자가 될 기회도 날려 버렸더라도, 절망할 것은 없다. 부자가 될 수 있는 한 가지 방법이 남아 있기 때문이다. **버는 것보다 덜 써라. 그리고 그 차액을 투자하라! 어디에? 값이 올라서 당신을 부자로 만들어줄 것에!**

값이 올라서 당신을 부자로 만들어줄 수 있는 것이 무엇일까? 쉽게 말해서, 어디에 투자해야 할까? 내가 아는 한, 대부분의 부자는 다음과 같은 것에 투자해서 재산을 증식시켰다.

1. 부동산 투자
2. 기업 경영
3. 주식 투자
4. 저축 — 복리이자의 마술

① 부동산 투자

내가 알고 있는 부자들 중에는 부동산으로 부자가 된 사람이 압도적으로 많다. 대체 어떤 종류의 부동산에 투자했을까? 어떤 땅이 었다고 꼭 집어 말할 수가 없다. 논이나 밭, 상가 건물, 아파트, 호텔, 심지어 단독 주택으로도 돈을 벌었다. 그러나 어디에 투자했나? 전국 방방곡곡! 그럼 언제 투자했나? 곰팡이가 슬도록 오래 묵히지 않았을 뿐이다. 장기적 안목에서 투자한 땅도 있었고, 단기적 수익을 위해 투자하기도 했다.

그럼 부동산은 부자가 되는 확실한 길인가? 천만의 말씀이다. 부동산 거래로 알거지가 된 사람도 상당히 많다.

내가 아는 한, 부동산으로 부자가 된 사람은 다음과 같은 세 부류로 나눌 수 있다.

첫째, 「복합효과」를 꾸준히 실천한 사람이다. 쉽게 말해서, 소득을 창출할 수 있는 부동산을 구입하는 방법이다. 아파트나 주택일 수도 있고, 상가 건물이나 공장 건물이어도 상관없다. 그 부동산에서 나오는 소득으로 소득을 재창출할 수 있는 부동산을 구입하도록 한다. 그렇게 얻은 소득으로, 또다시 소득을 창출할 수 있는 부동산을 구입하도록 한다. 50세 정도가 될 때까지 그런 식으로 계속하다 보면, 마을의 절반을 차지할 수도 있다.

물론 다른 사람들은 그런 사람을 가리키며 운이 좋았을 뿐이라고 말할지도 모른다. 그러나 절대 운이 아니다. 그는 마을의 절반을 소유하는 데 필요한 원칙을 지켰을 뿐이다. 그는 목표를 달성하기 위해서 빚을 덜 쓰거나 전혀 쓰지 않았다. 다시 말하면, 목표를 달성하는 데 오랜 시간이 걸렸지만 위험은 그만큼 적었다. 결국 그는 과욕을 부리지 않고 차근차근 부자가 되는 길을 밟았던 것이다.

몇 년 전, 빌 모리슨이라는 직원이 전화를 걸어왔다. 그는 해리스 은행에서 지방채 판매를 담당하는 직원이었다.

"프레드, 조 블라우라는 노인을 아십니까?"

내가 대답했다.

"아니, 들어본 적도 없는데."

"아마 얼굴을 보면 생각날 겁니다. 우리 은행에서 오랫동안 우편물 수발을 담당했던 사람입니다. 곧 퇴직할 모양인데, 그렇게 되면 면세 공채를 구입할 자격을 잃게 됩니다. 그 노인이 계속 면세를 받으면서 투자할 수 있는 방법이 없을까요?"

"알았네, 기꺼이 도와야. 모든 방법을 동원해서라도 말이야."

노인이 내 사무실로 찾아왔다. 오랫동안 내 사무실을 하루에도 몇 번씩 들락거렸기 때문에 금세 알아볼 수 있었다. 다만 이름을 모르고 있었을 뿐이다.

그의 재정 상태에 대해 이야기를 나누면서, 나는 귀가 화들짝 열리는 이야기를 듣게 되었다. 그는 10대에 고향을 버리고 미국으로 건너온 사람이었다. 그는 아파트 경비원으로 일하면서, 절약하며 모은 돈으로 조그만 아파트 한 채를 구입했다.

직접 경비를 서고 보수하면서, 그 아파트에서 벌어들인 돈으로 옆의 아파트를 또다시 구입했다. 해리스 은행에서 퇴직할 때가 되었을 때, 그는 꽤 많은 아파트의 주인으로 해리스 은행의 직원 중 손꼽히는 부자가 되어 있었다. 그는 적은 봉급으로 그런 일을 해냈다. 빚도 없었다. 그는 언제나 현찰로 거래했다.

해리스 은행 고객 중에, 적게 잡아도 1천만 달러의 재산을 가진 고객이 있다. 대부분이 부동산으로 일구어낸 재산이다. 물론 빚도 없다. 젊었을 때, 그는 변호사로 일하면서 벌어들인 수입으로 시카고에 있는 아파트형 호텔을 구입했다.

그 아파트형 호텔에서 창출한 수입으로, 그는 또 다른 아파트형 호텔을 구입했다. 그런 식으로 계속 늘려나갔다. 아파트형 호텔 수가 늘어날수록, 그의 수입도 그만큼 늘었다. 수입이 늘어날수록, 아파트형 호텔 수도 늘어갔다. 그랬으니, 당연히 부자가 될 수밖에!

그는 한 푼의 빚도 없이 그런 일을 해냈다. 만약 그가 빚을 끌어다 썼다면, 1천만 달러가 아니라 1억 달러의 재산가가 될 수 있었을까? 그럴지도 모른다. 하지만 그렇지 않을 수도 있다. 이자율이 급등했을 때, 그는 모든 것을 잃었을지도 모른다. 그는 빚을 생각지 않았다. 덕분에 밤에도 편한 잠을 잘 수 있었다.

1천만 달러와 1억 달러는 엄청난 차이지만, 그가 생활하는 데에는 별다른 차이가 없다. 그러나 1천만 달러와 빈털터리의 차이는 그야말로 비극이라 하지 않을 수 없다.

요즘에는 빚을 쓰지 않는 사람이 바보라고 말한다. 최대한 빚을 끌어다 부동산에 투자해야 한다고 말한다. 그것이 보편화된 지혜처럼 세상을 지배하고 있다. 부동산에 투자하는 최적의 방법이라 말한다. 그러나 빚을 지지 않고도 부자가 되어 부자로 남은 사람도 엄청나게 많다는 걸 알아야 한다.

둘째, 부동산으로 부자가 되려면 행운이 따라야 한다. 다시 말해서, 어떤 이유로든 부동산을 사두었는데 예상치 못한 이유로 어느날 갑자기 부동산 값이 폭등한 경우이다.

가령 농사를 지을 생각으로 큼직한 논밭을 사두었다. 그런데 고속도로가 뚫리면서 논밭 한가운데에 나들목이 생긴다. 그럼 대규모 석유회사가 앞다투어 찾아와, 주유소를 지을 만큼의 땅뙈기를 팔라고 주인에게 사정한다. 제조업체나 외식업체에서도 달려온다. 유전이 발견되거나, 엄청난 모래가 숨겨져 있을 수도 있다. 전혀 예상치도 않았던 사건이 벌어진 셈이다. 그러나 실제로 그런 일이 있었고, 그 땅의 주인을 거부로 만들어주었다.

언젠가 한 신사가 나를 찾아왔다. 투자를 재조정해서 더 많은 소득을 올리고 싶어했다. 그는 은퇴를 준비중이었지만, 생활수준을 낮추고 싶지는 않았던 것이다. 그는 대부분의 여유자금을 주식과 채권에 투자하고 있었다. 주식과 채권이 현금이나 다름없다는 이유 때문이었다. 우리는 많은 대화를 나누었다.

대화를 끝낼 즈음에, 나는 그에게 어떤 업종에 종사하고 있냐고 물었다. 그는 접착제 판매업을 한다고 대답했다. 나는 접착제를 팔아서 그렇게 많은 돈을 벌었다면, 접착제 판매업도 썩 괜찮은 사업이라고 말했다. 그러나 그의 반응이 뜻밖이었다. 접착제를 팔아서 풍족한 생활을 할 수 있었지만, 정작 그를 부자로 만들어준 것은 접착제가 아니라는 것이었다. 그가 말했다.

"내가 이렇게 많은 돈을 어떻게 벌었는지 알고 싶소?"

내가 뭐라고 대답했을 것 같은가?

"그럼요!"

그러자 그는 코트를 벗고, 의자에 느긋하게 앉아 이야기 보따리를 풀어놓기 시작했다.

1940년대, 그는 아내와 어린 두 아들과 단란하게 살고 있었다. 부부는 시골 출신이었기 때문에, 자식들도 시골에서 땅을 밟고 자랄 수 있기를 바랐다. 그래서 그들은 시카고 교외의 널찍한 농장을 구입했다. 그들의 생각은 소박했다.

막내아들이 대학에 입학할 때 농장을 구입한 가격으로 되팔 수 있다면, 손해 보는 장사가 아니라고 생각했다. 그러나 1940년대 농장 가격은 1919년의 수준을 밑돌았기 때문에, 구입 가격으로 농장을 되팔겠다는 생각은 당시로서는 무리였다.

그런데 행운의 여신이 그들을 찾아주었다. 1950년대 중반, 일리노이 유료도로 건설단이 그들의 농장 바로 옆에 도로를 건설했던 것이다.

막내아들이 대학에 입학할 즈음 한 신사가 찾아와 농장을 사고 싶다는 의사를 넌지시 내비쳤다. 그 신사는 그 땅에 대규모 주택단지를 건설했다. 1990년 8월 현재의 통계자료에 따르면, 4만 6,561세대가 모여 사는 도시 하나가 그들의 농장에 건설된 것이다. 그에게 엄청난 돈을 안겨준 것은 바로 부동산이었다.

뜻밖의 우연이었을까? 그저 행운이었을까? 모르겠다. 하지만 전혀 계획하지 않았던 것은 틀림없다. 부동산으로 돈을 벌 생각은 전혀 없었다. 그렇지만 부동산으로 부자가 된 많은 사람에게는 그런 행운이 뜻밖으로 찾아와 주었다.

셋째, 부동산을 구입하고 그 가치를 높이기 위해서 무엇인가를 해야 한다. 그런 부동산 부자는 토지개발계획법을 최대한 활용해서, 구입한 부동산에 주택단지나 상가 건물을 건설했다. 이런 사람은 보편적으로 다른 사람의 돈을 사용하는 경향을 띤다. 따라서 일이 순조롭게 풀릴 경우에는 벼락부자가 되지만, 일이 꼬일 경우에는 걷잡을 수 없이 파산의 길을 걷게 된다.

부동산으로 큰돈을 벌었지만, 60세가 되던 해에 거의 모든 것을 날려버릴 뻔했던 친구가 있다. 그 친구는 근처에 조그만 공항이 있는 텍사스의 한 소도시에서 살고 있었다.

1950년대, 그는 공항 주변의 땅값이 조만간 폭등할 것이라 예측하고, 기회가 생길 때마다 땅을 조용히 사모았다. 1960년대, 마침내 민간 항공기가 그 도시에 취항하게 되었다. 제트기의 이·착륙을 위해서 활주로의 확장공사가 시작되었다. 공항 청사도 더 크게 지어졌다. 또한 주차장, 패스트푸드점, 외식산업체 등등이 속속 들어섰다.

그렇게 그 친구는 부자가 되었다. 1981년 말, 나는 그를 만났을 때 거부가 된 것을 축하해 주었다. 그러자 그는 이렇게 말했다. "프레드, 부동산 사업은 뚜껑을 열어보아야 아는 법일세."

한 마디로, 내 말이 맞았다는 것이다. 그는 공항 주변의 땅을 팔아 큰돈을 벌었다. 그러나 그 돈에 빚을 최대한 끌어들여 공항 근처에 거대한 아파트 단지를 세웠다. 1970년대 말과 1980년대 초에 이자율이 급등할 것을 전혀 예측하지 못했던 것이다.

그는 1년 이상 계속된 높은 이자율을 그런대로 감당해 낼 수 있었다. 그러나 그 해 이자율이 급락하지 않았더라면, 완전히 파산하고 말았을 것이라 말했다(이런 모든 일이 60세가 되던 해에 일어났다). 다행히, 이자율은 1982년에 급속히 떨어졌다. 그후 그 친구는 다시 부자가 될 수는 있었지만, 지옥을 다녀와야 했다.

그럼, 부동산으로 성공하기 위한 비결은 무엇일까? 나는 두 가지로 결론짓는다. 하나는 인플레이션이고, 또 하나는 지역 선정이다.

1차대전 후, 독일은 살인적인 인플레이션에 시달렸다. 그런 재앙에도 살아남은 부동산은 그야말로 황금덩이였다. 미국에서도 1965년 중반에 인플레이션이 꿈틀대기 시작하면서, 1980년과 1981년에 최고치를 기록했다. 그 시기 동안, 부동산은 최고의 투자 상품이었다. 인플레이션만으로도 모든 부동산 가격이 치솟았다.

물론 인플레이션으로 가치가 상승하는 것도 있다. 가령 보석, 예술품, 골동품 등도 가치가 뛴다. 그러나 내가 다루는 것은 누구나 보편적으로 만날 수 있는 투자 상품이다.

1980년대 초, 치솟기만 하던 인플레이션이 멈칫하면서, 인플레이션만으로 상승하던 부동산도 주춤거리기 시작했다. 오히려 농장 가격은 전국적으로 급락했다. 부동산 투자에서 지역 선정이 중요하다고 말하는 이유도 바로 이 때문이다. 이 책을 쓰고 있는 현재도 농장 가격은 계속 하락하고 있다. 간단히 말해서, 고인플레이션 시기가 아닌 안정된 시기에 부동산 투자로 돈을 벌려면 보통 영악해서는 안된다. 그러나 당신이 지역 선정에 뛰어난 안목이 있다면, 이미 절반쯤 성공한 것이나 다름없다.

일단 당신이 부동산으로 가져야 할 최소한의 것은 거주할 공간, 즉 집이다. 집에 대한 판단은 부동산에 대한 관심, 그리고 그런 부동산을 골라내서 관리하는 능력에 달려 있다. 또한 내 관찰에 따르면, 부동산 사업은 부동산의 동향에서 한 순간도 눈을 떼어서는 안되고 모든 결정을 스스로 내려야 한다는 점이다. 가령 어떤 부동산을 사야만 하는지 다른 사람에게 묻는다면, 「아니다」라는 대답을 듣게 될 확률이 훨씬 높다.

「주택융자」이외에 집을 저당 잡혀 최대한 빚을 끌어들여야 하는가? 이런 질문에 대한 대답은 다음 두 가지 요인에 따라 달라진다.

첫째는 빚을 감당할 능력이며, 둘째는 빚을 생산적으로 관리할 능력이다.

나는 1930년대를 휩쓸었던 대공황이 만들어낸 사람이다. 당시 10대 초반이었던 나는 두 눈으로 똑똑히 보았다. 대공황 동안에 농장을 잃은 사람은 모두가 농장을 저당 잡혔던 사람이었다. 당시 시골길을 자동차로 달리다 보면, 언제나 이렇게 묻는 사람이 있었다.

"이제 저 땅이 누구 것이지?"

그럼 대답은 언제나 하나였다.

"뉴욕생명보험회사."

뉴욕생명보험회사는 저당물의 반환권 상실로 말미암아 테네시 주 동부에 엄청난 땅을 보유하게 된 까닭에, 저당물 판매회사까지 두어야 할 정도였다. 그러나 내 아버지는 언제나 자신 있게 말씀하셨다.

"뉴욕생명보험회사가 내 땅을 절대 갖지 못할 거다. 나는 한 푼도 빌리지 않았으니까."

아버지의 그 말씀은 내 뇌리에 깊이 각인되었다. 그리고 내 재산을 담보로 절대 돈을 빌리지 않겠다고 결심했다.

1952년 아내와 나는 일리노이 주 위네트카에 보금자리를 마련했다. 나는 집값을 현찰로 지불했다. 내가 그 집을 담보로 빚을 얻었다면 재정적으로 훨씬 유리했을 것이라 생각하는가? 그럴 수도 있었다. 하지만 그렇지 않을 수도 있었다. 그 해답은 내가 그렇게 얻은 현찰을 얼마나 효과적으로 사용하느냐에 달려 있다.

그 돈으로 휴가를 즐기고, 자동차를 구입하고, 몸과 집을 꾸미는 데 사용했더라면, 아예 빚을 얻지 않는 편이 나았을 것이다. 평생 그 빚을 갚느라고 허덕거렸을 테니까! 또한 그 빚으로 주식이나 부동산에 투자했지만 주식과 부동산 가격이 폭락했다면, 그것 또한 악몽이었을 것이다. 물론 주식과 부동산 가격이 상승했다면, 지금보다 훨씬 풍족하게 살았을 것이다.

우리는 앞날을 예측할 수 없다. 그러나 우리가 확실히 아는 것이 하나 있다. 담보가 없는 깨끗한 집이라면 아무리 낡았더라도 아무런 걱정 없이 평생을 편안히 살 수 있다는 확신이다. 비록 일이 계속 잘 못되더라도 음식비, 의상비, 유흥비, 기부금 등을 줄인다면 얼마든지 버틸 수 있다는 확신이다. 빚에 대한 이자를 제외하면, 모든 것을 소득수준에 맞출 수 있다. 그러나 은행빚은 조절할 수도 없고 연기할 수도 없다. 제때에 갚지 못하면, 길거리로 쫓겨나야 한다. 한 마디로, 당신의 인생이 절단난다는 뜻이다.

이제 당신 자신에게 솔직히 물어보자. 집을 담보로 엄청난 돈을 빌려도 편안할 수 있는지! 나도 마찬가지지만 많은 사람이 그렇지 못할 것이다. 물론 당신에게는 아무런 문제가 되지 않을 수도 있다. 그럼, 집을 저당 잡혀 얻은 돈으로 무엇을 할 것인지 생각해 보라. 만약 남부럽지 않은 삶을 위해서 그 돈을 써버린다면, 당신은 위험할 뿐 아니라 무책임한 삶을 사는 것이다.

또한 현행 대출이자율의 절반 정도밖에 되지 않는 기금에 그 돈을 묻어두더라도, 당신은 그 차액에 해당되는 만큼의 손해를 보게 된다. 반면에 당신이 그 돈을 투자해서 대출이자율보다 2배 이상의 수익을 올릴 수 있다면, 당신은 금융의 마법사라 할 수 있다. 그 정도라면, 이 책을 읽을 필요조차도 없다.

"하지만 나는 소득세 절감을 위해서 상당액을 대출받아야 한다고요!"

내 고객 중에는 이렇게 말하는 사람이 꽤 있다. 사실이다. 1986년에 개정된 세법에 따라 대출이자를 감면받을 수 있기 때문이다. 그러나 소득세율이 100%가 되지 않는 한, 당신이 빌린 돈으로 이자 이상을 벌어들이지 못한다면 대출받는 것은 무조건 손해다.

또, 이렇게 말하는 사람도 많다.

"하지만 담보가 잡혀 있으면 집을 팔기가 훨씬 쉽다고요!"

틀린 주장은 아니다. 그러나 언제나 그렇다고 단정할 수도 없다. 해답은 현재 당신이 지불하는 대출이자율과 집을 팔려고 했을 때 적용되는 대출이자율에 따라 달라진다.

예를 들어보자. 당신은 연간 6%의 이자율을 적용받고 있는데 집을 팔려고 할 당시의 현행 이자율이 12%라면, 대출액수가 많을수록 유리할 것이다. 그러나 이런 경우에도 당신은 다른 심각한 문제에 부딪힐 수 있다.

가령 6%의 이자율을 적용받은 지 상당 기간이 지났다고 해보자. 그럼 매월 지불했던 할부금으로 당신 집의 순가치가 상승했을 것이기 때문에, 당신 집을 사려는 사람은 상승한 가치만큼의 차액을 지불해야 한다. 그것도 만만치 않은 액수이다. 따라서 대부분의 구매자는 그만큼의 차액을 감당하기 위해서 은행을 기웃거리며 높은 이자(12%)로 돈을 빌려야 한다.

거꾸로 당신은 연간 12%의 이자율을 적용받고 있는데 집을 팔려고 할 당시의 현행 이자율이 6%라면 어떻게 될까? 높은 이자율은 집을 파는 데 조금도 도움이 되지 않는다. 구매자는 낮은 이자율로 다시 대출받으려 할 것이다. 그렇게 하자면, 우선 당신이 빚진 돈을 은행에 몽땅 갚아주어야 한다. 결론적으로, 담보가 잡혔다고 집을 쉽게 팔 수 있는 것은 절대 아니다. 한 마디로, 웃기는 이야기이다.

이렇게 주장하는 사람도 있다.

"담보를 잡히면 돈을 절약해서 쓰지 않을까요? 이자를 갚느라고 그만큼 절약할 테니까, 정말 좋은 훈련이 될 것 같은데요."

당신이 성공을 위해서 강요된 저축이라도 필요한 사람이라면, 상당한 도움이 될 수 있을 것이다. 왜냐하면 원금을 나누어 갚아가는 월 할부금만큼 저축한 셈이기 때문이다. 게다가 집값까지 매년 뛰어준다면, 당신의 재산은 더욱 늘어나는 셈이다. 따라서 강요된 저축이 필요한 사람에게는 적절한 방법이 될 수 있다. 그러나 나에게는 그런 식의 저축이 필요없었다!

결국 결론을 내리자면 이렇다.

첫째, 적당한 곳에 부동산을 사라(당신에게 입지를 선정하는 안목이 있기를 바랄 뿐이다).

둘째, 가능하면 현찰로 결제하라. 그러면 어떤 역풍이 불어도 살아남을 것이다.

셋째, 인내심을 갖고 기다려라. 석유라도 펑펑 쏟아져나올 때까지 인내심을 갖고 기다려라. 그럼 언젠가는 당신 땅에 주차장, 러브 호텔, 패스트푸드점이 우후죽순처럼 들어설 테니까.

명심해야 할 것!

저당 잡히지 않은 깨끗한 집에서 사는 것도 일상의 스트레스에서 벗어나는 좋은 방법이다. 당신이 어떤 길을 택하든 간에 진정으로 부자가 되고 싶다면, 최악의 경우에도 감당할 수 있을 빚의 규모를 따져보고, 그 이상을 빚져서는 안된다. 내가 아는 한, 부동산으로 망한 사람은 모두가 과도한 빚 때문에 쓰러졌다.

 기업 경영

내가 만나는 부자들 중에서, 기업 경영을 통해서 부자가 된 사람이 두번째로 많다. 물론 기업을 경영하면서 망한 사람도 부지기수로 많다. 하지만 망한 사람은 해리스 은행 신탁부서에 얼씬도 하지 않기 때문에, 우리는 성공한 기업인만을 만날 수밖에 없었다. 그러나 성공사례도 책 한 권 분량이 넘을 정도로 많다.

쓰레기를 수집해서 부자가 되었다는 이야기를 들어본 적이 있는가? 요즘 시카고 근방에는 그런 부자가 널려 있다. 물론 그들은 자신들을 쓰레기 수집상이라 칭하지 않는다. 아주 멋진 이름을 갖고 있다. 그들은 「고형 폐기물 처리업」에 종사한다고 당당하게 말한다. 쉽게 말해서 쓰레기를 처리하던 사람들이었다.

그러나 아주 중요한 역할을 하던 소기업 사장님이었다. 그들은 그런 용역의 대가로 합리적인 수수료를 받았다. 그들은 기업을 견실하게 운영했고, 그렇게 벌어들인 돈을 헛되이 낭비하지 않았다. 노동 효과를 높이고 이윤을 극대화시킬 수 있는 장비를 개선하는 데 투자했다.

마침내 일리노이 주 오크브룩에서 웨이스트 매니지먼트 주식회사라는 어엿한 이름의 회사가 등장했다. 그 회사의 창립자들은 분명한 생각을 갖고 있었다. 별개로 쓰레기를 수집하던 소기업을 규합시켜, 재정지원을 해주고, 성장 기업을 성장 산업으로 발전시키겠다는 생각이었다. 그런 생각은 그대로 적중했다.

고형 폐기물 처리업에 종사하던 많은 소기업이 웨이스트 매니지먼트에 영업권을 팔아넘겼고, 그 회사는 수십만 달러에 머물던 매출을 1천만 달러까지 끌어올릴 수 있었다.

이런 이야기는 웨이스트 매니지먼트 주식회사의 창립 취지서에 씌어 있는 내용이다. 그 책에는 누가 무엇을 했는지까지 상세하게 나열되어 있다. 말하자면, 내가 어떤 특별한 기밀을 누설하고 있는 것이 아니라는 말이다.

이런 이야기를 꺼낸 이유가 무엇일까? 간단하다. 쓰레기나 치우는 천박한 자영업자가 수백만 달러를 벌 수 있다면, 요즘처럼 거대한 경제구조에서 백만 달러 정도를 벌어들일 색다른 업종을 생각해 보

〈표 1〉

연도	창설기업	부도기업
1980	531,519	11,700
1981	581,216	16,800
1982	565,839	24,900
1983	601,947	31,300
1984	635,067	52,078
1985	665,761	57,067
1986	702,101	61,601
1987	685,572	61,235
1988	685,095	57,099
1989	676,565	50,361
1990	643,022	60,432
1991(추정)	640,000	80,000

라는 것이다. 그런 업종이 생각나면, 성공을 위해 일로매진하라! 참고로, 〈표 1〉에 지난 12년 동안 새로 창립된 기업의 수를 소개한다 (Dunn & Bradstreet 자료). 또한 같은 기간 동안 문을 닫은 기업의 수도 아울러 소개하니 잘 비교해 보기 바란다(상무부 자료).

경제가 침체해 있던 1991년에도 새로운 기업이 64만 개나 새로 창립되었다. 대기업이 우리 경제를 지배한다고 생각되던 때, 어떻게 이런 일이 가능할 수 있었을까? 해답은 분명하다. 사장이 되어 자기 나름대로 일해 보려는 기업가가 여전히 많다는 것이다. 그러나 나는 이런 현상에서 그 이상의 뜻을 찾아보려 한다.

첫째, 우리 경제가 점점 서비스 형태의 경제로 변해 가고 있다는 점이다. 사실 제조업보다는 서비스 산업에서 기업을 만들기가 더 쉽다. 둘째, 대기업이 「아웃소싱(외부제작)」을 활성화하고 있다는 점이다. 대기업은 바보가 아니다. 수많은 부품을 직접 제작하는 것보다 하청기업에 위탁 제작함으로써, 비용절감을 꾀할 수 있다는 사실을 알고 있는 것이다.

일본인에게 배운 「적시에」라는 교훈이 이런 아웃소싱을 활성화 시켰다. 소규모 기업일수록 비용절감능력이 뛰어나고, 부품을 「적 시에」 인도할 수 있는 탄력성을 갖는다. 이런 이유 때문에, 지난 12 년 동안 대기업보다는 소기업의 고용률이 급속히 증가되었다.

그러나 모든 소기업이 살아남는 것은 아니다. 위의 표에서 보듯 이, 문을 닫은 기업이 1980년에는 1만 1,700개에 불과했지만, 1991년 에는 무려 8만 개로 늘어났다.

그럼, 기업이 실패하는 이유는 무엇일까? 물론 소기업만 망한 것 은 아니었다. 이스턴 에어라인처럼 굴지의 대기업도 문을 닫았다. 그러나 파산 법정을 둘러보면, 소기업이 압도적으로 많다. 소기업이 망하는 첫째 이유! 그것은 「빈약한 자본력」이다. 그러나 그것만으로 설명이 만족스럽지 않다. 대기업을 포함해서 모든 기업이 자본이 부 족하면 파산하게 마련이기 때문이다. 돈이 바닥나면 당연히 망할 수 밖에 없다. 따라서 완전한 설명이 되지 못한다.

소기업이 망하는 갖가지 이유! 그것은 잘못된 계획, 적절하지 않 은 입지 선정, 뒤떨어진 제품과 서비스, 새로이 등장한 경쟁자, 예측 하지 못한 시장 변화 등이다. 그러나 내가 생각하는 최대의 범인은 그런 것들이 아니다. 소기업을 망하게 만드는 가장 큰 원인은 경영 의 실패이다!

아마 1950년대 말이나 1960년 초였을 것이다. 나는 동료들과 세 회사의 합병에 관여하고 있었다. 일회용 피하주삿바늘을 제조하는 회사, 방사능 약제를 만드는 제약회사, 그리고 학습물을 주로 만드 는 출판사였다. 우리가 보기에, 망할 이유가 없는 회사들이었다. 그 런데도 세 회사 모두 진흙탕을 헤매고 있었다. 금융 경영을 잘못했기 때문이었을까? 나는 그렇다고 생각한다. 몇 년 간 계속해서 적자를 보면서, 운영자금이 바닥나고 만 것이었다.

나에겐 빌 프레드 영이라는 조카 녀석이 있다. 그래, 빌 프레드가 틀림없다. 내 이름과 비슷하지만, 우리 남부에서는 그런 식으로 이름을 짓는다. 빌 프레드는 1957년 불스갭 고등학교를 졸업했다. 그리고 테네시 주 제퍼슨 시에 있는 매그너박스라는 회사에 취직했다. 텔레비전 케이스를 만드는 회사였다.

그는 꿈이 대단했기에 주말에도 야간 부업을 찾아나섰다. 모리스타운과 로저스빌에 있던 가구점으로, 운송중에 파손되거나 흠집이 생긴 가구를 수선하는 업체였다. 1972년, 그는 매그너박스를 그만두고, 시어스 등을 돌아다니며 목공용 연장을 사들였다. 그리고 버려진 조그만 농가를 빌려서, 자기 회사를 차렸다. 바야흐로, 영스 퍼니처 매뉴팩처링 컴퍼니가 탄생하는 순간이었다.

그야말로, 자본이랄 것도 없는 영세 기업이었다. 그러나 1992년 초, 영스 퍼니처 매뉴팩처링 컴퍼니는 자가 소유의 멋진 현대식 공장에서 상근 직원만 126명에 달하는 어엿한 중견기업으로 성장했다. 빌 프레드의 성공담은 1986년 3월 6일자 『모리스타운 시티즌 트리뷴』에 상세히 실려 있다. 그 기사에 따르면, 빌의 회사는 테네시 주 화이트버그에서 두번째로 큰 회사라고 되어 있다.

빌이 성공의 요인으로 꼽은 것은 뜻밖의 것이었다. 그의 아내, 브렌다에 대한 믿음이었다. 지금도 브렌다는 사무실에 앉아 밤늦게까지 일한다. 정식 직함은 없지만 작업감독으로, 회계담당자로, 때로는 인사담당자로 궂은 일을 도맡아 하고 있다.

영스 퍼니처 매뉴팩처링 컴퍼니는 완제품을 만드는 회사가 아니다. 주된 사업은 실내장식용 가구를 제작하는 대기업에 목제품을 가공해서 납품하는 것이다. 대기업이 비용을 절감할 수 있고 「적시」 납품의 융통성을 가진 소기업에 하청을 주고 있는 셈이다. 대기업에서 직접 부품을 만드는 것보다 비용이 절감되니 당연한 경제 형태라 하겠다.

만일 당신이 새 소파나 의자를 최근에 구입했다면, 나무로 된 팔걸이나 다리는 영스 퍼니처 매뉴팩처링 컴퍼니에서 만든 것일지도 모른다. 나는 빌에게, 그가 매그너박스에서 목공기술을 배운 것이 천운이라 생각한다고 말했다. 그러나 그의 대답은 의외였다.

"삼촌, 제가 매그너박스에서 배운 것은 목공기술이 아니었어요. 어디에서라도 그 정도는 배울 수 있어요. 제가 매그너박스에서 무엇을 배웠는지 알고 싶으세요?"

"물론이지, 네가 매그너박스에서 무엇을 배웠는지 알고 싶구나."
빌 프레드의 대답!

"제가 만든 물건에 값을 매기는 방법이요. 그것이 제가 매그너박스에서 배웠던 가장 큰 교훈이었어요. 물건을 만드는 데 쓰인 비용에 대해서는 제가 분명히 알지요. 이윤이 남지 않는 주문은 절대 받아들이지 않았어요. 지금도 그렇고요. 하지만 많은 사람이 물건에 값을 매기는 방법을 모르지요. 그래서 망하는 거라고요."

기업을 경영해서 부자가 되어 해리스 은행 신탁부를 들락거리는 부자 고객이 꽤 많다는 사실에서, 나는 이렇게 결론 내리고 싶다. 자기가 만든 제품에 가격을 매기는 방법을 알고 있는 사람이 적지 않다! 자기 기업을 경영하는 것, 즉 사장이 되는 것이 부자가 되는 지름길이다!

③ 주식 투자

부자가 되는 세번째 방법은 주식에 투자하는 것이다. 이 방법은 내가 전문가다. 사실 주식은 자유경제체제에서 누구라도 참여할 수 있는 깔끔하고 편리한 방법이다. 자기 나름대로의 능력을 최대한 발휘해 볼 수 있는 영역이기도 하다. 부동산 투자처럼 거금이 필요한 것도 아니다. 기업을 운영하는 데 요구되는 경영능력이 필요한 것도 아니다.

쉬운 것 같은가? 그러나 아쉽게도 항상 그런 것은 아니다.

1982년 8월 중순경부터 증권시장이 활황을 이루면서, 많은 투자자가 적지 않은 돈을 쉽게 벌었다. 어떤 의미에서 새로운 투자자들은 증권의 폭락을 전혀 경험하지 못한 사람들일 수 있다. 나는 주식 투자로 부자가 된 사람들과 직접 이야기를 나눠보았다. 증권시장의 영고성쇠를 골고루 경험한 사람들이었다.

그렇게 해서 얻은 결론?

시장의 몰락을 담담히 받아들이지 못하는 사람은 주식 투자에서 성공할 수 없다!

☐ 주식 투자에서 성공하기 위한 필요조건

지난 27년 동안 다른 사람의 돈을 관리해 준 경험에서, 나는 성공한 투자자들이 공통적으로 갖는 특징을 찾아냈다.

1. 낙천적 성격

내가 아는 한, 성공한 주식 투자자는 대부분 낙천적인 성격의 소유자였다. 그들은 언제나 낙천적이다. 나쁘게 말하면, 낙천주의에 중독된 사람들이다. 그들은 자유경제체제가 결국에는 살아남을 것이고, 미국의 미래가 밝다고 생각한다.

따라서 당신이 지독한 낙천주의자가 아니라면 쉽게 실망해서, 당신의 의도와 완전히 상반되는 행동을 저질러버릴 수도 있다. 주식값이 폭락하면서 아무도 사려 하지 않을 때, 바로 그때가 주식을 매입할 절호의 기회이다. 이것은 만고불변의 원칙이다.

1932년 7월 8일은 미국의 금융역사상 결코 잊혀지지 않을 날이다. 다우존스 공업평균지수가 바닥을 때렸던 날이다. 하루 만에 40.56포인트가 내렸다. 그날 뉴욕증권거래소에서 주당 2달러 이하로 거래된 종목이 거의 200개에 달했다. 또한 1932년 7월 8일은 존 D. 록펠러의 93번째 생일이기도 했다. 당연히 기자들은 록펠러에게 몰려가 인터뷰를 요청했다. 이때 록펠러가 말했던 것 중에서, 결코 잊혀지지 않을 말이 있다.

"요즘은 많은 사람이 실망하는 시대입니다. 나는 93년간을 살아오면서, 크고 작은 공황을 여러 번 경험했습니다. 찬란한 시대는 언제나 다시 돌아옵니다. 이번에도 돌아올 것입니다."(엘리엇 K. 바르톨로뮤, 1986. 9 / *Registered Representative*)

미국의 증권시장 역사상 가장 암울했던 날에 93세의 노신사, 아니 낙천주의자는 그렇게 말해 주었다. 그리고 그의 예언은 그대로 적중했다.

2. 소액 자본

성공한 투자자는 적은 돈으로 시작한다. 처음부터 많은 돈으로 시작할 필요가 없다. 주식 투자란 주식을 사는 것으로부터 시작된다. 1만 원 이하로 거래되는 주식도 많다. 여기에 적정한 수수료를 지급해야 한다. 결국 이론적으로는 1만 원 이하로 소위 주주라는 것이 될 수 있다.

그러나 실제로는 그 이상의 돈이 필요하다. 주식을 사고 팔 때에도 적정한 수수료를 지불해야 하기 때문이다. 그러나 쥐꼬리만한 돈으로 어떻게 주식 투자를 할 수 있느냐고 자책할 필요는 없다. 100주 이하를 매입한다고 당신을 욕할 사람은 없다. 절대 잘못된 것도 아니다. 괜히 체면 때문에 100주 이상을 한꺼번에 구입할 수 있는 돈이 마련될 때까지 기다린다면, 당신은 절대 주식 투자를 시작할 수 없다. 그만한 돈이 마련되기 전에, 멋진 소비재가 눈앞에 아른거리며 당신의 돈을 유혹할 것이기 때문이다.

나는 1946년 10월에 처음 주식을 샀다. 1946년 8월과 9월의 대폭락이 있은 직후였다. 그때, 나는 제너럴 모터스를 주당 48달러에 13주 구입했다. 수수료를 포함해서 약 650달러를 투자한 셈이다. 하필 13주였던 이유가 뭐냐고? 내가 그때 가진 여유자금이 그 정도밖에 없었으니까! 몇 년 동안 증권관련 서적을 열심히 탐독한 후에, 나는 주식 투자를 시작할 때가 되었다고 결심했다.

당시 나는 워싱턴 소재 재향군인회에서 일하고 있었다. 650달러는 내가 그때까지 해보았던 가장 큰 거래였다. 수표책에 650달러 비슷하게 써본 기억조차 없었다. 내가 거금 650달러를 투자했다는 역사적인 사건을 누군가에게 알리고 싶었다. 나는 사무실로 달려갔다.

그리고 항상 신중하던 동료 직원에게 이렇게 속삭였다. 부자가 되기로 결심했다고. 이 세상에서 부자가 되는 지름길은 버는 것보다 덜쓰고, 그 차액을 무엇인가에 투자하는 것이라고. 물론 가치가 욱일승천할 것에!

그 친구는 내 주장이 재미있다고 생각했던지, 큰 소리로 다른 동료들을 불러모아 내가 발견했다는 비밀을 전해 주었다.

"영, 그래 무엇을 샀나?"

나는 사실대로 말했다. 제너럴 모터스 주식을 13주 샀다고. 동료들은 기가 막혔던 모양이다. 제대로 웃지도 못했다. 그들은 한 목소리가 되어 이렇게 말했다.

"글쎄, 영이 제너럴 모터스에 투자했다더군. 이 나라에서 가장 성장한 기업인데 말이야. 그런데도 부자가 되겠대! 정말 웃기지 않나?"

나는 첫번째 투자 때문에 사무실에서 많은 곤욕을 치러야 했다. 그들은 계속해서 나를 도마 위에 올려놓고 놀려댔다. 그러던 어느 날, 나는 한 동료와 점심을 함께 한 후 산책하던 중이었다. 갑자기 한 친구가 우리 사이에 끼여들더니 이렇게 말했다.

"영이랑 산책해도 재미없을 텐데. 눈을 부라리고 뷰익이 지나가는 것만 헤아릴 테니까. 한 대가 지나갈 때마다 이익금을 생각하지 않겠어?"

사실이었다. 나는 제너럴 모터스에서 새로 만든 자동차를 눈여겨보고 있었다. 내가 제너럴 모터스의 작은 주인이 되었다는 생각을 갖고 있었다.

이제 숫자놀이를 해보자. 내가 제너럴 모터스 주식을 1991년 11월 말까지 보유하고 있었다면, 그동안 있었던 주식 분할의 결과로 156

주를 갖게 된다. 1991년 11월 27일 현재, 156주의 시장가치는 4,894달러이다. 또한 44년 동안 총 1만 2,013달러의 배당금이 있었으므로, 결국 650달러를 투자해서 총 1만 6,907달러, 즉 26배의 수익을 거두어들이는 셈이 된다. 이 땅에서 가장 성장한 기업에 투자한 것치고는 괜찮은 장사 아닌가!

그러나 이야기는 그것으로 끝나지 않는다. 1만 2,013달러의 배당금은 44년 동안 4분기별로 나에게 지불되었을 것이다. 만약 내가 은행 계좌를 열어놓고 배당금이 곧바로 내 계좌에 송금되도록 했다면, 배당금에 대한 예금이자만도 1만 2,582달러가 된다.

물론 그 기간 동안 예금이자율은 들쭉날쭉했다. 바닥을 헤매기도 했다. 가령 해리스 은행의 경우 1946년에서 1951년까지는 1.25%, 1956년까지는 1.5%, 1959년까지는 2%, 1962년까지는 3%, 1965년까지는 3.5%, 1970년까지는 4%, 1973년까지는 4.5%, 1982년까지는 5%, 그 이후로는 5.5%의 예금이자율을 적용했다.

어쨌거나, 배당금에 대한 이자를 더할 경우, 650달러를 투자해서 거두어들일 수 있는 총액은 2만 9,489달러가 된다. 쉽게 말해서, 45배가 남는 장사를 한 셈이다.

그뿐만이 아니다. 올해에도 배당은 있을 것이고, 예금이자도 불어날 것이다. 156주에 대한 배당금과 그동안 쌓아둔 배당금에 대한 5.5%의 이자도 1,255달러가 된다. 내가 처음 투자했던 종자돈의 195%가 되는 액수다. 그러나 여기에서 끝나는 것이 아니다. 1984년과 1985년에 제너럴 모터스가 주식 보유자에게 할당했던 유상증자와 우선주를 배당받았더라면 어떻게 되었을까?

이제 주식 투자로 부자가 되는 방법이 무엇인지 알 것 같은가? 해리스 은행에도 650달러에서 시작해서 현재가치가 4,894달러 안팎인 신탁계좌를 가진 고객이 많다는 사실을 덧붙여두겠다.

그러나 나는 제너럴 모터스 주식을 도중에 팔아야 했다. 1947년 5월, 나는 시카고에 살고 있었지만 현재의 아내와 결혼하기 위해서 캔자스 주 포트스콧으로 가야 했다. 돈이 필요했다. 그렇지만 시카고에는 나에게 현찰을 빌려줄 사람이 없었다. 결혼하는 데 필요한 700달러를 마련하는 가장 빠른 길은 주식을 파는 것이었다. 그래서 나는 주식을 팔아버렸다. 그 이후 아내에게 화나는 일이 생길 때마다 나는 혼자서 이렇게 중얼거려본다.

"아이고, 아까워라! 45배를 남기는 건데."

다행히 나는 다른 주식을 살 기회가 있었고, 끈질기게 보유했다. 실제로 나는 1946년 이후 매년 주식을 꾸준히 사들였다.

이런 예가 가르쳐주는 교훈은 분명하다. 주식 투자는 처음부터 많은 돈으로 시작할 필요가 전혀 없다는 것이다. 또한 일확천금을 노리면서 미래가 불확실한 주식을 쫓아다닐 필요도 없다는 것이다. 당연한 이야기이지만, 당신에게 돈이 많을수록 그리고 올바른 주식을 선별하는 재능이 뛰어날수록, 주식 투자로 돈을 벌어들일 확률은 그만큼 커진다.

그러나 정말로 강조하고 싶은 것! 비록 소액일지라도 주식 투자에 일찍 눈을 뜰수록, 당신은 말년을 부자로 즐길 수 있을 것이다.

3. 올바른 판단

주식 투자에서 성공하기 위해서는 올바른 판단이 필요하다. 이런 재능을 타고난 사람도 있다. 어쩌면 올바른 판단력은 선천적으로 타고나야 하는 것인지도 모른다. 나와 거래하는 사람들을 유심히 관찰해 보면, 어떤 사람은 모든 일에서 올바른 판단을 보여주는 반면에 어떤 사람은 언제나 엉뚱한 길을 고집하는 경향을 보여준다.

당신이 일상생활에서 올바른 판단력을 보여주지 못한다면, 주식 투자에서도 실패할 확률이 크다. 당신 자신을 정확하게 평가할 수 있어야 한다. 만약 당신이 이런 유형이라면, 국채에 투자하거나 은행에 저금해 두는 방법이 최고로 낫다.

4. 행 운

만약 산신령이 당신 앞에 나타나 올바른 판단력과 행운 중에 무엇을 갖겠냐고 물으면, 당연히 행운을 선택해야 한다. 행운은 성공의 틀림없는 보증수표이지만, 올바른 판단은 때로 틀릴 수가 있다. 나는 주식 투자에서 순전히 운으로 거금을 벌었다는 사람을 많이 만났다. 쉽게 말하면, 장님이 문고리를 잡은 식이었다.

몇 년 전, 한 장로교회의 목사가 찾아와 투자에 관해 이것저것 물었다. 그는 은퇴 후를 걱정하고 있었다. 그래서 변변찮은 연금을 보충할 생각으로 주식 투자를 시작하고 있었다. 나를 처음 찾아왔을 때, 그는 스튜드베이커 주식을 잔뜩 갖고 있었다. 주당 6달러에 매입한 것으로, 당시 거래 호가는 18달러 정도였다.

그러나 나는 스튜드베이커가 재정적으로 곤란을 겪고 있다는 사실을 잘 알고 있었다. 또한 스튜드베이커가 대출금을 갚지 못했기 때문에, 채권 은행측에서 대출금을 우선주로 전환시키기로 합의했다는 사실까지 알고 있었다. 채권 은행이 실제로 그런 조치를 취할 경우, 회사는 거의 회생 불가능하다고 단언할 수 있다. 그러나 주식

값은 6달러에서 18달러로 치솟았다.

나는 목사에게 하필 스튜드베이커를 선택한 이유가 뭐냐고 물었다.

목사의 대답!

"글쎄, 귀에 익은 이름이더군요. 오랫동안 우리 주변에서 만날 수 있었고요. 또 주당 6달러면 싼 것 같기도 하고."

스튜드베이커가 어떤 곤경에 처해 있는지 알았더라면, 그는 스튜드베이커를 거들떠보지도 않았을 것이다. 그러나 그는 3배의 이익을 남기고 있었다. 그가 그 주식을 매입한 직후, 스튜드베이커는 라크라는 제품을 시장에 내놓았고, 폭발적인 인기를 끌었다. 라크가 회사를 구렁텅이에서 금방이라도 건져낼 것 같은 분위기였다. 그야말로 요행이었다.

나는 그에게 당장 스튜드베이커를 팔아 이익을 챙기라고 조언했다. 그는 내 충고에 충실히 따랐다. 그후 스튜드베이커 주식은 30달러 선까지 올랐지만, 결국 완전한 종잇조각으로 전락하고 말았다. 그러나 목사는 아무것도 모르는 상태에서 3배의 이익을 챙길 수 있었다.

행운의 여신이 함께한 이야기를 하나 더 해보자. 1960년 케네디가 대통령으로 당선된 직후, 월터 헬러가 새 대통령의 경제자문위원회 의장으로 내정되었다는 정보를 입수한 사람이 있었다. 그는 증권회사로 달려가 이렇게 말했다.

"아무것도 묻지 마! 월터 헬러 회사 주식을 200주 사줘!"

당시 그 회사의 주식은 40달러대에 거래되고 있었다.

그러나 그 신사는 착각하고 있었다. 새 대통령의 경제자문위원회

의장은 미네소타 대학의 경제학 교수 월터 헬러로, 월터 헬러 주식회사와는 아무런 관계도 없었다. 여하튼 그는 엉뚱한 정보를 믿고 그 회사 주식을 샀다.

우습게도, 그 회사는 매출이 급신장하면서 90달러대까지 치솟았다. 그때쯤 그 신사는 헬러 주식회사와 경제자문위원회 의장이 이름만 같았지 아무런 관계도 없다는 것을 알았던지, 다시 증권회사로 달려가 90달러대이면 무조건 팔아달라고 매도주문을 냈다.

그가 실수를 깨닫고 주식을 팔아넘긴 직후, 유명한 빌 솔 에스테스(Bille Sol Estes) 부정거래 사건이 텍사스에서 터졌다. 헬러 주식회사는 그 사기 사건으로 엄청난 피해를 보아야 했고, 결국 그 회사 주식은 종잇조각이 되고 말았다.

결국 그 신사에게는 행운이 한 번, 아니 두 번씩이나 찾아와 주었다. 덕분에 그는 돈을 2배로 불릴 수 있었다.

5. 인내심

주식 투자로 성공하기 위해서는 인내심이 필요하다. 성급하게 주식을 팔고 사는 사람은 필경 폭탄을 맞게 마련이다. 지금 90세이지만, 아직도 「월 스트리트에서 큰돈을 벌어보려고 몸부림치는」 친구가 하나 있다. 그 친구의 표현을 그대로 인용한 것이다.

그 친구는 그런대로 편안한 삶을 꾸려가고 있지만 부자는 아니다. 그래서 항상 나에게 하는 말이 있다. 그가 1916년에 샀던 유니언 카바이드 주식을 그대로 가지고 있었더라면, 지금쯤 백만장자가 되어 있을 거라고. 그는 항상 분주하게 쏘다닌다. 10%만 내려도 걱정이 태산이다. 성급하게 한방 터뜨리려는 조급함 때문에 오히려 큰돈이 그를 비켜 다니게 만든다.

정반대의 친구도 있다. 여든을 코앞에 둔 친구로, 수백만 달러의 재산을 가진 부자다. 그는 가격이 내려가는 주식, 자산가치에 훨씬 못 미치는 가격에 팔리는 주식을 매입한다. 그리고 끈질기게 기다린다. 그는 절대 서두르지 않는다. 시간은 얼마든지 있다고 말한다. 좋은 일이 생겨서 주식값이 올라갈 때까지 움켜쥐고 절대 성급히 팔지 않는다.

이런 끈기 덕분에, 1960년대 말 복합기업이 전성시대를 맞았을 때 그도 덩달아서 엄청난 거금을 손에 쥘 수 있었다. 걸프 & 웨스턴(현재의 파라마운트 커뮤니케이션)과 국제전신전화회사(ITT)를 필두로 몇몇 복합기업이 자산가치에 훨씬 못 미치는 가격대에 허덕이는 싸구려 주식을 걸신들린 것처럼 주워먹던 시절이었다. 그들은 끈기 있는 내 친구의 주식을 2배, 3배, 심지어 4배까지 올려주었다. 그가 말했던 대로, 좋은 일이 생길 때까지 끈질기게 보유한 보람이 있었던 셈이다.

차입금을 이용한 기업매수가 한창 유행하던 1980년대 중반, 그는 다시 한번 대박을 터뜨렸다. 그런 상황에 꼭 들어맞는 주식을 움켜쥐고 때를 끈질기게 기다린 덕분이었다.

해마다 「올해의 주식」을 발표한다. 그런 주식을 골라서 매입한다는 것은 불가능하다. 그러나 마법사가 도와주면 가능할 수도 있다. 금융의 마법사라면, 그 해 꾸준히 상승할 주식을 골라낼 수 있을 것이다. 당신이 그런 마법사라면, 이 책을 따분하게 읽을 필요가 없다. 당장에 증권시장으로 달려가라.

그러나 우리 대부분은 그렇지 못하다. 그저 매력적이라 판단되는 주식을 매입해서, 시장이 우리의 뜻을 받아줄 때까지 인내심을 가지고 기다리는 방법이 최고다. 때로는 몇 년의 시간이 걸리더라도, 끈질기게 기다려라!

6. 결단력

내가 아는 한, 주식 투자로 성공한 사람은 결단력이 있는 사람이다. 옳든 그르든, 그들은 결정을 내리는 데 주저함이 없다. 일단 결정을 내리면 주저없이 팔고 산다. 정확히 알 수는 없지만, 그들은 매사를 그런 식으로 처리한다. 가정 문제, 취업 문제, 사교 생활 등 모든 것에서 철두철미하다. 어쩌면 타고난 성격일 수도 있다. 어쨌든 내가 그들에 대해 분명히 아는 것이 하나 있다면, 적어도 주식 투자에서는 단호한 모습을 보여준다는 사실이다.

반면에 정반대의 사람도 있다. 무척이나 영리하고 능력 있는 사람이지만, 주식을 살 것인가 말 것인가, 어떤 주식을 살 것인가 등등의 문제로 며칠을 고민하는 사람이 있다. 시장 가격이 올라가면 사지 못할까 걱정이고, 내려가면 팔지 못할까 걱정한다. 귀찮을 정도로 질문을 해대지만, 거의가 해답이 없는 질문이다. 답을 주더라도, 조언한 대로 신속하게 행동하는 경우가 드물다. 그들은 그저 시장 상황에 발을 동동 구를 뿐이다. 이런 책을 읽어보지도 않는다.

결론!

우유부단한 사람은 증권시장에서 성공을 거둘 가능성이 매우 희박하다!

7. 담 력

주식 투자에서 성공하기 위해서 가장 중요한 것이 무엇이냐고 묻는다면, 나는 단연코 「담력」이라 대답할 것이다. 다른 사람이 팔 때에 사들일 수 있는 담력, 주식이 매일 바닥을 치고 있을 때에도 사들일 수 있는 담력, 경제 상황이 불안하게 보일 때에도 사들일 수 있는 담력이다. 한 마디로, 바닥에서 주식을 사들일 수 있는 담력이 필요하다.

과거를 한번 돌이켜보자. 경제적으로 가장 암울했던 시기가 주식을 사기에 가장 적합한 때였다는 것은 주지의 사실이다. 예를 들어, 1932년 7월 8일은 그냥 넘길 수 없었던 날이다.

그러나 대부분의 사람은 시장이 장밋빛이고 주가가 나날이 상승할 때 주식을 사려 한다. 그런 용기는 필요없다. 결국 개미군단의 일반적인 생각을 정리하면 이렇다.

주가가 계속해서 상승하면 앞으로도 상승할 것이며, 주가가 계속 하락하면 앞으로도 하락할 것이라는 생각이다. 물론 당신이 어떤 주식을 매입한 후에 한동안 주가가 계속 하락할 수 있다. 그러나 그 바닥이 언제쯤인지는 누구도 알 수 없다.

그럼 대체 어떻게 하란 말인가?

최선의 베팅법!

당신이 감당해 낼 수 있는 수준을 선택해서, 투자금의 일부를 운영하라!

그런 다음에도 주가가 계속 하락하면, 당신은 더 유리한 가격으로 더 많은 주식을 매입할 수 있게 된다. 당신이 매입한 다음부터 주가가 상승하면, 당신이 보유한 만큼의 이익을 챙기면 그만이다. 욕심은 금물이다.

담력은 앞에서 말했던 낙천성과 밀접한 관계를 갖는다. 낙천적 성격이 아니라면, 주가가 매일 바닥을 때리는데 주식을 매입할 용기를 감히 가질 수 없을 것이다.

□ 주식은 언제 사야 하나

참 대답하기 어려운 질문이다. 아마 누구도 확실하게 대답할 수 없을 것이다. 시간이 지난 뒤에 말하기란 쉽다. 과거를 돌이켜보면서, "아, 그때 샀어야 하는 건데!" 혹은 "아이고, 그때는 피해 갔어야 하는 건데!"라고 후회하게 된다. 하긴 미래를 꿰뚫어볼 수 있다면 주식으로 부자가 되지 않을 사람이 어디에 있겠는가! 그러나 투자자에게 중요한 순간은 현재일 뿐이다. 지금 이 순간에, 당신은 불확실한 미래를 결정해야만 한다.

1976년 1월 2일, 우리는 해리스 은행에 어떤 형식으로든 투자하고 있는 고객에게 그 해 유망할 것이라 판단되는 12개 회사를 추천했다. 당시 증권시장은 상승국면에 있었던 것으로 판단되었고, 실제로 상당히 가파르게 상승했다. 물론 우리가 추천한 12개 종목도 동반 상승하고 있었다. 1976년 4월, 우리가 1월 2일에 추천한 회사 리스트를 보았던 잠재고객이 이런 내용의 편지를 보내왔다.

"1월에는 주가 상승을 누구라도 예측할 수 있었소. 자, 지금은 어떤 종목을 추천하시겠소?"

내가 그 잠재고객에게 무엇이라 말했을 것 같은가? 지금에 와서 과거를 판단하기란 식은 죽을 먹는 것처럼 쉽다. 결국 1976년 4월에 그 이후를 예측하는 것이나 1976년 1월 2일에 그 이후를 예측하는 것이나 어렵기는 마찬가지이다. 다만 그 고객에게는 4월의 시점에서 1월을 보았기 때문에 모든 것이 당연하게 여겨졌던 것이다.

「주식을 언제 사야 하느냐」를 판단하기란 언제나 어렵지만, 분명한 확신이 서는 때가 있다. 나는 그때가 언제인지 안다. 이제 「그때」를 찾아내는 비밀을 추적해 보자.

1. 불경기

경기가 좋지 않다. 점점 나빠지고 있다. 따라서 이때 주식을 사면 망한다. 대부분의 사람이 이렇게 알고 있다. 경제가 불경기에 접어들 때마다 이런 소리를 귀가 따가울 정도로 듣는다. 그래서 나는 1910년 이후로 경제가 불경기로 접어들 때마다 주가가 어떻게 변동했는지 살펴보았다.

〈표 2〉를 보면, 1910년 1월부터 시작된 불경기는 1912년 1월까지 계속되었다. 모두 12개의 종목으로 이루어진 다우존스 공업평균지수는 1911년 9월 25일 바닥을 치고 나와 상승하기 시작했다. 정확히 불경기가 끝나기 4개월 전부터였다. 일정한 규칙성을 보여주는 패턴이다.

1910년부터 지금까지 열일곱 번의 불경기 중에서 열네 번이나 불경기가 끝나기 3~11개월 전부터 주가가 상승국면에 접어들었다. 평균 5.6개월 전부터 상승하기 시작한 셈이다. 1914년의 증권시장은 5개월 동안이나 폐장되었기 때문에 고려 대상에서 제외시켰다.

반면에 1921년의 증권시장은 불경기가 끝난 후에도 거의 한 달 동안 바닥을 헤맸다. 증권시장이 상승하기 전에 경제가 회복기에 접어들었던 유일한 경우라고 할 수 있다. 한편 1926년에는 증권시장

<표 2>

불경기 시작	주가의 최저점 주가의 상승 시작일	불경기가 끝난 시점	불경기가 끝나기 이전까지 주가가 상승한 기간(개월)
1910. 1	1911. 9. 25	1912. 1	4
1913. 1	*	1914. 12	*
1918. 8	1919. 2. 8	1919. 4	3
1920. 1	1921. 8. 24	1921. 7	1
1923. 5	1923. 8. 27	1924. 7	11
1926. 10	1926. 10. 19**	1927. 11	12**
1929. 6	1932. 7. 8	1933. 3	9
1937. 5	1938. 3. 31	1938. 6	3
1945. 2	1945. 3. 16	1945. 10	8
1948. 11	1949. 6. 13	1949. 10	4
1953. 7	1953. 9. 14	1954. 8	11
1957. 7	1957. 10. 22	1958. 4	6
1960. 5	1960. 10. 25	1961. 2	4
1969. 9	1970. 5. 26	1970. 11	6
1980. 1	1980. 3. 27	1980. 7	4
1981. 7	1982. 8. 11	1982. 12	4
1990. 7	1991. 1. 21	***	
			평균 5.6(개월)

* 뉴욕증권거래소는 1차대전의 발발로 1914년 7월 13일부터 같은 해 12월 12일까지 폐장되었다. 7월 12일 폐장시, 다우존스 공업평균지수(12개 종목)는 4년 전의 수준인 71.42에서 마감되었다. 12월 12일 개장되면서, 다우존스 공업평균지수는 74.56에서 시작하여 그후 몇 년 동안 꾸준히 상승했다.
** 1926년은 불경기였음에도 주가가 꾸준히 상승했다.
*** 이 책을 쓰던 시점인 1991년 12월까지 불경기는 계속되고 있다.

이 그후 7년 동안이나 지속적으로 상승했고, 불경기 동안에도 상승을 멈추지 않았다.

이처럼 불확실한 요인이 있기는 하지만, 주가는 경기가 회복되기 전부터 상승한다는 분명한 패턴이 그려진다. 따라서 주식으로 부자가 되는 지름길은 불경기가 바닥에 떨어지는 5.6개월 전에 증권시장에 뛰어드는 것이다. 경기가 회복될 때까지 주식 투자를 망설인다면, 바닥을 치고 일어서는 시기를 놓치게 마련이다. 다시 말하면, 가장 큰 이익을 거둘 수 있는 시기를 놓치게 된다는 뜻이다.

그럼 주가가 바닥을 치고 일어나 불경기가 끝나는 시점까지 얼마나 상승하는지 알고 싶을 것이다. 이제 〈표 3〉을 보자.

〈표 3〉에 비추어볼 때, 불경기가 끝나는 날까지 줄기차게 기다렸다 주식을 산다면, 적어도 10~42%의 상승폭을 놓치게 된다. 그러나 문제는 불경기가 언제 끝나는지 아무도 모른다는 점이다. 불경기가 끝나는 시점을 알게 되는 때는 불경기가 끝나고 2~3개월 정도가 지난 뒤이다. 결국 뒷북을 치는 셈이다.

과거의 경험에 비추어볼 때, 불경기가 끝나고 3개월이 지난 뒤에 주식을 사게 된다면, 최저점에서 어느 정도의 상승폭을 놓친 셈일까? 〈표 3〉의 오른쪽을 보면 분명한 답을 얻을 수 있다. 그럴 경우, 당신은 최저점에서 13~138%의 상승을 놓치게 된다.

정말 억울하지 않은가? 물론 불경기가 끝나고 경기가 회복될 조

〈표 3〉

주가의 최저점	불경기가 끝난 시점	그 기간 동안의 수익률(%)	최저점부터 불경기가 끝난 3개월 후의 수익률(%)
1911. 9. 25	1912. 1	10	24
*(표 2 참조)	1914. 12	–	–
1919. 2. 8	1919. 4	16	38
1921. 8. 24	1921. 7	–	13
1923. 8. 27	1924. 7	19	21
1926. 10. 19	1927. 11	36	33
1932. 7. 8	1933. 3	34	138
1938. 3. 31	1938. 6	35	43
1945. 3. 16	1945. 10	23	34
1949. 6. 13	1949. 10	17	25
1953. 9. 14	1954. 8	31	51
1957. 10. 22	1958. 4	10	20
1960. 10. 25	1961. 2	17	25
1970. 5. 26	1970. 11	26	39
1974. 12. 6	1975. 4	42	44
1980. 3. 27	1980. 7	23	22
1982. 8. 11	1982. 12	38	41

짐을 분명하게 보일 때까지 기다리는 것이 합리적이라고 생각할 수도 있다. 그러나 증권시장은 논리로써 설명되지 않는다. 증권시장은 미래를 미리 보여주는 놀라운 예측력을 갖는다. 그런 까닭에, 증권시장은 불경기가 끝나기 전에 상승하고, 불경기가 시작되기 전에 하락하는 모습을 보여준다.

2. 경기회복 시점

당신은 경기가 점점 나빠질 때 주식을 살 만큼 담력 있는 사람이 아니라고 해보자. 위험을 최대한 줄이기 위해서, 당신은 불경기가 끝나기 전에 반드시 있게 되는 초기 상승국면을 기꺼이 포기해 버린다. 그럼 경기가 회복되는 시점부터 주식을 매입한다면, 성공할 확률은 얼마나 될까? 〈표 3〉을 보자. 최저점에서 불경기가 끝날 때까지, 그리고 최저점에서 불경기가 끝나고 석 달 후까지의 수익률 변화를 분명하게 보여준다.

한편 〈표 4〉는 불경기가 끝난 후 증권시장에 뛰어들 시기를 보여준다. 1912년 이후 모두 열일곱 번의 경기 회복에서, 증권시장은 불경기가 끝나고 경기가 회복되면서 평균 18.9개월 동안 지속적으로 상승했다. 가령 1927년 11월에 상승국면에 접어든 증권시장은 불경기마저도 이겨내고 계속 상승했다. 물론 평균 18.9개월은 이때의 경기 회복시기를 포함하지 않고 계산된 것이다.

상승 기간은 1938년의 5개월부터 1924년의 61개월까지 다양했다. 1924년의 불경기 이후에 터무니없이 계속된 61개월과 1982년 12월 이후의 지속적인 상승을 비정상으로 보아 제외하더라도, 불경기 이후의 상승 기간은 평균 14.8개월이 된다.

〈표 4〉

불경기가 끝난 시점	주가의 최고점*	평균 상승기간(개월)
1912. 1	1912. 9. 30	8
1914. 12	1916. 12. 2	24
1919. 4	1919. 11. 3	6
1921. 7	1923. 3. 20	20
1924. 7	1929. 9. 3	61
1927. 11	**	—
1933. 3	1934. 2. 5	8
1938. 6	1938. 11. 12	5
1945. 10	1946. 5. 29	7
1949. 10	1953. 1. 5	38
1954. 8	1956. 8. 2	24
1958. 4	1960. 1. 5	20
1961. 2	1962. 3. 15	13
1970. 11	1973. 1. 11	25
1975. 4	1976. 9. 22	16
1980. 7	1981. 4. 27	9
1982. 12	***	***
		평균 18.9(개월)

* 다우존스 공업평균지수
** 증권시장은 불경기 기간에도 계속 상승했다.
*** 이 책을 쓰는 1991년 말 현재에도 활황국면은 멈추지 않고 있다.
1987년 10월 19일의 갑작스런 시장붕괴는 이상현상으로 인정하도록 한다.

물론 주가가 그 기간 동안 오르기만 했던 것은 아니다. 조정국면이 있었고 하락했던 시기도 있었다. 그 기간이 성급한 투자자에게는 무척이나 오랜 시간으로 느껴졌을 것이다. 그러나 경제를 꿰뚫어보는 뚜렷한 통찰력으로 불경기가 끝났다고 확신했던 사람은 몇 개월 동안 확고한 신념으로 주식을 샀을 것이다(1910년 이후로 평균 18.3개월 동안 상승했다). 또한 선택한 주식의 상승률이 다우존스 공업평균지수에 근접했다면 상당한 돈을 손에 쥐었을 것이다.

〈표 4〉는 불경기가 끝난 후 증권시장이 얼마 동안 상승했는가를 보여주었다. 이제 〈표 5〉를 보자. 〈표 5〉는 불경기가 끝나고 상승국

면에 접어든 증권시장이 지속적인 하락국면에 들어가기 전까지 어느 정도 상승하는가를 보여준다. 어떤 경우는 불경기가 끝난 후의 상승률이 그다지 크지 않았다. 예를 들어 1961년의 경우는 9.3%의 상승에 그쳤다. 그러나 대부분의 경우는 상승폭이 엄청나다. 불경기 이후의 평균 상승률(1924~1929년처럼 비정상적인 경우를 포함)은 51.9%였다. 1924~1929년의 경우와 현재의 폭발적 상승을 제외하더라도, 평균 상승률은 36.4%가 된다.

이제 결론을 내리자.

불경기가 이제 끝났다고 확신할 수 있을 정도의 경제적 통찰력이 당신에게 있다면, 당신은 주식시장에서 돈을 분명히 벌어들일 수 있

〈표 5〉 다우존스 공업평균지수

불경기가 끝난 시점	불경기가 끝난 달의 최고 지수	지속적 하락국면 직전의 최고 지수	평균 상승률 (%)
1912. 1	82.36	94.13	14.2
1914. 12	56.76	106.81	88.0
1919. 4	93.51	119.62	28.0
1921. 7	69.86	105.38	49.5
1924. 7	102.14	381.17	270.0
1927. 11	198.21	—	—
1933. 3	62.95	110.74	76.0
1938. 6	135.87	158.41	16.7
1945. 10	187.06	212.50	13.2
1949. 10	190.36	293.79	54.0
1954. 8	350.38	520.95	49.0
1958. 4	455.86	685.47	50.0
1961. 2	662.08	723.54	9.3
1970. 11	794.09	1,051.70	32.5
1975. 4	858.13	1,026.30	20.0
1980. 7	936.18	1,024.05	9.4
1982. 12	1,070.55	*	*

평균 51.9(%)

* 1991년 11월 26일 현재의 지수는 2,916.14이며 상승률은 173%이다.

다. 적어도 과거의 통계는 그렇게 말해 준다.

3. 주가의 최저점

주가가 계속 떨어지는데 주식을 매입하겠다고 결심하기란 정말 어렵다. 당신이 매입한 주식이 내일 더 떨어질 수도 있다는 생각 때문이다. 물론 주가가 계속 떨어지는 한, 그렇게 생각하는 것을 나무랄 수는 없다. 그러나 주식은 언젠가 바닥을 치고 상승하게 마련이다. 적어도 과거에는 그랬다. 만약 당신이 뛰어난 혜안을 지녀 언제 주가가 바닥을 치는지 알 수 있다면, 그야말로 돈을 긁어모을 수도 있다.

이제 당신에게 뒤늦게 현실을 파악하는 능력이 생겼다고 해보자. 즉, 주가가 한 달이나 두 달 혹은 여섯 달이나 한 해 전에 바닥을 치고 상승하고 있다는 것을 뒤늦게 알았다고 해보자. 그럼 주식시장에 뛰어들 기회를 완전히 상실했다는 뜻일까? 아니면 향후의 상승을 기대하며 뛰어들 시간적 여유가 남아 있다는 뜻일까? 〈표 6〉에서 해답을 구할 수 있다. 〈표 6〉은 2차대전 이후 가파른 하락이 있은 직후 증권시장이 보여준 동향을 수치화한 것이다.

가령 1949년 6월 13일, 당신 생각에 증권시장이 충분히 하락했다는 결론에 이르렀다고 해보자. 당시 시장은 1946년 5월 31일부터 계속해서 하락하고 있었다. 1949년 6월 13일쯤에는 24%까지 하락해서, 대부분의 투자자가 증권시장에서 완전히 매력을 잃고 있었다. 그러나 1949년 6월 13일은 대전환점이었다. 거의 6개월 만에 22%가 상승하면서, 3년 동안 보았던 손실을 거의 만회해 주었다.

따라서 경제적 식견과 결단력이 있어야 한다. 그래야 상승국면을

〈표 6〉 최저점 이후의 회복 상황(다우존스 공업평균지수)

최저점을 벗어난 날	지수	이전 최고지수에 대한 하락율(%)	첫 6개월간의 변동률(%)	다음 6개월간의 변동률(%)	다음 6개월간의 변동률(%)
1949. 6. 13	161.60	−24	+22	+18	+ 2
1953. 9. 14	255.49	−13	+17	+20	+16
1957. 10. 22	419.79	−19	+ 7	+22	+20
1960. 10. 25	566.05	−17	+17	+ 7	− 3
1962. 6. 26	535.76	−27	+22	+10	+ 8
1966. 10. 7	744.32	−26	+27	− 2	− 9
1970. 5. 26	631.16	−36	+23	+20	+19
1974. 12. 6	577.60	−45	+45	− 3	+25
1978. 2. 28	742.12	−28	+18	− 8	+10
1982. 8. 11	777.21	−24	+40	+ 8	− 2

함께할 수 있다. 3년 동안 보았던 손실을 6개월 만에 만회한다! 상상만 해도 즐겁지 않은가!

그러나 처음 6개월을 놓쳤다면 어떻게 되는가? 너무 늦은 것이 아닐까? 괜히 상투 끝을 붙잡는 것은 아닐까? 항상 그런 것은 아니다. 1949년의 경우, 다음 6개월 동안에도 장밋빛이었다. 다시 18%가 상승했다. 또 다음 6개월 동안에도 추가로 2%가 상승했다. 〈표 6〉에서 보듯이, 이런 상승은 결코 비정상적인 것이 아니다. 1966년 10월 7일 이후의 경우가 오히려 예외적 현상이다. 이런 시장에서 처음 6개월을 놓친다면, 먼 훗날을 기다려야 한다.

하락폭이 클수록, 상승 속도는 더 빨라진다. 1974년의 경우에는 무려 45%가 하락했다. 2차대전 이후 최고의 하락폭이었다. 그러나 바닥을 벗어난 첫 6개월은 2차대전 이후 최고의 상승폭을 기록했다. 이때 처음 6개월을 놓쳤다면, 몇 개월 끈질기게 기다린 뒤에야 재반등의 기쁨을 누릴 수 있었다. 〈표 6〉에서 보듯이, 실제로 다음 6개월은 3% 하락했지만, 그 이후의 6개월은 25%나 상승했다.

〈표 6〉에는 나타나 있지 않지만, 네번째 6개월도 전반적으로 상승 국면을 띠는 경향이 있다. 실제로, 네번째 6개월의 패턴이 세번째 6개월의 패턴보다 더 낫다. 또한 대부분의 투자자는 두번째 6개월 끝이나 세번째 6개월 초에 충분히 상승했다고 판단하면서, 보유하고 있던 주식을 팔아치우는 경향이 있다. 그리고 네번째 6개월 동안에 다시 시장에 끼여든다.

그러나 다섯번째와 여섯번째 6개월을 눈여겨볼 필요가 있다. 이 시기는 일정한 패턴이 없어, 증권시장에서 이익을 보기가 만만치 않은 시기다(물론 1991년 말처럼, 초호황기에는 예외다. 이 시기에 대해서는 뒤에서 다시 살펴보도록 한다). 2차대전 이후 다섯번째의 6개월은 대강 이런 패턴을 보였다. 세 번은 현저하게 상승했고, 세 번은 현저하게 하락했다. 두 번은 별다른 변화가 눈에 띄지 않았다.

말하자면, 손해 볼 확률과 이익 볼 확률이 반반씩이었다는 뜻이다. 나는 이런 시장에 별로 흥미가 없다. 여섯번째 6개월은 전혀 다른 모습을 보여주었다. 한 번만 현저하게 상승했고, 세 번은 현저하게 하락했으며, 세 번은 별다른 변화가 없었다. 말하자면, 이 시기에는 손해 볼 확률이 더 크다는 뜻이다.

2차대전 이후의 시장 동향에서 얻어지는 결론은 간단하다.

증권시장이 전환점을 맞아 첫 6개월의 상승기를 놓쳤더라도, 주가는 계속 상승할 확률이 높다는 것이다. 따라서 결론은? 바닥권에서 멀어질수록, 손해 볼 확률은 그만큼 커진다! 주가가 바닥을 벗어났다는 확신이 있으면, 주저없이 증권시장으로 달려가라.

그런데 이상한 현상이 있다. 시장이 어떻게 변해 가고 있는지 분명히 파악하고 있음에도, 이번에는 다르다고 생각하는 사람들이 있다. 나는 시장의 부침이 심할 때, 그런 이야기를 귀에 딱지가 앉을 정도로 듣는다. 물론 나도 시장에 영향을 주는 상황에서 분명한 차이가 있다는 것을 인정한다. 그러나 내가 자신 있게 말할 수 있는 것은, 그런 차이가 별로 중요하지 않다는 사실이다.

〈표 6〉에서 보여주는 시장 동향은 일정한 패턴을 갖는다. 역사는 되풀이된다고 한다. 그렇다! 역사는 투자 분야에서도 되풀이된다. 아니, 투자 분야는 역사를 벗어나는 법이 거의 없다.

☐ 주식에서 돈을 벌 수 있는 기회는 일생 동안 세 번 온다

앞에서, 나는 시장의 부침을 단기적인 관점에서 살펴보았다. 즉, 6개월에서 길어야 2년이었다. 그러나 단기적 동향에 앞서서 증권시장을 지배하는 장기적 순환주기가 분명히 눈에 띈다.

내가 해군 복무중에 모셨던 B. E. 어윈 장군은 증권 투자에 오랜 경륜을 가진 사람이었다. 그는 『매거진 오브 월 스트리트』와 『파이낸셜 월드』의 정기 구독자였다. 검약정신이 몸에 밴 전형적인 신사였던 어윈 장군은 두 잡지를 탐독한 후에도 그냥 버리는 법이 없었다. 언제나 나에게 건네주며 읽어보도록 권했다. 어윈 장군이 1945년에 나에게 해주었던 말은 아직도 귀에 쟁쟁하다.

"영, 증권시장에서 큰돈을 벌 수 있는 기회는 일생 동안 세 번 주어진다네."

그것이 전부였다. 세 번의 기회가 언제 주어지고, 그 기회를 어떻게 직감할 수 있는지에 대해서는 아무런 설명도 없었다. 당시 그의 나이는 60세였고, 나는 31세였다.

그리고 47년이 지났다. 지금 와서 돌이켜보면, 그 세 번의 기회가 무엇이었는지 분명히 알 것 같다.

첫번째 기회! 결국 1929년 10월의 대폭락으로 마감되고 말았지만, 하루가 다르게 치솟아오르던 1929년대의 대활황 시장이었다. 그러나 당시 나는 증권시장에 뛰어들기에 너무 어린 나이였다. 사실, 1929년의 붕괴는 내가 증권시장이라는 낱말조차 처음 들어본 때였다. 그래서 나는 이때를 나에게 주어진 세 번의 기회로 생각지 않으려 한다. 하지만 역사적 교훈을 얻기 위해서, 그 당시를 간략하게나마 살펴볼 것이다.

결국 나에게 주어진 첫번째 기회는 1949년 6월 13일에 시작해서 1966년 1월 18일에 끝난 활황 시장이었다.

두번째 기회는 1982년 8월 13일에 시작된 활황 시장으로, 그 분위기가 이 책을 쓰고 있는 1991년 말 현재까지 계속 이어지고 있다.

이제 과거로 돌아가, 이 세 번의 기회를 분석해 보자. 세 번의 기회가 어떤 식으로 전개되었는지 살펴보자.

1884년 7월 3일, 찰스 H. 다우는 그 유명한 다우존스 공업평균지수를 제시해 주었다. 그후 그는 무려 12년간의 시행착오를 거친 끝에야 주가의 평균치를 산정할 수 있는 안정된 방법을 완성할 수 있었다. 따라서 초창기의 수치는 큰 의미를 갖지 않는다. 또한 다우존스 공업평균지수가 측정대상으로 삼았던 시장은 1924년까지는 별다른 부침이 전혀 없었다. 아무튼 연말의 폐장시에 기록된 평균치는 〈표 7〉과 같다.

1920년에도 다우존스 공업평균지수는 1900년과 비슷한 수준이었

〈표 7〉 다우존스 공업평균지수

연 도	폐장시 지수
1900	70.71
1905	96.20
1910	81.36
1915	99.15
1920	71.95
1921	81.10
1922	98.73
1923	95.52
1924	120.51
1925	156.66
1926	157.20
1927	202.40
1928	300.00
1929	381.00 (1929년 9월의 최고지수)

다. 1923년의 폐장시 지수는 1905년의 경우보다 약간 낮았다. 정말 흥미로운 현상이 아닌가? 그러나 1924년 이후로는 꾸준히 상승했다. 1929년에는 그 끝을 모를 정도로 치솟았다. 「우량주라면 어떤 가격이라도 좋다」는 인식이 팽배해 있었다. 위탁 증거금이 10%에 불과했기 때문에, 어느 누구라도 돈을 빌려 증권시장에 뛰어들 수 있었다. 실제로 그런 현상이 벌어졌다.

그러나 1929년, 모든 것이 일순간에 무너지고 말았다. 1929년 9월경 최고 381.00포인트까지 치솟았던 다우존스 공업평균지수(이후 「다우존스 지수」로 표기함)는 1932년 41.00포인트로 급전직하하고 말았다. 3년이 안되는 기간 동안 무려 90%가 폭락한 셈이었다. 그리고 전문투자자를 포함한 개미군단이 증권시장을 떠났다. 증권이라는 소리만 들어도 진저리를 칠 정도였다. 그러나 새로운 투자자 세대가 등장하면서, 다우존스 지수는 1929년의 수준을 회복할 수 있다. 25년이라는 긴 세월이 지난 1954년 11월 23일이었다.

주가가 25년 동안 오르지 않았다는 사실을 상상해 보라.

그러나 미국의 산업계는 그 25년 동안 비약적인 발전을 거듭했다. 토스터기는 미국인의 아침 식사에 대혁명을 일으켰다. 나일론은 섬유업계를 발칵 뒤집어놓았다. 레이더는 운송업계에 혁신적인 안정을 보장해 주었다. 페니실린은 의료 산업에 혁명을 일으켰다. 좋든 나쁘든 간에 핵에너지도 등장했다. 제트 엔진은 항공산업에 일대 혁신을 가져왔다. 그리고 텔레비전, 즉석사진기, 자동세탁기, 자동식기세척기, 컴퓨터, 트랜지스터 등등이 등장했다.

그럼에도 증권시장은 1929년의 수준을 밑돌고 있었다.

마침내 1949년 6월 13일, 시장이 꿈틀대기 시작했다. 그동안 주가에 전혀 반영되지 않던 산업 발전에 눈을 뜨기 시작했다. 시장은 서서히 상승하기 시작했다. 그리고 언제나 있게 마련인 침체기와 조정기를 거치면서, 16.5년 동안 꾸준히 상승했다.

얼마나 상승했을까? 1949년 6월 14일 161포인트에 불과하던 다우존스 지수가 1966년 1월 18일에는 무려 1,001포인트까지 올라갔다. 620%의 성장이었다. 그야말로 활황 시장이었다. 불행히도, 나는 그 절호의 기회에 많은 돈을 벌지 못했다. 기회를 제대로 포착하지 못한 셈이었다. 그러나 나는 쥐꼬리만한 종자돈으로 최선을 다했다. 그래서 조금도 후회하지 않는다.

활황 시장은 1966년 1월에 고개를 숙이고 말았다. 어째서 그런 일이 벌어졌을까? 물론 1929년과 같은 대폭락은 아니었다. 다만 1,000포인트 안팎에서 꿈쩍하지 않았다. 거의 17년 동안 그 수준 아래에서 부침을 거듭할 뿐이었다. 그러나 증권시장은 역마살이 낀 동물과도 같다. 마침내 1982년 11월, 증권시장은 그 수준을 돌파하며 하늘로 치솟기 시작했다.

그런데 주가가 17년이라는 긴 세월 동안 꼼짝도 하지 않았던 이유가 무엇일까? 인플레이션 때문이었다. 또한 인플레이션에 동반되는 악재들 때문이었다. 1965년 중반, 물가상승률은 1950년대 초와 비슷한 연간 1.2% 수준이었다. 그러나 그때부터 조금씩 오르기 시작하면서, 1980년 말에는 연간 물가상승률(인플레이션)이 거의 18%에 달했다.

물가가 오르면, 이자율도 오르게 마련이다. 그것은 자연의 법칙이다. 가령 물가상승률이 연간 100%라면, 이자율도 그에 상회하는 상승률을 갖는다. 실제로 1980년에는 우대 금리가 21.5%까지 올라갔다. 이와 같은 고금리는 주가 상승을 가로막는 가장 강력한 악재 중의 하나이다. 물론 수익률 감소도 그중의 하나이다.

그러나 1981년에 접어들면서, 모든 것이 역전되었다. 물가상승률이 급격히 떨어졌고, 이자율도 완만히 그러나 꾸준히 떨어졌다. 또한 원유 가격을 비롯해서 유가에 민감한 생활필수품의 가격도 마찬가지였다. 마침내 1982년 8월 13일, 증권시장은 이런 변화를 그대로 반영하면서, 그동안 침체했던 한이라도 풀듯이 1982년 8월 12일의 777포인트에서 시작해서 1991년 중반에는 3,092포인트까지 줄기차게 상승했다.

이때 나는 만반의 준비를 갖추고 있었다. 침체를 벗어나지 못한 17년 동안, 나는 주식과 채권을 꾸준히 매수해 두고 있었다. 어떻게 그럴 수 있었을까? 금방 말해 주면 재미없다. 좀 기다려라. 「준비는 성공의 열쇠」를 다룬 부분까지만.

과연 현재의 활황 시장은 언제쯤이나 끝날까? 대체 몇 포인트까

지 상승할까? 1929년의 악몽처럼 대폭락으로 이어질까, 아니면 1966
년의 침체기로 빠져들까?

솔직히 말해서, 나도 모르겠다. 1987년 10월 19일의 대폭락으로
활황 시장이 끝날 것처럼 보였지만, 증권시장은 다시 반등해서
3,092포인트까지 나날이 최고수치를 갱신하고 있다.

당신이 이 기회를 놓쳤다면, 이와 같은 기회를 언제쯤이나 다시
만날 수 있을까? 아마 2010년경일 것이다. 그냥 예측해 본 것이 아니
다. 불분명한 가운데에서도 나는 그날이라 단언한다.

현재 나에게는 3백만 달러 정도의 주식과 채권이 있다. 더이상의
기회가 필요없을 수도 있다. 그렇지만 나는 현재 보유하고 있는 것
을 꼭 움켜쥐고 놓지 않을 것이다. 그리고 계속해서 주식을 끌어모
을 것이다. 만약 어윈 장군이 아직 살아 계신다면, 지금의 나를 보고
무척이나 자랑스러워하셨을 것이다.

☐ 대통령 선거와 주식시장 ― 민주당과 공화당

당신이 선택한 후보가 대통령에 당선되었다고 가정해 보자. 그런
이유만으로, 주가가 틀림없이 오를 것이라고 낙관할 수 있을까?

이번에는 반대로 생각해 보자. 당신이 선택한 후보가 낙선했다.
그럼 어떻게 해야 하는가? 보유하고 있는 주식을 팔아야 하는 것일
까? 하지만 주식은 당신의 뜻에 따라주지 않는다.

그럼 어떤 당의 후보가 대통령에 당선되느냐에 따라서 주가도 변
동할까? 만약 그렇다면, 어떤 당의 후보가 당선되는 것이 주가 상승

에 유리할까?

대부분의 투자자는 공화당원이다. 내가 그것을 어떻게 아냐고? 1976년 11월 2일 카터 대통령이 당선된 직후 주가가 어떻게 변했는지 분석해 보면, 해답은 금방 나온다. 주가는 거래 이레 만에 4.4%가 떨어졌다. 사실 연간 200%라는 기록적인 하락은 감당하기 힘든 재앙이었다.

그러나 이런 현상은 민주당 후보가 당선될 경우 흔히 일어나는 현상이다. 거의 70년을 거슬러 올라가 1932년 루스벨트가 당선되었을 때에도, 1932년 11월 당선이 확정되기 전날부터 그달 말까지 주가는 평균 13% 하락했다. 시장이 완전히 붕괴된 상태에서도 또다시 그렇게 하락한 것으로, 엎친 데 덮친 격이었다. 그때의 붕괴는 내가 골백 번이나 암송했고, 지금도 잊지 않고 있는 짤막한 시를 생각나게 해준다.

당신이 태어난 그날부터
당신이 칠성판에 누울 그날까지
더이상 나빠질 것이 없을 만큼
지독히도 고약한 일이 있다.

누가 이 시를 지었는지 모르겠다. 적어도 내가 알기로는, 자기가 지었다고 나서는 사람도 없다.

1948년 11월, 트루먼이 대통령에 당선되었을 때, 11월 말의 주가는 10% 가량 떨어졌다. 1960년, 케네디가 당선되었을 때에도, 증권시장은 11월 말에 가서야 당선 전날의 주가를 가까스로 회복할 수 있었다. 그러나 공화당 후보가 당선되었을 때에는 정반대다. 다우존스 지수를 기준으로 당선 전날의 지수를 11월 말과 비교해 보면 다음과 같은 결과를 얻는다.

후버(1928년) : 15% 상승
아이젠하워(1952년) : 5% 상승
닉슨(1968년) : 4% 상승
레이건(1980년) : 6% 상승
부시(1988년) : 1991년 11월 현재까지 가파르게 상승하고 있다.

따라서 결론은 간단하다. 민주당 후보가 당선되었을 때에는 네 번 중 세 번이나 당선 직후 급전직하했고(카터의 경우가 대표적이다), 공화당 후보가 당선되었을 때에는 다섯 번 모두 가파르게 상승했다.

그럼 증권시장에서 민주당은 악마이고, 공화당은 천사라고 말할 수 있을까? 성급히 결론을 내리기 전에, 민주당 대통령의 임기 동안(연임 포함)에는 증권시장이 어떻게 변동했는가 살펴보자.

루스벨트 : 165% 상승
트루먼 : 71% 상승
케네디~존슨 : 60% 상승
카터 : 3% 하락

1932년 11월의 선거 전날부터 루스벨트가 사망하기 전날(1945년 4월 11일)까지, 주가는 165% 상승했다. 물론 12년의 임기 동안 수많은 부침이 있었지만, 그렇더라도 165%의 상승은 상당히 괜찮은 성적이었다. 물론 이 수치에는 배당금이 포함되지 않는다.

한편 1948년 트루먼이 기적적인 승리를 거두기 전날부터 1952년의 선거 전날까지, 꼭 4년 동안 주가는 놀랍게도 71%나 상승했다. 한 번의 임기에 불경기와 전쟁을 딛고 일어선 것이다.

케네디와 존슨으로 이어진 8년 동안, 증권시장은 60% 가량 상승했다. 물론 이때에도 배당금은 포함되지 않은 수치이다. 카터만이 예외였다. 카터가 임기를 끝낼 때에야, 증권시장은 4년 전의 수준을 겨우 회복할 수 있었다. 그럼 공화당 대통령의 경우는 어떨까?

후버 : 78% 하락
아이젠하워 : 120% 상승
닉슨~포드 : 2% 상승
레이건~부시 : 1991년 11월 현재까지 196% 상승

1968년 닉슨이 당선되었던 전날에 비해서 1976년 선거 전날까지, 다우존스 지수는 기껏 2% 상승했을 뿐이다. 8년의 임기 동안 거의 성장하지 않은 셈이다. 한 달이나 일 주일을 주기로, 계속해서 출렁대는 장세를 보였을 뿐이다.

따라서 결론은 간단하다. 민주당이 정권을 잡은 동안 증권시장은 네 번 중 세 번이나 비약적으로 성장했다. 그러나 공화당이 정권을 잡은 동안, 한 번은 대폭락이 있었고, 두 번은 비약적 성장, 그리고 나머지 한 번은 기나긴 조정기였다.

증권시장의 이런 동향은 우연의 일치였을까? 역사적으로 아무런 관계도 없는 것일까? 증권시장이 민주당 정부나 공화당 정부와 갖는

상관 관계를 찾으려는 노력은 쓸데없는 짓일까? 나는 그렇게 생각지 않는다. 내 생각에, 증권시장은 미래의 소득과 배당금에 대한 투자자의 집단기대감을 반영하는 것이다. 민주당이나 공화당의 정책이 기업 이윤에 유리할 경우, 시장은 십중팔구 상승국면을 맞이한다. 그러나 그들의 정책이 기업 이윤을 창출하는 데 불리할 경우, 시장은 당연히 침체되게 마련이다.

4년마다 대통령 선거가 있을 때면, 공화당은 불경기와 실업을 유발할 것이고 민주당은 인플레이션을 유발할 것이라는 소문을 듣게 된다. 지난 64년의 역사를 분석해 볼 때, 그런 소문이 거짓말만은 아니었던 것으로 판단된다.

후버가 재임하던 시절, 미국은 심한 디플레이션과 고실업을 견뎌야 했다. 게다가 스무트호레이 관세법안(1930)은 세계 경제를 막다른 골목으로 내몰았다. 연방준비제도는 통화공급량을 30% 이상 줄였다. 통화공급량이 그 정도로 줄어들었다면, 스무트호레이 법안에 따른 무역장벽이 없었더라도 불경기는 불을 보듯 뻔한 것이었다. 바로 공화당 정부가 그런 정책을 밀고 나갔던 것이다.

그러나 루스벨트는 경제회복을 위해서 전방위정책을 과감히 펼쳤다. 연방정부가 대대적인 재정적자를 감수한 것이다. 그 결과, 루스벨트에서 트루먼으로 이어진 민주당 행정부하에서 미국은 인플레이션을 감수해야 했다. 물론 두 번의 전쟁이 있었고 전쟁에는 필연으로 인플레이션이 동반되지만, 민주당 정권하에서의 인플레이션이 전적으로 전쟁 때문이었다고 말할 수는 없다.

아이젠하워가 1953년 2월 대통령에 취임했을 때, 가장 급선무는 인플레이션을 잡는 것이었다. 거의 20년 동안이나 인플레이션이 계속되고 있어, 국민 모두가 나날이 뛰는 물가로 걱정이 대단했기 때문이었다. 결국 아이젠하워가 통치하던 8년 동안, 우리는 세 번의 불경기를 겪어야 했다. 그러나 아이젠하워는 인플레이션을 잡았다. 1954년부터 1965년 중반까지, 물가상승률은 연간 1.3%에 불과했다. 당연히 1960년의 선거에서는 고실업률과 침체된 경제가 이슈로 부각되었고, 대신 인플레이션은 국민에게 잊혀지고 말았다.

아이젠하워가 미국 경제에서 인플레이션 요인을 거의 완벽하게 제거했던 까닭에, 케네디와 존슨 행정부가 취한 경제 활성화 정책에도 불구하고 인플레이션의 조짐은 1965년 중반이 지난 뒤에야 조금씩 나타나기 시작했다. 케네디~존슨 행정부의 8년 동안, 1.3%에서 시작했던 물가상승률은 임기 말에 거의 6%에 달했다.

1969년 정권을 잡았던 닉슨에게 당면한 문제는 역시 인플레이션을 낮추는 것이었다. 닉슨 행정부는 초창기에 그 역할을 완벽하게 해냈다. 1970년 미국 경제는 당연한 수순처럼 불경기에 접어들었다. 그러나 1971년 7월, 소비자 물가지수는 닉슨이 2년 전 정권을 잡았던 당시의 6%에서 오히려 3.8%가 상승되어 있었다.

1971년 8월, 닉슨은 미국 경제사에 지워질 수 없는 엄청난 실수를 저질렀다. 후버 시절 그랬던 것처럼, 연방준비제도가 통화공급량을 급격하게 줄이는 정책을 시행한 것이었다. 닉슨 행정부는 노동자의 임금까지 조절하고 나섰다. 그런 식으로 억눌린 인플레이션은 활화산처럼 언제라도 폭발할 수밖에 없었다. 마침내 우려하던 사태가 모든 조절력을 상실한 1974년 터지고 말았다.

그러나 대통령 선거가 있었던 1976년에는 닉슨이 정권을 잡았던 1969년에 비해서 훨씬 낮은 4%의 인플레이션율을 보이고 있었지만,

1974년의 악몽 같은 두 자릿수 인플레이션율을 극복하지 못하고, 공화당의 포드 후보는 낙선이라는 쓴잔을 마셔야 했다. 대신 대통령에 당선된 카터는 1980년쯤 미국에게 무려 16%라는 끔찍한 인플레이션율을 안겨주었다.

1981년 1월 레이건이 정권을 잡았을 때에도 가장 당면한 문제는 인플레이션을 잡는 것이었다. 대신 1981년 7월, 미국은 2차대전 이후 가장 깊은 불황에 빠져들어야 했다. 그러나 인플레이션율은 급격히 떨어져, 1985년과 1986년에는 거의 0%에 맴돌았다. 이렇게 인플레이션율을 낮추는 데에는 당시 연방준비제도 이사회 의장이었던 볼커의 역할이 절대적이었다.

대부분의 경제 전문가가 그렇게 생각했지만, 레이건은 "내 시간표대로 진행된 것"이라며 우쭐대는 멋진 연기를 보여주었다. 새빨간 거짓말은 아니었다. 레이건은 통화정책에서 볼커를 절대적으로 신임한 까닭에 인플레이션율을 낮출 수 있었지만, 고실업과 불황을 촉발함으로써 정치적 비난을 감수해야 했다.

따라서 우리는 이런 결론을 얻을 수 있다. 민주당은 경제 활성화를 위해 공격적이고 개방적인 정책을 밀고 나간다. 따라서 그들이 집권하는 동안, 기업 이윤과 주가는 상승하는 대신에 인플레이션이 필연으로 뒤따른다. 반면에 역사적 순환이든 아니면 경제정책에 따른 결과이든 간에, 공화당은 고인플레이션 시대에 집권하여 어쩔 수 없이 경제성장을 억제하는 정책을 세워야 한다. 또한 그런 정책은 필연으로 불경기를 촉발하게 된다.

카터와 레이건이 집권하기 이전까지, 나는 민주당이 주가 상승에 유리하다는 확신을 갖고 있었다. 그러나 카터 행정부 시절 침체를 벗어나지 못하던 증권시장과 레이건 행정부 시절의 기록적인 성장을 경험하면서, 나는 과거의 확신을 더이상 고집하지 않게 되었다.

역사가 레이건을 어떻게 평가하든 간에, 그는 증권시장의 마음에 쏙 드는 정책을 줄기차게 밀고 나갔다. 말하자면 낮은 세율, 정부 간섭의 최소화, 낮은 인플레이션, 자유무역, 그리고 강력한 국방력 등이었다.

부시 행정부 시절에도 주가는 계속 상승했지만, 부시는 레이건과 달랐다. 그는 세율을 급격히 올렸고 정부 지출을 증대시켰으며 산업을 다시 규제하기 시작했다. 이처럼 저성장정책을 지속하고 확대한다면, 필경 증권시장은 하락하고 말 것이다. 적어도 상승하지는 못할 것이다.

결국 요점은 간단하다. 정당의 편향성으로 당신의 투자 판단을 흐리지 말라는 것이다. 대통령이 소속된 정당이 아니라 경제정책에 따라 투자 방향을 결정해야 한다.

□ 현재의 주식을 꼭 움켜쥐고 더 사들일 것인가

그게 아니면, 사고 파는 순환매매를 할 것인가?
이런 질문에 대한 대답은 다음 세 가지에 따라 결정된다.

1. 현재의 증권시장 동향
2. 당신이 사려는 주식의 성격
3. 당신의 성격

나는 개인적으로 1946년 10월에 처음 주식 투자를 시작했다. 당시 나는 500달러의 이익을 거두면 무조건 파는 전략을 취했다(당시 나에게 500달러는 큰돈이었다). 이런 전략은 1949년 중반까지 그런대로 효과를 거두었다. 당시의 증권시장 상황은 약간의 부침이 거듭될 뿐, 특별한 방향성이 없었다. 1954년 11월 23일까지도 1929년의 최고수준을 회복하지 못했다는 사실을 생각하면 충분히 이해할 수 있는 상황이었다.

1953년 여름이 되면서 모든 것이 뒤바뀌었다. 시장은 여전히 부침을 거듭했지만, 꾸준히 상승하고 있었다. 1956년, 나는 1949년 이후의 모든 거래가 커다란 실수였다는 사실을 깨달았다.

예를 들어보자. 나는 1951년 굿이어사의 주식을 40달러에 샀다. 굿이어의 주가는 60달러로 올랐고, 38달러로 떨어진 다음 62달러로 올랐지만, 다시 40달러로 떨어졌다. 주가는 계속 그런 식으로 출렁거렸다. 그쯤에서 나는 주가가 다시 60달러 선을 회복하면 팔겠다는 결심을 세웠다. 누구라도 그렇게 생각했을 것이다. 다행히 주가는 60달러 선을 회복했고, 나는 과감히 팔아치웠다.

그러나 운이 따랐던 사람은 그때도 굿이어를 사들였다. 그 이후, 굿이어는 109달러까지 치솟았고, 2대 1로 분할되었다. 그렇게 분할된 주식은 154달러로 치솟으면서, 다시 3대 1로 분할되었다.

내셔널 리드(현재 NL산업)의 경우도 마찬가지였다. 나는 내셔널 리드를 1953년 29달러에 사서, 42달러에 의기양양하게 팔았다. 그러나 그것은 138달러까지 치솟으면서 3대 1로 분할되었다.

그렇게 이익을 보고 팔았던 것이 왜 실수일까? 이유는 간단하다. 등락을 거듭하던 증권시장이 1949년 중반부터 전 종목에서 상승국면으로 접어들었기 때문이다. 이런 상승국면은 1966년 초까지 이어졌다. 단적인 증거로, 1949년 중반에는 161포인트에 머물던 다우존스 지수가 1966년 초에는 1,001포인트까지 상승했다.

물론 그 기간에도 시장이 간혹 하락하기는 했지만, 어렵지 않게 침체국면을 벗어나 장기적인 상승 기조를 유지해 주었다. 그 16년 동안에는 주식을 팔 이유가 없었다. 있는 것은 움켜쥐고, 더 많이 사들여야 했다. 전체적으로 볼 때, 그 기간 동안 주식을 시장에 판 것은 실수였다. 종목을 가릴 것 없이 거의 모든 주식이 그런 동향을 보여주었다.

굿이어와 내셔널 리드의 경우에서 보았듯이, 1949년 중반에 내가 전략을 수정할 수 없었던 이유는 무엇일까? 말하자면, 사고 파는 전략에서 사서 보유하는 전략으로 수정할 수 없었던 이유는 무엇일까? 시간의 문제일 뿐이다. 즉 시장에서 일어나는 변화를 투자자가 몸으로 깨닫는 데, 적어도 확신하는 데에는 적지 않은 시간이 걸리기 때문이다.

활황 시장은 투자자들이 기술적 수정(修正)이라 칭하는 것과 더불어 시작된다. 그러나 시장이 꾸준히 상승 기조에 오른 다음 뒤늦게야 활황 시장으로 인식되게 마련이다. 1949년의 경우도 마찬가지였다. 그렇다고 당시의 분석가들을 멍청하다고 생각해서는 안된다. 당시 대부분의 사람들은 대공황이 언제라도 다시 닥칠 수 있다고 생각했다. 대공황이 전쟁의 특수(特需) 때문에 일시적으로 중단된 것일 뿐이라는 생각이었다.

1940년대 후반기의 정책도 대공황이 되살아날 수 있다는 전제에서 입안되었다. 따라서 1949년 6월 13일에 시작되어 620%가 상승했던 시장의 「기술적 수정」을 제대로 꿰뚫어본 사람은 없었다.

나에게 몸을 사리게 만들었던 또 하나의 이유는 시장이 전대미문의 최고치에 도달해 있었다는 사실이다. 완전붕괴로 이어졌던 1929년의 최고치, 381포인트를 훨씬 넘어서고 있었다. 따라서 대부분의 투자자에게는 주식을 「최고치」에서 산다거나 보유하는 것이 바보처럼 생각되었다. 그러나 그로부터 7년이나 지난 1956년에야 나는 깨달을 수 있었다. 그런 활황 시장에서는 주식을 사고 파는 것보다는 사서 보유하는 편이 나았다고!

정반대의 경우도 있다. 1966년 초부터 1982년 중반까지, 증권시장은 심한 요동을 칠 뿐 뚜렷한 방향성을 보여주지 못했다. 그 기간 동안에는 사고 파는 전략이 훨씬 생산적이었다. 반면에 사고 보유하는 전략을 취했다면 반복되는 좌절감에 술주정뱅이가 되었을지도 모른다.

물론 그와 같은 기간 동안에도 사고 파는 전략으로 이익을 얻으려면 리듬을 잘 타야 한다. 당연한 이야기이지만, 주가가 내릴 때 사서 오를 때 팔 수 있어야 한다. 반대로 꼭대기에서 사서 바닥에서 팔아야 하는 리듬에 휩쓸리게 되면, 아예 증권시장에서 떠나는 편이 나을 것이다.

너무 간단하지 않은가? 내릴 때 사서 오를 때 팔아라, 그럼 금세 부자가 될 것이다!

간단히 정리해 보자. 1946년 중반부터 1949년 중반까지는 이런 전략이 퍽이나 유효했겠지만, 1949년 중반부터 1966년 초까지는 아쉬움만을 남겨주었을 것이다. 그러나 1966년 중반부터 1982년 중반까지는 이런 전략이 다시 필요해졌다.

간단히 말해서, 현재의 시장이 당신에게 일생 동안 세 번 주어지는 기회의 하나라면, 사서 보유하는 전략을 취해야만 한다. 그렇지 않을 경우라면, 낮은 가격에 사서 높은 가격에 파는 전략이 돈을 버는 최상의 방법이다.

이제 두번째 질문을 생각해 보자. 어떤 주식을 사야 하는가? 성장형 주식, 등락 폭이 큰 주식, 소득보장형 주식……. 대체 어떤 주식을 사는 것이 부자의 지름길일까? 이것도 매매전략과 깊은 관계가 있다. 즉 사고 파는 전략을 취할 것인가, 아니면 사서 보유하는 전략을 취할 것인가에 따라 매수하는 주식도 달라진다.

성장형 주식은 침체된 시장에서도 매수자와 보유자에게 상당한 이익을 준다. 아메리칸 홈 프로덕트, 박스터 래보러토리(현재 박스터 인터내셔널), 브리스톨마이어스 스퀴브, 머크, 아보트 래보러토리 등이 대표적인 성장형 주식이다. 이 회사들은 매년 매출이 신장하면서, 주가도 눈에 띄게 상승했다. 심지어 다우존스 지수가 꼼짝도 하지 않던 기간에도 꾸준히 상승했다. 따라서 지난 25년 동안, 이런 회사의 주식을 팔았다면 그것도 엄청난 실수라 할 수 있다.

주식을 사서 보유하는 전략에서 성공을 거두려면, 매출 이익을 계속해서 신장시켜 나갈 회사를 족집게처럼 집어낼 수 있어야 한다. 이런 성장형 주식을 사려면 필경 웃돈을 얹어주어야 한다. 그런데 당신이 매수하면서 성장이 멈칫해진다면, 실망스런 조정기를 거칠 수밖에 없다.

전형적인 예가 웨스턴 퍼블리싱 컴퍼니이다. 그 회사는 53년 동안 매출과 순이익의 신장 덕분에, 1960년 42달러에 증권시장에 공개되었다. 그러나 공개된 직후 2년 연속 순이익이 상당히 감소하면서 성장주에서 탈락하여, 매출이나 성장성에서 중견기업 정도로 전락하고 말았다. 그 결과 주가는 18달러 선에서 몇 년 간 등락하는 모습을 보여주었다. 이처럼 몇 년 간 주가가 하락한 까닭에, 그 회사의 주식은 성장주로서의 면모를 완전히 잃게 되었다.

결국 성장주를 사서 보유하려는 투자자가 피해 가야 할 주식의 전형적인 예인 셈이다. 그럼, 이런 주식을 어떻게 피해 갈 수 있을까? 무척이나 어려운 문제이면서, 투자의 모든 것을 결정하는 문제라 할 수 있다. 또한 우리가 눈 깜짝할 사이에 부자가 되는 지름길을 가로막는 장애이기도 하다.

다른 예를 보자. IBM은 금세기 최초의 성장형 주식이었다. 1916년부터 1985년까지, 불경기 동안에도 별 어려움 없이 순이익을 꾸준히 신장시켜 온 기업이었다. 그런 덕분에, IBM의 주가는 연일 신기록을 갱신해 나가고 있었다. IBM의 주식을 판다는 것은 멍청한 짓이나 다름없었다. 그러나 1985년에 들면서, 순이익의 증가세가 주춤하기 시작했다. 1987년, 증권시장은 IBM에 경계의 눈을 늦추지 않았다. 순이익의 감소세가 일시적인 현상이 아니라는 결론이었다.

1987년 중반 최고 176달러까지 올랐던 주가는 그후 계속 하락해서, 1991년 말 현재 100달러 이하에서 맴돌면서 맥을 못 추고 있다. 주당 배당금도 4.84달러로 5%를 약간 상회한다. IBM이 과거의 성장형 주식으로 복귀할 수 있을 것인지, 아니면 지금처럼 소득보장형 주식으로 안주할 것인지 하는 문제는 오직 시간만이 답해 줄 수 있다. 만약 1987년에 IBM을 성장형 주식으로 판단하여 매수했다면, 한마디로 투자를 잘못한 것이다. 그러나 그보다 10년 전 55달러에 매수했다면, 상당히 만족스런 투자가 아닐 수 없다.

대체 어떤 것을, 사고 파는 순환매매형 주식이라 하는가? 단기간에 등락의 폭이 격심한 주식을 뜻한다. 즉, 경제 상황의 변화에 아주 민감하게 반응하는 주식이다. 자동차·금속·항공·화학·종이·육상운송·기계·건설 등이 전형적인 예라 할 수 있다.

가령 다우존스 지수가 1,001포인트에 달했던 1966년 초부터 578포인트로 떨어진 1974년 말, 그리고 다시 1,000포인트를 회복한 1982년 말까지 제너럴 모터스의 주가 변동을 살펴보자.

1966년 초, 제너럴 모터스는 105달러에 매매되었다. 1966년 말에는 68달러로 떨어졌고, 1968년 말에는 79달러로 조금 회복되었지만, 1970년 중반경에 다시 58달러로 떨어졌다. 그러나 1971년 중반에는 90달러까지 상승했고, 1974년 말에는 무려 28달러로 폭락하고 말았다. 1976년 말 78달러로 재반등했지만, 1981년에는 35달러까지 떨어졌다. 물론 이 기간 동안 주식 분할은 전혀 없었다.

제너럴 모터스는 견실한 기업임에 틀림없다. 그러나 그 주식은 하늘로 치솟았다 땅바닥으로 급전직하하는 모습으로, 청룡 열차처럼 짜릿한 재미를 느끼게 해준다.

당신이 그런 널뛰기 장세를 즐기고 싶다면, 같은 기간 동안 크라이슬러 주식이 보여준 동향을 살펴보라. 경기 흐름에 취약한 주식은 경기가 조금이라도 나빠지면 한없는 나락으로 추락하고, 경기가 좋아지면 하늘 높은 줄 모르고 치솟는다. 따라서 당신이 경기 흐름을 판단하는 데 출중한 능력을 가졌고 선천적으로 주고받는 것을 즐긴다면, 경기 흐름에 취약한 주식으로 큰돈을 벌 수 있다.

경고!

경기 흐름에 지나치게 취약한 주식은 피하도록 하라. 만약 그 회사가 파산할 경우, 당신의 화려한 날도 끝장이니까!

그러나 어떤 경우이든, 싸게 사서 비싸게 팔아라. 모든 것이 장밋빛이라고 환상에 젖어서는 안된다. 또한 모든 것이 검은빛이라고 절망해서도 안된다. 그런 성급함은 당신의 투자 생명을 단축시킬 뿐이다.

세번째 질문으로 넘어가자. 투자자로서의 당신은 어떤 성격의 사람인가? 세금을 물더라도 이익을 남기면 그만인가? 잦은 매매를 하지 않으면 열심히 일한다는 생각이 들지 않는가? 주가가 상승하는 주식을 골라내는 천부적인 재능이 있는가? 주가가 떨어질 때에도 과감히 사들일 담력이 있는가? 모든 것이 장밋빛으로 보일 때에도 주저없이 팔아버리는 결단력이 있는가? 이 모든 질문에 「그렇다」고 대답할 수 있다면, 당신은 주식을 사고 파는 형이다.

반면에 주식을 사서 보유해야 하는 형은 어떤 성향을 보여줄까? 세금이 아깝고, 잦은 거래를 싫어하고, 주식을 가졌다는 자체로 그 회사의 주인이 되었다는 자부심을 느끼고, 분기별로 배당금을 따져보는 사람이다.

물론 이런 구분은 절대적인 것이 아니다. 내가 알고 지내는 투자자는 대부분 스스로를 사고 파는 형이라 생각하지만, 갖가지 이유로 꼭 움켜쥐고 팔지 않는 주식도 갖고 있다. 그들이 보유하고자 하는 주식은 대개가 성장하는 주식이지만, 때로는 가족이나 사업과 관련된 기업의 주식이기도 하다. 사고 파는 형의 투자자라도 자신이 보유한 주식에 어느 정도의 감정적인 애정을 품게 마련이다.

□ 신호등 법칙

해리스 은행의 동료인 존 커셔는 한 심리학 교수의 이야기를 즐겨 들려준다. 그 교수는 학생들을 대상으로 다음에 켜질 신호등 불이 녹색인지 붉은색인지 추측해 내는 실험을 해보았다. 정확히 맞추었을 때에는 1달러의 상금을 주었다. 물론 틀릴 때에는 아무런 대가도 없었다. 신호등 불빛을 조절하는 기계는 시간적으로 6대 4의 비율로 녹색불이 우세하도록 프로그램화되어 있었지만, 일정한 법칙은 없었다.

실험 초기에 학생들은 전혀 감을 잡지 못했다. 그러나 시간이 흐를수록, 녹색불이 붉은색보다 자주 켜진다는 사실을 포착해 내는 학생이 하나씩 늘어났다. 어떤 학생은 그때부터 녹색을 무작정 찍어, 적어도 60%의 정답 확률을 얻어냈다. 그러나 녹색불이 붉은색보다 더 자주 켜진다는 사실을 알고 있지만, 다음에 켜질 불을 예측해서 시스템 자체를 해독하려는 학생도 있었다.

솔직히, 나는 1950년대 중반에 녹색불 투자자였다. 장기간 붉은색불의 시절이 있겠지만, 주가가 올라갈 확률이 떨어질 확률보다 높다고 판단했기 때문이다. 그 이후의 전략은 간단했다. 시장이 강세일 때에는 매수를 늦추고, 현금을 준비해 두었다. 대신 시장이 하락세를 보이면서 누구도 주식을 사려 하지 않을 때(예를 들어, 1974년부터 1981년까지), 나는 주머니돈까지 긁어모아 싼값에 주식을 사들였다. 물론 팔면 현금이 생긴다. 그러나 나는 녹색불일 확률이 클 때 결코 그런 짓을 하지 않았다.

나는 온갖 추리력을 동원해 녹색불에 투자했다. 그 결과 나는 엄청난 부자가 되었다. 현재 내게는 3백만 달러의 순자산이 있다. 지난 6년 동안 사회단체에 60만 달러를 기부하고도 말이다.

내가 이처럼 성공하는 데 큰 역할을 한 것은 언제나 녹색불일 것이라는 낙천적인 성격 덕분이었다. 그래, 나는 성공한 사람이라 자부한다. 비록 테네시 주 동부의 가난한 농부의 아들이었지만, 나는 성공할 것이라는 믿음을 한 순간도 잊지 않았다. 나는 1946년 10월 해군에서 제대하면서 증권을 처음 시작했다. 지난 46년 동안의 거래에서 대략 40%가 붉은색 불의 실수였다. 적어도 시간을 맞추지 못했다. 그러나 정확히 짚어낸 60%가 나를 지금과 같은 부자로 만들어주었다.

□ 주식 매수의 기준은 증자 가능성인가, 현재의 수익률인가

이 질문에 대한 대답은 다음 두 가지에 따라 달라진다.

1. 당신의 연령
2. 당신이 현재 보유하고 있는 현금의 규모

당신이 현재 30세이고, 충분히 먹고 살 만한 봉급을 받고 있다고 해보자. 그러나 떳떳하게 당신 재산이라고 자랑할 만한 것을 마련해두지 못하고 있다고 해보자. 그래도 세월이 당신을 속이지 않도록 괜찮은 생활을 계속 영위하고 싶다면 어떻게 해야 할까?

당장 증권시장으로 달려가 성장형 주식을 사도록 하라. 말하자면,

과거에 이익을 꾸준히 신장시켰고 앞으로 성장할 전망도 괜찮은 주식을 사도록 하라. 달리 말하면, 신장된 이익은 고주가로 반영되어 있기 때문에, 일정 기간이 지난 후 증자 가능성이 있는 주식을 찾아야 한다. 여기서 「일정 기간」은 매우 중요한 기준이다. 왜냐하면 30세의 투자자에게 앞으로도 많은 시간이 있기 때문이다.

30세의 투자자로 약간의 모험심이 있다면, 순수한 벤처 자본에 투자해 볼 만도 하다. 우리는 당신이 괜찮은 봉급을 받지만 그럴 듯한 재산은 없다고 가정했다. 따라서 벤처 자본에 투자해서 특별한 수익을 거두지 못하더라도 별다른 손해가 없을 것이다. 아니, 투자금을 몽땅 잃었는데도 손해가 아니란 말인가? 그래도 당신에게는 돈을 벌어들일 35년이라는 세월이 남아 있지 않은가! 그 정도라면 재기하기에 충분한 시간이다. 따라서 위험부담이 크고 공격적인 투자가 이런 유형의 투자자에게 반드시 나쁜 것은 아니다.

조금 다른 예를 들어보자. 30세로 1백만 달러를 유산으로 물려받은 사람이 있다고 해보자. 그렇다면 앞사람처럼 큰 위험을 감수할 필요가 있을까? 전혀 없다. 더구나 1백만 달러를 몽땅 벤처 기업에 투자할 이유는 더욱 없다. 그는 거금 1백만 달러를 제 손으로 번 것이 아니다. 물려받은 것이다. 따라서 위험에 도전해도 성공할 수 있다는 확신이 전혀 없다.

결국 유산으로 물려받은 1백만 달러를 어떤 식이든 위험이 잠재된 사업에 투자하는 것은 멍청한 짓이다. 1백만 달러와 2백만 달러의 차이는 크지 않다. 그러나 1백만 달러와 무일푼의 차이는 하늘과 땅의 차이인데, 뭣 때문에 쓸데없는 위험을 감수하려 하는가?

따라서 1백만 달러를 물려받은 30세의 사내는 적당한 비율로 분산 투자하는 것이 바람직하다. 절대 가난에 빠지는 일이 없도록 일정한 수입을 안전하게 보장해 주는 것에 40~50%를 투자한다. 그래도 적잖은 돈이 남는다. 그 돈으로 고수익을 약속하지만 위험이 도사리고 있는 사업에 투자한다. 경험이 일천한 사람으로서는 써봄직한 방법이다.

그럼, 60세 정도로 정년을 5년 정도 앞둔 투자자라면 어떻게 해야 하는가? 저축해 둔 돈이 얼마가 되었든 간에, 그런 사람은 안전을 최우선 원칙으로 삼아야 한다. 물론 텐트를 접어, 투자계에서 완전히 물러날 필요까지는 없다. 단지 60세나 되었기 때문에, 큰 위험에 도전할 까닭이 없다는 것뿐이다. 만약 그런 나이에 재산을 몽땅 잃고 알거지가 된다면, 남은 삶을 어떻게 하겠단 말인가? 그런 손실을 만회할 시간적 여유도 없을뿐더러, 여유 없는 봉급으로 일자리를 새로 얻을 수도 없지 않은가! 생계보호 대상자가 되어 비참한 삶을 살아야 할지도 모르는 일이다.

결국 예순이나 일흔이 되면 모든 재산을 채권으로 전환시켜야 한다는 뜻인가? 반드시 그런 것은 아니다. 그러나 재산 규모에 따라서, 일정한 소득과 안전성을 동시에 추구하려는 욕구의 정도에 따라서 일정 부분을 채권으로 전환시킬 필요는 있다.

누구나 알듯이, 오늘날 최고의 소득과 최고의 안전을 동시에 보장해 주는 것은 채권이다. 물론 늘 그랬던 것은 아니다. 1956년 전에는 주식이 채권보다 더 많은 수익을 낳았지만, 지금은 그렇지도 않다. 따라서 투자자가 최대의 소득을 얻으려면, 채권에 투자하는 몫을 늘려야 한다. 또한 안전성이 가장 확실하게 보장된 것을 찾으려 할 때도 채권에 투자하는 몫을 늘려야 한다.

결론!

최고의 소득과 최고의 안전을 동시에 보장받고 싶다면, 채권에만 투자하라!

노인이 적절한 투자 대상을 찾을 때 직면하는 어려운 문제는 여생이 얼마나 남았는지 모른다는 점이다. 보험 통계표가 평균치를 나타내고 있는 것은 분명하지만, 한 개인에게 적용될 때에는 엉뚱한 판단을 내리게 만들 수도 있다.

오래 전, 해리스 은행에서도 이런 실수를 저지른 적이 있다. 당시 80세의 한 노파가 신탁계좌를 개설했다. 은행에서는 「고객이 고령인 점을 고려해서」 단기채권에 모두 투자했다. 그러나 그녀는 일리노이 주에서 최고령자로, 무려 111세까지 살았다. 그후 상속자들은 투자금의 관리가 엉성했다며 불평을 늘어놓았다.

오히려 그동안 증권에 투자했더라면 더 많은 수익을 거둘 수 있었을 것이라는 불만이었다. 물론 우리도 고객의 「고령」을 고려하지 않았다면, 틀림없이 더 많은 수익을 거둘 수 있었을 것이다. 그렇지만 투자자가 은퇴할 연령에 이르렀거나 그 연령을 넘어섰다면, 위험을 최소화해야 한다는 원칙에는 변함이 없다.

내 경우도 마찬가지였다. 지방채에 약간 투자하기는 했지만, 본격적으로 채권에 투자한 것은 65세가 되어 은퇴한 이후였다. 은퇴할 즈음, 나는 죽을 때까지 부자로 남고 싶었다. 그래서 50% 정도의 재산을 우량 채권에 투자하면서 최소한의 생활을 영위할 수 있는 방책을 마련해 두었고, 나머지 50%는 1년이나 2년 혹은 3년마다 배당금을 늘려줄 것이라 생각되는 우량 주식에 투자했다.

덕분에 나는 주식에서 매년 거두는 소득액을 늘려갈 수 있었다.

그렇게 늘어난 소득으로 나는 어떤 인플레이션이 닥쳐도 이겨낼 정도가 되었다. 지금까지 이런 전략은 놀랍게도 적중해 주었다.

그럼, 30대와 60대 사이의 연령은 어떤 식으로 투자해야 하는가? 앞에서 상당히 자세하게 논의된 내용이 이런 연령대를 위한 것이었다. 그러므로 여기에서는 일반론적인 말로써 끝내려고 한다.

중요한 것은 연령과 재산 규모를 불문하고 합리적으로 판단했을 때, 당신이 원하는 바를 성취시켜 줄 것이라 기대되는 것에 투자해야 한다. 그렇지 않을 경우, 당신은 계속되는 좌절에서 벗어날 수 없을 것이다.

오직 소득 증진을 목적으로 주식을 샀던 학교 선생님이 있었다. 그는 주식을 소득의 원천으로 보았을 뿐, 투자라고 생각지 않았다. 다시 말해서, 주식의 매수를 봉급 인상으로 생각한 것이다. 따라서 주식을 살 때마다, 그는 가까운 동료들에게 "오늘 연봉이 200달러 올랐어"라는 식으로 말했다. 물론 다른 교사들은 봉급이 인상되지 않았기 때문에, "어떻게?"라고 물었을 것은 당연하다. 그의 대답은 아주 단순 명쾌했다.

"어떤 회사 주식을 100주 샀는데, 배당금이 2달러래."

이렇게 주식을 살 때마다, 그의 소득도 늘어났다. 또한 이렇게 소득이 늘어날 때마다, 그는 더 많은 주식을 사들였다.

그 선생님이 세상을 떠났을 때, 언론은 박봉의 교사가 어떻게 엄청난 부동산을 보유하게 되었는지 뒷조사를 시작했다. 박봉에 시달리던 교사 시절까지 거슬러 올라가게 되었다. 그는 봉급이 낮다고 불평하며 봉급 인상을 위해 투쟁하는 데 시간을 허비하지 않았다. 박봉을 쪼개서라도, 배당금을 듬뿍 집어주는 회사의 주식을 매수함으로써 소득을 늘려가는 데 열심이었다.

이런 투자자의 경우, 소득 증진만이 유일한 관심사였다. 그가 매수한 주식이 정당한 평가를 받아 상승하면 좋았지만, 그런 것이 목표가 아니었다. 그가 성장형 주식을 매수했더라면, 해마다 재산을 불려갈 수 있을 것이다. 그러나 그런 전략은 그의 목표를 달성하는 데 도움이 되지 않았을 것이다. 그에게 성장형 주식을 찾으라고 강요했다면, 필경 쓰라린 실패를 맛보았을 것이다.

그는 투자 목적에 따라 좋아하는 접근법을 택했다. 그런 투자법이 오히려 효과를 보았던 것이다. 그 결과, 그는 행복한 삶을 살았고 존경받는 부자로 세상을 떠날 수 있었다.

결론적으로, 주식을 매수할 때 고려해야 할 것이 있다. 당신의 연령, 위험을 부담할 능력, 목표로 삼는 이익률, 감당할 수 있는 손실의 폭, 인생관, 투자의 목적, 기대치 그리고 욕망 등을 종합적으로 고려해야 한다.

마지막으로 중요한 것은, 당신이 언제라도 편하게 접근할 수 있는 투자법을 따르라. 그렇지 않을 경우, 수시로 달라지는 투자 유행을 좇느라고 이리 기웃 저리 기웃할 수밖에 없으며, 끝내 쓰라린 파산을 맞이하게 된다. 그럼, 좌절감에 빠져 증권시장에 대하여 환멸을 느끼고 심지어 세상을 향해 욕까지 퍼붓게 될 것이다.

☐ 준비는 성공의 열쇠

1985년은 나에게 최고의 해였다. 수익률에서는 아니었지만, 절대적인 액수로는 최고의 수익을 거둔 해였다. 순가치만 42만 9천 달러가 올랐다! 성경을 팔면서 대학을 어렵게 졸업한 나로서는 믿기 힘든 액수였다.

여기에서 몇 가지 용어를 정확히 설명해 두어야겠다. 순가치를 계산해 내는 방법과, 순가치의 등락을 결정할 때 포함시켜야 할 것이 무엇인지 분명히 해두려 한다.

내가 생각하는 순가치는 매우 간단한 개념이다. 여기에는 주식, 채권, 저축, 집값(내 집의 가치는 현재 25만 달러이다), 그리고 생명보험의 현금가치가 포함된다. 나로서는 그것이 전부다. 물론 재산을 어떻게 투자하느냐에 따라서 다른 것을 포함시킬 수도 있다. 그러나 나는 자동차나 가구 등을 포함시키지 않는다. 시간이 지나면서, 그런 것들은 가치가 거의 0으로 떨어지기 때문이다.

연간 순가치의 증감은 자본증액(혹은 감액), 투자수익, 강연료, 인세, 테이프 저작권료, 자문료에서 모든 비용과 기부금을 뺀 나머지로 결정된다. 아주 간단하지 않은가! 물론 당신의 경우는 더 복잡할 수 있다. 특히 부동산이나 기업체가 있다면 말이다.

도대체 순가치가 어떻게 1년 만에 42만 9천 달러씩이나 오를 수 있었을까? 부럽다면, 당신도 준비를 해두어야 한다. 대충대충 준비해서는 안된다. 치밀한 준비가 필요하다. 절대 우연으로 얻어지는 행운은 아니다. 당신도 나처럼 무일푼에서 시작한다면, 버는 것보다 덜 쓰면서 그 차액을 언젠가 때가 오면 왕창 오르리라 예상되는 것에 투자해야 한다.

나는 결혼하면서 아내와 차근차근 준비를 해왔다. 우리는 꽤 지루하고 재미없는 세월을 보냈지만, 잠시도 고삐를 늦추지 않았다.

살인적인 인플레이션이 1970년대와 1980년 초를 휩쓸 때, 인플레이션 때문에 실질적 소득이 줄어들어 저축률은 조금 떨어졌지만 우리는 원래의 계획대로 저축을 계속했다. 대신 인플레이션 덕분에 저축이자율이 거의 15% 이상 올랐다. 우리는 저축한 돈을 장기채권에 투자했다. 말하자면, 고수익을 보장하는 것에 못박아둔 셈이었다. 따라서 1985년 들면서 이자율이 급락했을 때, 우리의 장기채권은 자연스레 시장가치가 상승했다.

1949년, 1962년, 1974년, 그후 1982년 중반까지 주가가 침체국면을 벗어나지 못할 때, 우리는 값싼 주식을 꾸준히 사들였다. 물론 때로는 우리가 사들인 주식이 약속이나 한 듯이 하락하기도 했다. 그러나 우리는 기다렸다. 마침내 1985년 다우존스 지수가 27% 가량 상승했을 때, 우리 주식도 동반상승했다. 평균에 못 미치는 것도 있었지만, 평균을 훨씬 웃도는 것도 있었다.

이처럼 우리는 오랜 준비 끝에 상당한 주식과 채권을 모아둘 수 있어, 시장이 꿈틀대며 일어서기 시작했을 때 한몫을 챙길 수 있었던 것이다. 사실 1년 만에 42만 9천 달러를 벌었다는 것은 내가 생각해도 굉장하다(1986년, 내 재산의 순가치는 또다시 20만 9천 달러 가량 올랐다. 유산으로 물려준 14만 달러를 제외하고도 말이다).

15년 전 나는 한 연회에 참석했다. 그때 전미 풋볼리그(NFL)의 심판이던 딕 요르겐슨이 「준비는 성공의 열쇠」라는 제목으로 강연하는 것을 들었다. 아주 감동적인 강연이었다. 흥미로우면서도 많은 것을 느끼게 해준 강연이었다.

심판들이 경기가 있는 도시로 이동하는 방법에 대한 강연이었다. 보통 일요일에 경기가 있으므로, 그들은 토요일에 이동해서 식사를 함께 하면서 풋볼에 대한 이야기를 나눈다. 식사가 끝난 후에는 경기할 팀의 최근 경기를 담은 녹화 테이프를 관람한다. 그리고 풋볼에 대해 생각하면서 일찍이 잠자리에 든다.

일요일 아침, 그들은 각자 교회를 찾는다. 경기가 있는 도시로 이동하는 비행기에서, 그 도시에서, 집으로 돌아가는 길에도 술은 절대 입에 대지 않는다. 간단히 말해, 멋진 경기를 위해 각 팀이 준비하듯이 심판도 철저히 준비해야 한다는 뜻이었다.

그의 강연은 나에게 큰 충격을 주었다. 놀라지 않을 수 없었다. 그 강연을 듣기 전까지, 나는 심판을 경기가 시작하기 몇 분 전에 줄무늬 심판복을 입고 어슬렁거리며 운동장에 들어와 호루라기나 불어대는 사람이라 생각했기 때문이다.

연회장을 떠나면서, 나는 어떤 일에서나 준비가 성공의 열쇠라고 생각해 보았다. 풋볼 경기의 심판에서도 준비가 절대적으로 필요하듯이, 재테크의 성공을 위해서도 준비는 필수적이다.

『나도 부자가 될 수 있다』 한국어판 특별 집필

한국에서 주식 투자로 백만장자 되는 법

글쓴이 : 홍찬선

홍찬선은 1963년에 태어나 서울대 경제학과를 졸업했다.
대한투자신탁에서 2년간, 『한국경제신문』의
경제·한경비즈니스·증권부에서 10년간 근무했다.
2000년 2월부터 인터넷 신문 『MONEY TODAY』로 옮겨
자본시장 팀장으로 일하고 있으며,
또 서강대 경영대학원에서 공부하고 있다.
1997년 9월 「이달의 기자상」을 받았으며,
저서로 『황금손─펀드매니저 18인』 『브로커? 주식브로커!』
『주식자본주의와 미국의 금융지배전략』 등이 있다.

1 미국과 다른 한국의 주식시장

1. 개미들은 주식 투자에서 왜 돈을 벌지 못할까

주식 투자를 하는 목적은 돈을 벌기 위한 것이다. 점심을 빨리 먹고 객장을 기웃거리는 샐러리맨, 시장 바구니를 들고 짬짬이 증권사 지점에 들르는 가정주부, 피의자를 심문하다 PC를 통해 주식매매를 하는 검사, 밤잠 못 자며 모은 돈으로 주식 투자에 나서는 단란주점 여종업원, 구두닦이, 목욕탕 때밀이, 중소기업 사장, 선거자금이 필요한 정치인…… 하는 일이 달라도 주식 투자를 하는 사람이 원하는 것은 똑같다. 바로 돈놓고 돈 버는 것이다.

물론 소일거리로 취미삼아 주식 투자를 하는 사람이 없는 것은 아니다. 정년퇴직 후 특별히 할 일이 없는 사람은 주식 투자에 큰 관심이 없으면서도 객장을 찾아 하루를 보낸다. 그러나 그들도 겉으로는 돈 버는 일에 태연한 척해도 속으로는

'같은 값이면 다홍치마'를 주문하고 있음은 말할 나위 없다.

주식 투자를 하는 사람 중 100%가 한몫 잡아보겠다는 희망과 탐욕을 갖고 있다고 할 수 있다. 신문에서 가끔씩 "1억 원으로 17억 원을 벌었다", "주식 투자에 성공해서 증권회사를 인수했다"는 기사가 등장하면서 주식시장은 황금알을 캐는 엘도라도로 인식되고 있다.

그러나 불행히도 주식 투자해서 돈을 벌었다는 사람은 찾아보기 힘들다. 개미(소액 개인투자가) 가운데 80% 가량은 주식 투자를 해서 손해를 본 것으로 알려지고 있다.

개미들은 왜 기회의 땅인 엘도라도에서 종자돈마저 잃는 아픔을 맛보아야 하는가.

2. 한국의 주식시장은 황금어장이다

개미들이 주식 투자에서 재미를 보지 못하는 것은 준비되지 않은 채 무작정 달려들기 때문이다. 수천만 원의 거금을 갖고 객장을 찾아 자칫 잘못하면 상당부분을 날릴 수 있는데도 주식공부를 그다지·하지 않는다.

마치 PRI나 각개전투 훈련도 받지 못하고 최전선에 배치돼 젊은 목숨을 초개처럼 버려야 했던 6·25 당시 학도병과 비슷하다고나 할까.

E마트나 마크로 등 할인점이나 슈퍼마켓을 찾아 장 볼 때는 살 것을 꼼꼼히 적고 현장에서 몇백 원이나 몇천 원 아끼려고

애쓰는 것과는 대조적인 모습이다. 「작은 것에는 세심하고 큰 것에는 대담」한 한국인의 병폐를 보는 듯하다.

이런 개미들의 실상을 본 외국인들은 한국 주식시장을 「황금어장」으로 보고 있다. 김지민 현대증권 이사가 미국에서 주식 투자의 가르침을 받은 키퍼(Earl Keeper)가 한국을 방문했을 때다. 키퍼는 증권사 지점을 한두 군데 둘러본 뒤에 "한국에서 주식 투자를 해서 돈을 벌지 못하는 기관투자가는 투자가로서의 자격이 없다"고 혹평을 했다. 하루 거래량의 70% 가량을 차지하고 있는 개인투자가들이 주식에 대한 소양이 거의 없다는 점을 꼬집은 것이다.

키퍼의 지적이 아직도 해소되지 않은 채 지속되고 있으며 주식시장에 들어온 개미들은 오늘도 「찬물에 × 줄듯」 감소하는 투자원금에 속상해 하고 있다. 냉철한 머리로 세심하게 분석하지 않은 채, 돈 벌겠다는 욕심만으로 주식시장에 뛰어들면 외국인에게 쌈지돈을 모두 털릴 것은 불을 보듯 뻔한 일이다.

3. 도박판이 돼 버린 주식시장

한국의 주식시장은 거의 도박판이 돼 버렸다. 신용거래나 미수금 투자가 일반화돼 있다. 신용거래는 주식 살 돈을 증권회사에서 빌려 주식을 사는 것이고, 미수금이란 주식매수 대금이 없는 상태에서 주식을 산 뒤 매수자금을 내지 않은 계좌를 가리킨다.

그리고 한국 증시는 회전율이 너무 높다. 회전율이란 주식을 몇 번 사고 파는지를 나타내는 지표다. 1억 원을 가진 사람이 한 달 동안 10억 원어치의 주식을 사고 팔았다면 회전율이 1,000%이다. 한국의 코스닥 시장은 회전율이 1,100%가 넘는 세계 최고의 투기장이 되어 버렸다.

장인환 KTB자산운용 사장은 "장기적 관점에서 우량주를 사서 보유하는 Buy & Hold는 이제 찾아보기 힘들다"고 지적한다. 이전에는 개미들만 단기투자를 하고 투자신탁 등 기관투자가는 장기투자를 해왔다. 그러나 이제는 기관투자가들도 장중거래(Day Trading)에 적극 나서고 있다. 주식형 수익증권의 단기수익률 경쟁이 치열해지고 주가변동성이 높아진 상황에서 살아남으려면 어쩔 수 없다는 하소연이다.

더욱이 1999년부터 하루에도 몇 번씩 제한 없이 주식을 사고 팔 수 있는 장중거래가 허용되면서 「주식시장의 도박판화」는 가속되고 있다.

장기투자보다는 단기투자에 나서는 것은 제도적 문제점이 있기 때문이다.

주식 투자를 하는 목적은 크게 두 가지다.

하나는 회사의 경영에 참여하는 것이다. 그러나 이는 특정 회사의 지분을 10% 이상 살 수 있는 거액투자자나 법인의 일이지, 일반 개미들과는 거리가 있다.

다른 하나는 돈을 벌기 위한 것이다. 주식에서 돈을 버는 것은 배당과 시세차익(Capital Gain)이다. 배당은 1년에 한 번, 중간 배당을 하는 회사는 6개월에 한 번 받는다. 기본적으로 장기라는 얘기다. 그것도 액면가(대부분 5천 원)를 기준으로 배당률을 계산하기 때문에 실제 주가와 비교한 배당수익률은 형편없이 낮다.

증권거래소가 1999년 결산주주총회를 끝낸 495개 12월 결산법인의 배당률을 조사한 결과 배당률은 11.4%로 98년 주주총회 때보다 2.6%포인트 높아졌다. 배당수익률도 2.4%에서 3.5%로 높아졌다.

그러나 이것은 정기예금 금리의 절반수준도 안된다. 오랫동안 갖고 있어도 예금금리만도 못한 배당만 받을 수 있기 때문에 결국 시세차익이 투자 목적이 된다.

시세차익을 높이기 위해 주식을 끊임없이 사고 판다. 일 주일에 두세 번은 기본이고 하루에도 대여섯 번씩 매매를 하는 투자자도 적지 않다. 문제는 거래를 할 때마다 수수료가 나간다는 점이다.

현재 주식을 사거나 팔 때는 거래대금의 0.4~0.5%(사이버 거래는 0.024~0.1%)를 수수료로 내야 한다. 팔 때는 증권거래세(0.3%)도 내야 한다. 한 번 사고 팔면 1.3%는 「구전」으로 떼이는 셈이다. 한 달에 한 번만 사고 판다고 하더라도 연간으로는 15.6%에 달한다. 한 달에 두 번 매매하면 수수료가 31.6%로 뛴다. 한 달에 여섯 번만 사고 팔면 간단하게 100%를 넘는다.

따라서 웬만큼 수익을 내지 않으면 배(투자자 수익)보다 배꼽 (증권사 수수료)이 더 큰 경우가 수없이 많아진다. 일부 증권사의 투자상담사들이 한 달에 1천억 원 이상의 약정을 올려 성과급 으로 1억 원 이상을 챙긴다는 사실도 바로 이런 구조에서 가 능한 것이다.

4. 외국인에 좌우되는 외제(外製)증시

한국 증시는 「외국인의, 외국인에 의한, 외국인을 위한」 외 제증시가 된 지 오래다. 1992년 1월부터 주식시장이 외국인에 게 개방된 이후 외국인의 영향력은 점차 확대돼 왔다. 개방 초 기에는 외국인 투자한도가 종목별로 10%밖에 안돼 영향력이 크지 않았다.

그러나 외국인 한도 확대를 약방의 감초처럼 증시부양책으 로 이용하고, IMF 위기를 거치면서 지금은 100%로 완전히 풀 어졌다. 한국통신·SK텔레콤·데이콤처럼 전기통신사업법에 의해 지분취득이 제한되는 경우를 빼고는 모든 빗장이 벗겨 졌다.

삼성전자는 외국인 지분율이 55%에 달한다. 지분구조만을 보면 외국인 회사라고 해도 과언이 아니다. 외국인들은 2000 년 3월 초부터 삼성전자 주식을 집중적으로 사들였다. 3월 한 달 동안 무려 3조 원 넘게 매집(買集)했다. 그 결과 삼성전자 주가는 26만 원에서 38만 원까지 급등했다.

그러나 4월 들어 미국 증시가 흔들리는 모습을 보이자 외국인들은 삼성전자를 한때 처분하기 시작했다. 하루 순매수 규모도 크게 줄이고 4월 6일에는 56억 원 순매도했다. 외국인 매수세가 줄어들면서 종합주가지수는 곤두박질치기 시작, 5일 만에 908.51에서 804.35로 104.16포인트(11.46%)나 폭락했다. 4월 7일에는 외국인이 다시 매수 규모를 늘리고 정부가 총선(4월 13일)을 앞두고 증시부양책을 내놓을 것이라는 루머가 나돌면서 포인트 상승했지만 말이다.

외국인의 주식보유비중은 25% 안팎에 불과하다. 그런데도 그들이 보유하고 있는 종목은 삼성전자·SK텔레콤·한국통신 등 시가총액이 많은 종목에 집중돼 있다. 그들이 사거나 파는 동향에 따라 시장 분위기가 완전히 바뀐다. 보유 규모로는 투자신탁이 훨씬 많으나 정확한 기업분석이나 장세진단을 바탕으로 매매를 집중시킴으로써 시세에 미치는 영향력은 외국인이 훨씬 크다.

증권전산에서 제공하는 체크 단말기에서 실시간으로 제공되는 외국인 매매동향에 따라 주가가 크게 출렁거리는 것은 어제 오늘의 얘기가 아니게 됐다.

2 주식에서 꼭 성공하기 위한 11가지 전략

개미들이 주식 투자에 실패하는 것은 정보력과 자금력이 모자라는 불리한 상황에 있으면서도 주식공부를 제대로 하지 않기 때문이다. 주식시장은 얕보면 엄청난 손실로 응징하지만, 주식 투자가 어렵다는 것을 인정하고 열심히 시장을 이해하려고 노력하고 부단히 공부하는 투자자들에게는 안정적인 수익이라는 보상을 준다.

주식시장은 희망(Hope)과 탐욕(Greed) 및 공포(Fear)에 의해 형성된다고 한다. 주가하락이 지속될 때 상승반전의 희망이 싹트고 버블이 형성되면서 탐욕에 사로잡히게 되며, 버블이 깨지면서 폭락할 때는 공포감에 질려 투매에 나서기 때문에 주가는 상승과 하락, 급등과 급락을 반복한다는 뜻이다.

주식시장에는 여러 가지 증시격언이 있다. 최소한 이런 격언을 무시하지 않고 지키려고 노력하는 투자자들은 큰 손실을

입지 않는다. 귀찮더라도 증시격언을 꼭꼭 챙겨 성공투자자가
되자.

1. 급한 돈으로 투자하면 체한다

가장 쉬우면서도 지키기 어려운 것이 바로 여유자금으로 주
식 투자를 하라는 말이다.

주식에 처음 손대는 사람들은 대부분 5백만~1천만 원의 여
유자금으로 시작한다. 증권사 영업직원(브로커)이 좋은 주식이
있어 더 많이 투자하면 큰돈을 벌 수 있다고 권유해도 귀기울
여 듣지 않는다. 그러나 A종목을 사서 따블을 냈느니, B종목
에 투자해서 3일 만에 50%를 남겼느니 하는 무용담을 들으면
생각이 바뀌기 시작한다. 처음 투자한 자금이 10% 정도의 수
익을 내고 있으면 더욱 과감해진다. 「나도 남들처럼 따블 따
따블을 낼 수 있다」는 자신감이 생긴다.

1단계로 등록금이나 전세자금 또는 아파트 중도금·잔금으
로 주식을 사기 시작한다. 한 번 돌려 이익을 낸 뒤 원금은 빼
내고 이익금만으로 투자하면 된다는 달콤한 유혹에 넘어가서
다. 그러나 주식시장은 그렇게 호락호락하지 않다. 소액의 여
유자금으로 할 때는 쏠쏠찮게 돈을 벌었는데 판을 벌여놓으면
가랑비에 옷 젖듯 원금을 까먹기 시작한다.

등록금이나 중도금을 내야 할 날짜는 다가오는데 주가가
빠져 있으면 2단계가 시작된다. 돈을 빌리기 시작하는 것이다.

은행에서 신용대출로 몇백만 원, 친구나 동료 또는 친척들에게 몇백만 원……. 나아가 신용거래를 시작한다.

한두 달 후 꼭 써야 할 돈이나 빌린 돈으로 주식 투자를 하면 무리하게 되고 실패할 확률이 높다. 내 맘대로 되지 않는 것이 주식시장이다. 운좋게 주식을 산 뒤부터 주가가 오를 수도 있지만 떨어질 경우도 적지 않다. 여유자금이라면 주가가 떨어져도 기다릴 수 있다.

주가는 오르고 내리는 법, 기다리면 이익을 낼 수 있다. 그러나 기한이 정해진 돈이나 빌린 돈은 무한정 기다릴 수 없다. 단기에 고수익을 내려고 작전주에 뛰어들고 상투를 잡으면 등록금과 전세금을 모두 날릴 가능성이 적지 않다.

주식 투자는 여유자금으로 하라는 말은 「여유자금 모두를 주식에 투자하지 말라」는 말과도 연결된다.

우리 주위에는 주식 외에도 투자 대상이 많다. 회사채나 국공채 같은 채권이 있으며, 은행의 정기예금도 있다. 투자신탁에서 판매하고 있는 주식형 수익증권이나 공사채형 수익증권, 그리고 MMF도 있다. 1998년 12월부터는 뮤추얼 펀드도 등장했다. 내 집 마련의 꿈을 갖고 있는 사람이나 집을 늘리려는 사람은 부동산에도 관심을 갖고 있다.

주식은 수익을 낼 수 있는 기회가 많은 반면, 자칫 잘못하면 원금마저 날릴 수 있는 위험한 자산이다. 따라서 가장 많이 잡아서 여유자금의 50%만을 주식에 투자하고, 나머지는 채권이나 MMF 및 정기예금 등에 나눠 갖고 있어야 한다. 설령 주식에서 손실을 입더라도 다른 곳의 자금으로 계속 살아갈 수 있게 하기 위해서다.

2. 뛰는 주식을 잡아라

주가에는 관성의 법칙이 적용되는 경우가 많다. 오르는 주식은 계속 상승하고, 하락하는 종목은 계속 떨어지는 속성이 많다는 애기다. 따라서 주가가 뛰기 시작한 초기에 주식을 사는 것이 유리하다. 이런 주식을 「젊은 시세」라고 한다. 젊은 시세를 판단하는 지표는 세 가지다. 일봉그래프에서 적삼병(赤三兵)이 나타나고, 저항선 역할을 하는 20일·60일 이동평균선을 강하게 상향 돌파하며, 이전에 나타나지 않던 대량거래가 뒤따른다는 것이 그것이다.

적삼병이란 주가가 3일 연속으로 상승했다는 것을 뜻한다. 주가가 오랫동안 하락하거나 게걸음처럼 등락을 거듭한 끝에 주가가 3일 동안 상승하면 상승세로 돌아설 수 있다는 신호다. 적삼병이 나타났다고 해서 상승세가 이어지는 것은 아니다. 저항선을 뚫느냐 못 뚫느냐가 두번째 관문이다.

저항선은 한번 돌파당하면 지지선이 되지만, 뚫리지 않으면 주가는 당분간 그곳에서 맴돌게 된다. 저항선을 뚫을 수 있느냐를 판단하는 기준이 바로 대량거래다. 「주가는 거래량의 그림자」라는 증시격언처럼 거래량이 늘어난다는 것은 그 주식에 돈이 몰린다는 것을 뜻한다. 시장의 관심이 높아지는 주식의 주가가 상승할 것은 물론이다.

「뛰는 주식을 잡아라」는 말과 관계되는 것이 「젊은 시세는 눈감고 사라」는 말이다. 이때 명심해야 할 것은 시간이 흐를수록 나이를 먹는 것처럼 「젊은 시세」도 시간이 흐를수록 주가상승 여력이 줄어든다는 점이다. 주가가 많이 올랐다면 추격매수보다는 차익을 실현한 뒤 다른 젊은 주식을 찾는 것이 올바른 자세다.

이와는 달리 엄청난 시세를 냈던 종목은 일정 시간이 흐르면 상투를 만들고 하락하는 경우가 많다. 사람이 나서 성장하고 전성기를 지나면 나이가 들어 은퇴하는 것과 비슷한 여정이다. 주식 투자에서 중요한 것은 상투의 조짐을 늦지 않게 알아채 적당한 시기에 주식을 내다 파는 일이다. 「주식 투자에서 어려운 것은 매수하는 것보다 파는 것」이라는 말은 매도시점을 정확히 파악하는 일이 얼마나 어려운지를 보여준다.

상투의 조짐도 세 가지로 나타난다. 첫째 거래량이 폭발하는 것이고, 둘째 장대음봉(長大陰棒)이 출현하는 것이며, 셋째 목표 가격대가 여기저기서 제시되는 것이다.

「거래량 상투」라는 말처럼 거래가 크게 늘어난다는 것은 그동안 보유하고 있던 투자자들이 보유 주식을 대부분 내다 팔았다는 것이다. 그리고 장대음봉이란 시가가 높게 형성된 뒤 거래가 이뤄지면서 종가까지 지속적으로 주가가 떨어졌다는 것이다. 그만큼 에너지가 소진됐다는 뜻이다. 특별한 실적이나 재료가 뒷받침되지 않는데도 목표 가격이 현 주가보다 50% 이상 높게 제시되는 것도 상투조짐의 하나다.

이런 세 가지 조짐이 나타나는 주식은 8부능선 위로 올라섰다는 점을 명심하고, 추격매수보다는 매도에 중점을 둬야 한다.

3. 크게 먹은 뒤에는 반드시 쉬고, 다시 시작할 때는 수익금만으로 하라

주식 투자는 도박과 비슷한 점이 많다. 경험이 풍부하고 공부를 많이 하면 승률이 조금 높아지기는 하지만, 기본적으로 운이 많이 작용한다는 점에서 그렇다.

밤새도록 포커를 치는 경우를 생각해 보자. 한 시간에 한두 번씩 크게 먹을 기회가 오고 나머지는 잃는 것이 대부분이다. 운좋게 포카드나 스트레이트플러시를 잡아 독식을 했다고 또 그런 기회가 올 것이라는 착각에 빠져 과도하게 베팅하다가는 독식한 것을 금세 잃어버리게 된다.

주식 투자도 거의 똑같다. 크게 수익을 낸 뒤에는 반드시 쉬어야 번 돈을 지킬 수 있다. 한두 번 투자에서 수익을 올리면 주식 투자를 쉽게 생각하게 된다. 뭐든지 사면 이익을 낼 수 있을 것이라는 기대를 갖는다.

그러나 주식 투자에서 성공할 확률은 그다지 높지 않다. 거래소에 상장돼 있는 종목이 929개(2000년 4월 7일 현재), 코스닥 시장에 등록된 종목은 507개나 된다. 그중에서 주가가 오를 만한 종목을 선정하기는 쉽지 않다. 또 어렵사리 선택한 종목의 주가가 오를 확률은 50%다. 한 번 먹었는데 또 그런 기회가 올 수 있는 확률은 절반으로 줄어들고 그 다음은 4분의 1, 그 다음은 8분의 1로 감소한다. 연속해서 수익을 내는 것은 거의 불가능하다는 것은 역사에서 보여준 경험이다.

또 수익을 냈으면 원금을 떼어놓고 수익금만으로 하라는 말도 잊어서 안된다. 보통 개미들은 주식 투자에서 손해를 보면 투자금액을 늘리지 않지만, 이익을 내면 규모를 늘리는 경향이 강하다. 500만 원 투자해서 200만 원 벌었으면 300만 원 더 보태 1천만 원으로 투자하는 식이다.

그러나 승률은 앞에서 말한 것처럼 시간이 흐를수록 낮아질 가능성이 높아지게 된다. 투자 규모를 늘릴수록 손해 볼 공산도 커진다는 얘기다. 이익을 남겼으면 그것은 떼어놓고 투자해야 손해를 보더라도 원래 원금은 건지게 된다.

4. 능수능란한 카멜레온이 돼라

주가는 패션이다. 1999년 11~12월에는 SK텔레콤·데이콤·한국통신 등 정보통신주가 초강세를 나타냈다. 1999년 10월부터 2000년 2월까지는 코스닥 시장의 인터넷 관련주가 인기를 끌었다. 새롬기술·다음커뮤니케이션·핸디소프트 등이 액면가 5천 원을 기준으로 수백만 원까지 상승했다.

그러나 2000년 3월부터는 정보통신주와 인터넷 관련주들이 하락세로 돌아선 반면, 삼성전자·현대전자를 비롯한 반도체 주식들이 주식시장을 휩쓸었다.

기업가치는 그 기업이 미래에 벌 수 있는 수익을 일정한 할인율로 할인한 현재가치로 결정된다. 반면 주가는 특정 시점에서 그 주식에 대한 수요와 공급에 의해 형성된다. 수요가 공급보다 많으면 주가는 가치보다 높게 돼 버블(거품)이 만들어진다.

반대로 수요가 줄어들어 공급보다 적어지면 주가는 가치보다 낮은 저평가 상태로 접어든다. 2000년 4월 현재 LG전자·삼성SDI·LG화학·삼성화재·현대자동차 등 이른바 옐로우칩들은 주가가 기업가치보다 낮은 저평가 주식으로 꼽히고 있다. 반면 코스닥 시장의 인터넷 관련주들은 아직도 버블논쟁에서 벗어나지 못하고 있다.

문제는 버블인지 저평가인지를 무 자르듯 명확하게 가름하는 잣대가 현실에는 없다는 사실이다. 그때그때의 증시 상황과 투자자들의 반응에 따라 주가는 형성될 뿐이기 때문이다. 따라서 상황 변화에 한 발 앞서서 변할 수 있는 유연성이 절대적으로 필요하다.

1980년에 설립돼, 조지 소로스의 퀀텀 펀드에 이어 세계 제2의 헤지 펀드로서 명성을 날리던 타이거 펀드가 2000년 3월

31일 청산하게 된 것은 상황 변화에 제대로 적응하지 못했기 때문이다. 미국 증시의 패션이 인터넷이나 생명공학 등 TMT (Technology Media Telecommunication) 주식으로 대표되는 성장주(Growth Stock)에 있었는데도 전통적인 가치주(Value Stock)에 집착, 펀드 수익률이 낮았다.

카멜레온처럼 변신을 잘하라는 말은 나무와 숲 가운데 어느 쪽에 중점을 둬야 하는지에 대한 판단과도 연결된다. 나무는 개별 종목, 숲은 주식시장 전반을 가리킨다. 주식 투자를 할 때는 그때의 주식시장이 종목장세인지, 대세전환기인지 등을 먼저 파악해야 한다. 상승세에서 하락세로 돌아설 때는 아무리 좋은 주식을 사더라도 손해 보기 십상이다.

1997년 10월부터 IMF 위기가 본격화될 때가 그 대표적인 예다. 삼성전자·포항제철·주택은행 등 한국을 대표하는 주식들이 4분의 1 수준으로 떨어지는 상황에서는 주식 투자 자체를 하지 않아야 한다. 2000년 3월처럼 삼성전자와 현대전자를 중심으로 한 종목장세가 펼쳐질 때는 시장주도주 외에는 힘을 쓰지 못한다. 그럴 때 주가가 많이 떨어졌다고 해서 금융주를 산다든지 하는 것은 성공하기 힘들다.

5. 주식과 결혼하지 말라

"최대한 접근하되 정은 주지 말라." 브루스 윌리스가 주연한 영화 〈나인 야드(The Whole Nine Yards)〉에서 살인청부업자인

지미 튤립(브루스 분)이 한 말이다. 남에게 들키지 않게 살인하려면 그가 의심을 품지 않을 정도로 친밀하게 접근해야 한다. 그렇다고 정이 들어버리면 살인하려는 순간 「정 때문에」 살인할 수 없다.

비유가 좀 이상하지만, 주식도 이와 같다. 주식에서 성공하려면 자기가 투자하는 주식에 대해서 누구보다 잘 알 만큼 연구를 하고 사랑도 해야 한다. 그러나 정도가 지나쳐 주식과 결혼해 버리면 냉정을 잃게 되어 올바른 판단을 할 수 없다. 팔아야 할 때도 「미련」 때문에 이혼하지 못하고, 사서는 안되는데도 정 때문에 「물타기」를 하게 된다.

1999년 하반기부터 2000년 4월까지 새롬기술에 투자한 사람들이 주식과 결혼한 대표적 사례로 기록될 것이다. 새롬기술에 투자한 사람들은 새롬기술이 미국에 설립한 다이얼패드사가 제공하는 무료 인터넷 전화에 매료돼 이것저것 따지지 않고 새롬기술 주식을 사모았다. 언론과 일부 전문가들이 지나치게 고평가됐다고 지적하면, 상황을 제대로 알지 못하기 때문이라고 반박한다. 그들은 「새롬동우회」라는 것까지 만들었다.

새롬기술은 한때 30만 원을 넘었으나 2000년 4월 4일 4만 3,900원까지 하락했다. 다행히 영국의 『파이낸셜 타임스』에서 새롬기술의 다이얼패드와 관련된 특집을 게재함으로써 4월 6일과 7일 이틀 동안 상한가를 기록했으나 고가에 비해선 여전히 크게 낮은 수준이다. 높은 가격에 새롬기술을 산 소액주주들이 겪는 고통은 이루 말할 수도 없을 것이다.

6. 루머에 솔깃하면 백전백패

"한 종목 찍어 주세요. X라는 주식이 대형 호재설이 있다고 해서 많이 샀는데 주가가 계속 떨어져서 잠도 안 옵니다."

필자가 증권기자를 4년 가까이 하다 보니 이런 독자들의 전화를 많이 받는다. 몇천만 원이 왔다갔다하는데 확인도 안해 보고 주식을 샀느냐고 물어보면 "이전부터 알아온 큰손한테들은 정보이기 때문에 의심하지 않았다"고 하소연한다.

믿는 도끼에 발등이 가장 많이 찍히는 곳이 바로 주식시장이다. 방금 전까지 족집게처럼 잘 맞추던 전문가도 지금 이 순간부터는 얼토당토않게 헛다리짚을 수 있다.

종합주가지수가 1007.77포인트까지 상승했던 1989년 4월에는 「금강산지수」와 「백두산지수」라는 말이 유행했다. 종합주가지수가 이들 산의 높이처럼 상승할 것이라는 뜻에서다. 당시 모 증권사 임원은 종합주가지수가 5,000포인트까지 상승할 수 있다고 전망해 센세이션을 일으키기도 했다. 그러나 주가가 1990년 4월부터 하락세로 돌아서면서 그 임원의 인기는 아이스크림 녹듯 사그라들었다.

1996~97년, 한국 주식시장에 혜성처럼 등장했던 스티브 마빈은 1998년 10월부터 시작된 대세상승을 알아맞히지 못해 결

국 일본으로 건너가고 말았다. 그는 1998년 7월에 출간한 책에서 "한국에 제2의 위기가 오고 있으며 종합주가지수는 100 포인트대까지 하락할 수 있다"고 경고했다.

주가는 봄바람이나 여심처럼 쉽게 변하는 변덕꾸러기다. 절대 강자가 있을 수 없는 곳이 바로 주식시장이다. 그런데도 남의 말만 믿고 수천만 원씩을 쏟아붓다가는 큰코다치기 십상이다. 그럴 듯한 루머를 들었을 때는 꼭 확인하는 버릇을 들여야 한다. 최근 2주간 주가와 거래량 동향, 최근 2개월 동안 나온 공시사항, 그 회사와 비슷한 동종업체의 주가동향, 그리고 실적 등…….

주가에 영향을 미치는 요소를 종합적으로 판단해 본 뒤에 주식을 사거나 루머를 무시하는 판단을 내려야 한다. 루머가 맞았을 경우 수익률이 떨어지지 않느냐는 것은 걱정할 필요가 없다. 확인해 보니 루머가 사실이라면 그때 사도 결코 늦지 않는다. 뛰는 주식을 한 발 늦게 잡았다고 해서 손해를 보지 않는다. 수익률이 좀 떨어질 수는 있다. 그러나 주식을 산 뒤 그 루머가 사실이 아닐 경우 주가가 폭락함으로써 입게 되는 손실에 비해 그런 수익축소는 아무것도 아니다.

7. 신문에서 얻은 정보는 거꾸로 이용하라

객장에 나가보면 "신문에서 사라고 해서 사고, 매도하라고 해서 팔면 손해 보기 십상"이라는 말을 자주 듣는다. 신문에 나오는 정보가 모두 그런 것은 아니나, 그런 경우가 종종 나타난다. 그렇다고 신문사 기자들이 일부러 그러는 것은 아니다. 정보의 생산과 유통 및 이용과정을 살펴보면 고개를 끄덕이게 될 것이다.

보통 주가에 큰 영향을 미치는 정보는 해당 회사의 경영자나 주주 등 내부자(Insider)가 가장 먼저 알게 된다. 다음으로 내부자와 친한 사람, 기업분석을 전담으로 하는 애널리스트가 그 정보를 접하게 된다. 그런 정보는 브로커를 통해 펀드매니저에게 전달된다. 정보는 입으로 전달되기도 하고 애널리스트의 기업분석 보고서를 통해 전해진다.

그런데 구두로 전할 때와 보고서를 통할 때는 2~3일의 시차가 있게 마련이다. 게다가 기업분석 보고서가 기자에게 들어오는 것은 펀드매니저에게 배포된 1~2일 후의 일이다. 빨리 보고서를 보고 유망한 주식을 매수하라든지, 주가가 많이 올랐으니 매도하라고 기사를 쓰게 되면, 이미 주가는 크게 올랐거나 떨어진 상태가 되는 일이 흔하다.

따라서 신문에서 특정 종목에 대한 분석보고서를 봤을 때는 무작정 주식을 사거나 파는 것보다는 최근의 주가동향을 먼저 살펴봐야 한다. 매수추천 기사를 봤는데 최근 주가가 그다지 안 올랐을 때는 매수해도 되지만, 이미 많이 오른 종목이라면 매수추천 기사를 볼 때가 매도시점이 될 때가 적지 않다. 매도추천 기사도 마찬가지다.

신문에 나오는 기사가 주가와 반대로 움직이는 경우가 있다고 해서 무조건 신문기사를 보지 않으려고 하는 것보다는 그것을 거꾸로 이용해 수익을 낼 수 있도록 활용하는 지혜가 필요하다는 얘기다. 「루머에 사서 뉴스에 팔라」는 증시격언은 바로 이런 것과 관련 있다.

8. 물타기는 신중하게, 손절매는 과감하게

보유하고 있던 주식의 주가가 급락하면 투자자들은 심각한 고민에 빠지게 된다. 「물타기」냐 「손절매」냐 아니면 「계속 보유」냐 하는 피말리는 결정을 해야 한다. 물타기란 평균매수 단가를 낮추기 위해 주가가 떨어지면 더 사는 것이고, 손절매란 손실을 최소화하기 위해 눈물을 머금고 보유 주식을 내다 파는 것을 말한다.

일반적으로 투자의 전문가로 통하는 전문가들은 취득가격보다 25~30%가 떨어지면 뒤도 안 돌아보고 손절매에 나선다. 반면 개미들은 물타기에 더 미련이 있다. 어느 것이 유리한지는 투자기간 등을 종합적으로 따져봐야 하지만, 경험상으로는 손절매가 더 낫다는 것이 정설이다. 「손절매를 잘하는 사람이 투자 9단」이라는 말은 이래서 나온다.

물타기는 극히 제한적으로 해야 한다. 그 종목의 주가가 떨어질 이유가 별로 없는데 큰 폭으로 떨어지고, 실적호전이나 신사업 진출처럼 주가가 오를 만한 재료가 확실할 때에만 국한된다. 주가가 많이 떨어졌다는 사실만을 보고 물타기를 하다간 초가삼간 다 태워버릴 수가 있다.

IMF 직전에 중소기업을 경영하던 모씨는 7천 원에 샀던 동화은행 주가가 4천 원으로 떨어지자 사업을 정리하고 그 돈으로 동화은행 주식을 대량으로 사들였다고 한다. 그후 동화은행은 퇴출됐고 그 사람은 전 재산을 바람과 함께 날려버린 꼴이 됐다. 물타기가 얼마나 무서운지 보여주는 생생한 실화다.

9. 몰빵은 패가망신의 지름길

「몰빵」이란 말은 주식시장에서만 쓰이는 속어다. 투자자금 전부를 특정한 종목에 몰아넣는다는 뜻이다. 주식 투자의 기본은 여러 주식에 나눠 투자한다는 분산투자이지만, 현실세계에서는 분산투자보다는 몰빵이 더 유행한다.

분산투자해서는 한몫 잡기가 부지하세월(不知何歲月)이기 때문에 따따블을 낼 수 있는 종목을 찾아 부나비처럼 뛰어드는 투자자들이 적지 않다. 필자는 은행에서 대출받고 여유 돈을 합해 새롬기술에 5억 원을 투자했다는 얘기를 들은 적이 있다. 그러나 달걀을 한바구니에 담았다가 잘못해서 바구니를 떨어뜨리면 달걀이 모두 깨지게 마련이다.

세계적인 성공투자자인 워렌 버펫은 일종의 몰빵투자를 했다. 유망한 것으로 평가되는 기업의 주식을 10~20% 사서 장기간 보유하는 방식을 채택한 것이다. 그러나 버펫의 투자는 몰빵이라기보다는 집중투자라고 불린다. 철저한 기업분석을 바탕으로, 장기비전을 갖고 투자하기 때문이다. 투자하는 기업과 장기적인 운명을 같이한다는 측면도 갖고 있다.

그러나 개미들이 하는 몰빵에는 이런 요소가 갖춰져 있지 않다. 대개 이런저런 투자에서 돈을 잃었을 때 한번에 그동안의 손실을 만회하려는 조급함과 탐욕에서, 세심한 분석도 하지 않은 채 루머만 믿고 몰빵을 저지르는 경우가 많다.

10. 주식을 사지 말고 때를 사라

주식 투자는 시간의 예술이다. 똑같은 주식을 언제 사느냐에 따라 투자수익률이 하늘과 땅만큼의 차이가 난다.

증권주를 예로 들어보자. IMF 직후 증권주는 거의 휴짓조각과 다를 바 없을 정도로 폭락했다. 1998년 10월 쌍용증권(현 굿모닝증권) 주가는 2천 원을 밑돌았다. 죽느냐 사느냐의 존망의 기로에 서 있던 쌍용증권은 미국의 H&Q에 매각된 뒤 그 해 12월에는 1만 2,500원까지 상승했다. 불과 두 달 사이에 6배 이상이나 급등한 셈이었다. 그리고 나서 쌍용증권 주가는 하락하기 시작했다. 수수료율 인하경쟁 파문에 휩싸인 여파 등으로 2000년 4월 6일 현재 3,305원까지 하락했다.

상승 초기에 사서 하락 직전에 파는 것과 상투에 사서 바닥에서 파는 것을 비교해 보면 수익률이 얼마나 차이가 나는지 금세 알 수 있다. 그만큼 언제 주식을 사고 팔아야 하는지의 타이밍이 중요하다는 얘기다. 거액투자자인 큰손은 바닥 근처에서 주식을 사서 꼭지 부근에서 파는 반면, 개미들은 상투 부근에서 산 뒤 바닥 근처에서 판다. 큰손은 큰돈을 버는 반면, 조막손인 개미들은 벌기는커녕 원금마저 날려버리는 일이 많은 것은 이 때문이다.

개미들이 살 때와 팔 때를 알지 못하고 거꾸로 행동하는 것은 정확한 정보와 신념이 없기 때문이다. 주식의 적정가치를 알지 못하고(어떤 경우, 적정가치에는 전혀 관심이 없고 루머만 쫓아다니는 투자자가 더 많은 실정이다), 주식시장이 어느 상황에 있는지 제대로 평가할 수 없다.

그러니까 주가가 얼마까지 오를지, 어디까지 떨어진 뒤 반등할지에 대한 믿음이 없다. 근거 없이 떠도는 루머에 휩싸여 샀다가 파는 것을 반복하는 「덩달이형 투자」가 이뤄지는 것이다. 큰손들이 길목을 지켰다가 돈을 버는 「깜찍이형 투자자」인 것과 대조적이다.

11. 자신이 없으면 전문가에 맡겨 간접투자하라

대부분의 개미들은 주식 투자할 능력도 제대로 갖추지 않고 공부도 거의 하지 않으면서 한몫 잡겠다는 탐욕만 갖고 주식투자에 나선다. 그러나 주식시장은 그런 욕심을 쉽게 충족시켜 줄 정도로 호락호락하지 않다.

주식시장은 주가지수선물이나 옵션 같은 첨단 금융기법과

수천억에서 수조 원에 달하는 엄청난 자금력을 동원할 수 있는 외국인과 직접 경쟁해서 이겨야 돈을 벌 수 있는 치열한 격전장이다. 총알이 오가는 전쟁터에서 목숨이 엇갈리는 것에 비해, 주식시장에서는 주머니의 돈이 빠르게 이전되는 것만 다를 뿐이다. 심할 경우엔 자살이나 살인으로 연결되는 살벌한 곳이 주식시장이다.

주식시장은 개미들에게 불리하게 돼 있다. 우선 투자정보가 부족하고, 자금력도 불리하다. 시간 여유도 거의 없다. 따라서 개미들은 전문가에게 맡겨 간접투자하는 것이 바람직한 경우가 많다. 주식형 수익증권이나 뮤추얼 펀드에 가입하는 것이 그것이다. 간접투자가 항상 수익을 내주는 것은 아니지만 스스로 하는 것보다는 안전하다.

2000년 들어선 안정적인 수익을 추구하는 각종 테마형 펀드가 많이 등장했다. 세계적 투자신탁회사인 피델리티가 운용하고 한국투자신탁·제일투자신탁이 판매하는 피델리티 주식형 펀드나, 현대투자신탁운용 등 대부분의 투자신탁회사가 운용하는 프리코스닥 펀드 등이 대표적이다. 20~40%로 사전에 정한 수익률을 달성하면 주식을 처분하고 채권으로만 운용해 수익률을 확정짓는 전환형 펀드도 이용할 만하다. 주택은행이 판매하고 운용은 리젠트자산운용·새턴투자자문·마이애셋자산운용 등 10개 회사에 맡기는 단위형 금전신탁도 눈여겨볼 만하다.

3 큰돈 번 사람들의 투자비법

주식 투자를 해서 큰돈을 번 전설적인 사람은 우리나라에 수없이 많다. 대신증권 목포지점의 장기철 부장은 주식 투자를 하는 사람 중 모르는 사람이 없을 정도로 유명하다. 그는 증권주가 폭락했을 때 대신증권 주식을 사둬 큰돈을 번 뒤, 주가지수선물을 통해 세계적으로도 유명해져 주식시장의 신데렐라로 떠올랐다.

이름을 밝히기 거부하는 투자상담사들도 1998년 10월부터 불어닥친 주식의 바람을 타고 수십억 원을 벌어들인 것으로 알려지고 있다. 1만여 명의 투자상담사 중 최소한 100여 명은 한 달 약정이 1천억 원을 넘어, 2억 원이 넘는 수익을 얻는 것으로 추정되고 있다.

지금은 일반인들 사이에서 잊혀지고 있지만 증권사 임원을 역임한 J씨도 주식 투자에서 수백억 원의 돈을 번 것으로 유명하다. J씨는 신혼 초에 부인을 친정으로 보내고 살림집을 팔아 주식 투자를 했다고 한다. 동서 집과 친척 집을 찾아다니며 그야말로 동가식서가숙(東家食西家宿)으로 숙식을 해결하며 억척같이 돈을 벌었다. 그는 주식에서 번 돈으로 압구정동과 테헤란로 주변에 땅을 사들여 재산을 크게 불린 것으로 알려지고 있다.

대유증권 상무를 역임한 남원일 삼경IBC 사장도 주식에서 큰돈을 벌었다. 구체적으로 얼마를 벌었냐는 질문에는 웃기만 하고, 대신 16년간의 증권사 지점장 생활을 하면서 체득한 풍부한 임상경험에 바탕을 둔 투자전략을 차근차근히 설명한다. 대가들이 말하는 성공 투자전략에 귀기울여 보자.

1. 1년에 많아야 두 번만 투자한다

큰돈을 번 사람들의 공통점은 주식 투자를 거의 안한다는 사실이다. 주식 투자를 안하면서 어떻게 큰돈을 버느냐? 물론 주식 투자를 아예 안하는 것은 아니다. 1년에 한 번, 많아야 두 번만 투자한다.

장중거래를 하며 수수료 따먹기에 나서는 것보다는 큰 흐름을 타고 한번에 크게 베팅하는 전략을 취한다. 주가가 충분히 하락해 상승할 때가 됐다고 판단되는 때에 주식을 많이 샀다가, 주가가 많이 올라 떨어질 것이라고 생각하는 때에 주식을 판다.

주식을 샀거나 판 뒤에는 한동안 휴가를 떠난다. 주식을 샀는데 주가가 흔들리면 매도유혹을 받고, 주식을 팔았는데 주가가 상승하면 매수유혹을 받기 때문에 그런 것에서 아예 벗어나자는 뜻에서다. 잔파도는 타지 않고 큰 파도에서 승부를 건다는 원칙에 따른 것이다.

2. 오르는 주식을 사고 떨어지는 주식은 판다

1년에 한두 번 투자한다는 전략은 김지민 현대증권 이사의 「고점매수 저점매도론」과 연결된다. 개미들은 주가가 많이 떨어진 낙폭과대주를 사서 주가가 조금 반등하면 주식을 내다 파는 경향이 많다.

그러나 이래서는 푼돈을 몇 번 만지다 크게 한 번 당함으로써 원금을 까먹기 쉽다는 것이 김 이사의 설명이다. 고스톱을 칠 때 3점짜리 세 번 먹은 뒤 흔들고 피박에 스리고까지 한꺼번에 맞아 쪽박 차는 경우와 비슷하다는 지적이다.

김 이사의 이론은 언뜻 보면 이해하기 어렵다. 낮은 가격에 사서 높은 가격에 팔아야 이익이 날 텐데, 고가에서 사고 저가에서 팔라니. 도저히 받아들이기 힘든 개미가 많다. 물론 쌀 때 사서 비쌀 때 파는 것이 투자수익을 극대화하는 최선의 방법이라는 데 이의를 다는 사람은 없다. 문제는 주가가 언제 싸고 언제 비싼지를 알 수 없다는 점이다.

싸다고 생각해서 샀는데 주가가 더 하락해 버리면 엄청난 손해를 보기 쉽다. IMF 위기에 접어들기 직전이 대표적인 예라고 할 수 있다.

〈그림 1〉을 보고 설명해 보자. 투자자는 A점을 저점으로 보고 주식을 산 뒤 B점에서 운좋게 팔았다. 또 C점에서 사서 D점에서 팔았다. 문제는 E점에 도달했을 때다. 이 사람은 E점을 저점으로 생각해 주식을 산다. 그런데 주가는 더 떨어져 F점에서 물타기를 한다. 그래도 주가는 계속 G·H·I점으로 계속 하락한다. 두 번 정도 3점을 먹었다가 완전히 망해 버린 것이다.

〈그림 1〉

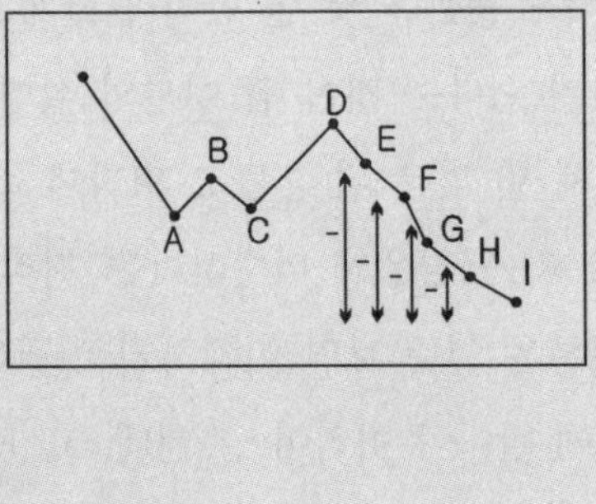

이번에는 반대의 경우를 생각해 보자. 〈그림 2〉는 A점에서 팔고 B점에서 산 뒤 C점에서 팔고 D점에서 산 투자자의 예다. 이 사람은 E점을 고점이라고 생각해서 주식을 판다. 그런데 주가는 F·G·H·I점 등으로 상승한다. 결국 대세상승기에서는 추세를 놓쳐 이익극대화에 실패한다는 얘기다.

〈그림 2〉

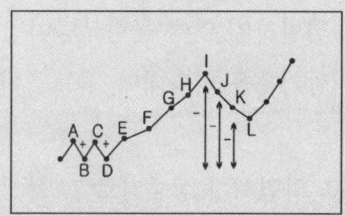

「고점매수 저점매도론」의 핵심은 주가에 대해 100% 알기 힘들다는 것을 전제로, 주가가 상승세인지 하락세인지 확인한 뒤 매매한다는 것이다. 즉 상승세가 확실할 때 추격매수하고, 하락세일 때 과감히 손절매함으로써 손실을 최소화한다.

3. 3년간 보유하면 2배 이상 오르는 주식에 투자한다

남원일 삼경IBC 사장은 현재 상장 종목 중 거래가 활발히 이뤄지고 수익을 낼 수 있는 종목은 50~100개밖에 안된다고 한다. 따라서 그런 주식을 중심으로 장기적인 시각으로 투자 하라는 것이 남 사장의 충고이다. 매수한 후 15%의 이익을 낸 뒤 팔아야 하는 주식은 그다지 좋은 주식이 아닌 것이다.

2000년 1월부터 4월 6일까지 종합주가지수는 1,059에서 804 로 250포인트나 하락했다. 그럼에도 삼성전자는 30만 원에서 33만 4천 원으로 10% 이상 올랐다. 다른 주식이 대부분 하락 할 때 3개월 만에 10%의 이익을 남겼다는 얘기다. 이런 것이 좋은 주식이며 이같은 주식에 관심을 가져야 한다는 것이다.

그는 이런 종목으로 남양유업·롯데제과 등을 꼽는다. 이들은 유무상증자를 남발하지 않아 물량부담이 없고, 매년 두 자릿수의 높은 이익증가율을 나타내며, 유보율이 높다는 공통점이 있다.

그는 배당은 5% 하면서 유상증자로 7%를 끌어가는 기업은 망할 수밖에 없다고 강조한다. 1년에 두세 번에 걸쳐 자본금을 3배로 늘리는 기업이나 코스닥 시장의 활황을 틈타 자금이 필요하지도 않는데 유무상증자를 실시함으로써 주식발행을 늘린 기업은 별로 투자할 가치가 없다고 충고한다.

4. 큰돈은 채권에서 번다

큰돈을 버는 사람은 주식보다 채권에 더 신경 쓴다. 중학교 중퇴의 학력으로 세종증권을 인수한 김형진 회장이 대표적인 예다. 그는 무일푼으로 상경해 명동에서 채권 일을 하면서 돈 버는 법을 배운 것으로 유명하다. IMF가 터진 뒤 회사채수익률이 연 30%에 육박했을 때, 남들은 거들떠보지 않던 채권에 투자해 수백억 원을 번 것으로 알려졌다.

세종증권을 인수했을 때 김 회장은 증권업계의 신데렐라라는 별명을 얻었다. 김 회장은 그때 번 돈으로 35번 케이블 TV인 GTV를 인수해 SDN(Sejong Digital Network)으로 확대개편한 뒤 인터넷 TV 분야로 사업을 확대하고 있다.

한국어판 특별집필 부분 끝

□ 당신이 잠자는 동안에도 재산은 불어난다

옛날에 텔레비전 연속극에 등장했던 부부가 있었다. 그들은 화려한 삶을 살았다. 30대 후반으로 매력이 넘치는 부부였다. 둘 모두 상당한 봉급을 받고 있었지만, 청구서를 제때에 갚지 못하고 빚에 시달려야 했다.

똑같이 30대 후반인 다른 부부가 있었다. 아내는 전형적인 가정주부로 가족을 부양하는 데 헌신적이었고, 남편은 두 가지 일에 매달려 하루에 14시간을 일했다. 그들도 청구서를 연체하기는 마찬가지였다. 두 가정 모두 연체되는 청구서가 매달 쌓여가기만 했다.

위의 두 경우에 담겨 있는 뜻은 무엇일까? 어렵게 생각할 것 없다. 아무리 열심히 일해도 수지를 맞출 수 없다면, 자유경제체제에 문제가 있다는 뜻이다.

1989년 1월 13일 금요일 밤, 인기 있는 라디오 토크쇼 진행자 데이비드 바움은 초대 손님과 열띤 토론을 벌였다. 초대 손님은 헤리티지 재단에서 근무한다는 점잖은 신사였다. 어쨌든 바움은 이 나라에서 「가진 자」와 「못 가진 자」의 격차가 매년 증가하고 있다며 불평을 터뜨렸다. 그런 불평의 객관적 증거로, 바움은 1989년 현재 중산층의 수입이 평균 가계비를 충당하지 못할 정도라는 통계자료를 제시했다.

글쎄다. 나로서는, 레이건 행정부가 통치하는 동안 부자와 가난한 사람의 격차가 커졌는지 어땠는지 분명히 모르겠다. 중산층의 평균 수입이 평균 가계비를 충당하고 남는지 부족한지도 모르겠다.

그러나 분명히 알고 있는 것이 있다. 사람에 따라서 다르다는 것이다. 어떤 가정은 평균 수입으로 가계비를 충분히 충당하고 저축까지 하고 있으며, 어떤 가정은 가계비마저도 충당하지 못한다는 사실이다. 그러나 이런 것이 새삼스런 사회 현상은 결코 아니다. 그런 현상은 옛날에도 있었고, 앞으로도 계속될 것이다.

내가 아는 것이 또 있다. 평생 동안 허덕이며 일하고도 빈털터리인 사람이 있다는 것이다. 반면에 열심히 일하는 것 같지도 않은데 풍족하게 살아가는 사람이 있다.

당신이라면 이런 현상을 어떻게 설명하겠는가? 적은 봉급으로 풍족하게 살아가는 사람들, 그보다 2배나 되는 봉급으로도 허덕이는 사람들……. 어떻게 이럴 수 있을까? 평균 수입으로 평균 가계비를 충당하고도 남는 가정이 있는 반면에 항상 빚에 쪼들리는 가정이 있는 이유는 무엇일까? 물론 유산을 물려받거나 부모의 도움도 해답이 될 수 있지만, 나는 맨손으로 이 세상에 나온 사람에 대해 말하고 있는 것이다.

정확한 해답은 「관리」다. 요즘 유행하는 말로 하면, 「재테크」다. 수입을 어떻게 관리하느냐에 따라서 삶의 질이 달라진다. 그럼 풍족하게 살아가는 비결은 무엇일까? 당신이 잠자고 있는 동안에도 당신의 재산을 불려주는 것의 주인이 되는 것이다. 이런 이야기는 전에도 들었겠지만, 아무것도 모르는 촌뜨기가 해대는 말 정도로 치부하고 말았을 것이다.

당신이 멋진 인생을 살고 싶다고 하자. 어쨌든 당신의 은행 계좌에 5천 달러가 저축되어 있고 5.5%의 이자를 받는다고 하자. 그럼 당신은 자신 있게 이렇게 말할 수 있다. 매일 잠자리에 들면서, 자면서도 75센트를 벌어들일 수 있다고! 내일도 당신이 손끝 하나 까딱 하지 않아도 또다시 75센트가 당신 계좌에 쌓일 것이라고!

물론 하루에 75센트가 뭐가 대단하냐고 비웃는 사람이 태반일 것 이다. 심지어 평균 가계비도 충당하지 못하고 허덕이는 가정에서도 하루에 75센트는 아무 짝에도 쓸모없는 것이라 코웃음칠 것이다. 그러나 나는 45년 전에 그렇게 시작했다.

1944년, 나는 정확히 30세였다. 해군 소위로, 월급은 125달러였다. 그때 내 계좌에 찍혀 있던 5천 달러는 매일 75센트를 벌어주었다. 나는 그 75센트를 의식하고 있었다.

당시 내 목표는 75센트를 하루에 1달러로, 그 다음에는 1.5달러로, 그 다음에는 2달러로 끌어올리는 것이었다. 나는 목표 달성을 위해 최선을 다했다.

그로부터 45년이 지난 1989년 1월, 내 투자수익은 하루에 474달러 가 되었다. 다시 한번 강조하지만, 이 액수는 투자수익일 뿐이다. 강연료, 인세, 자문료, 테이프 저작권료는 포함하지 않은 액수이다. 말하자면 주식과 채권과 저축에서 얻는 수입으로, 그것은 내가 잠자는 동안에도 차곡차곡 쌓여간다.

나는 이런 식으로 45년 동안 일했다. 내가 쥐꼬리만한 적은 돈에 만족하며 시작하지 않았더라면, 지금의 나는 없었을 것이다. 근면하고 적절한 관리능력을 가진 젊은이라면 누구라도 해낼 수 있는 일이다.

☐ 공통적으로 저지르는 실수들

1985년, 나는 뉴욕 포킵시에서 있었던 IBM 경영관리 심포지엄에 연사로 초빙되어 「금융자산의 안정적 관리를 위해서」라는 제목으로 강연한 적이 있었다. 그때 한 참석자가 이렇게 물었다.

"영 씨, 우리 같은 사람이 가장 공통되게 저지르는 실수가 뭐라고 생각합니까?"

참석자 모두가 금융에 밝고 상당한 수입을 가진 사람들이었기 때문에, 대답하기 어렵지 않은 질문이었다. 그러나 이 질문의 대답은 연령과 소득수준에 따라서 엄청나게 달라질 수 있다.

내가 보기에 젊은 사람, 가령 30세 이하로 낮은 소득을 가진 계층이 저지르는 가장 큰 실수는 투자의 여력이 전혀 없다고 생각하는 선입견이다. 그런 사람도 무엇인가를 가질 수 있지만, 지레짐작으로 포기해 버린다.

1930년대 초반 내가 고등학교에 다니던 시절을 이야기해 보자.

나는 시골 마을에서 자랐다. 풍족한 돈을 가진 사람은 아무도 없었다. 총기가 반짝이던 학생들까지도 부자가 되겠다는 꿈을 꾸지 않았다. 당연히 그들은 부자가 되지 못했다. 그러나 나는 그런 실수를 저지르지 않았다.

오늘날도 우리는 똑같은 문제에 부딪힌다. 심지어 유복한 가정의 자녀도 마찬가지이다. 나는 「부자가 되는 법」을 강연하며 전국 방방곡곡을 다닌다. 그때마다 똑같은 문제를 만난다. 요즘 젊은이는 제 손으로 집 장만도 못한다는 소리가 사방에서 들려온다. 기막힌 일이지만, 실제로 많은 젊은 부부가 그렇게 허덕이며 살아간다.

그러나 소득보다 덜 쓰면서, 내가 그랬듯이 알뜰살뜰 미래를 가꾸어가는 젊은 부부도 있을 것이다. 나는 젊은이를 대상으로 강연할 때마다, "여러분도 부자가 될 수 있다"고 격려해 준다. 내가 알고 있는 모든 비법을 알려준다.

당신도 나처럼 해낼 수 있다. 거지가 되는 것보다는 부자가 되는 것이 더 낫지 않은가!

30세에서 45세 사이의 연령층이 저지르는 가장 큰 실수는 과도한 빚이다. 물론 기업을 운영하며 끌어들인 빚이 아니다. 개인적인 부채를 말하는 것이다. 자동차 할부금이나 휴가비 그리고 주택융자금 등과 같은 부채에 대해 이자를 갚고 있다면, 그 돈은 결코 당신에게 유리한 것이 아니다. 생활을 완전히 바꾸어야 한다.

어떤 돈이든 당신에게 도움이 되는 방향으로 투자되어야 한다. 정열적으로 활동하는 30세에서 45세 사이에 그렇게 해놓지 못한다면, 당신은 돈에 쪼들리며 말년을 보내야 할 것이다.

노년층, 즉 65세 이상의 연령층이 저지르는 가장 큰 실수는 무엇일까? 아쉽게도 젊었을 때 재산 축적을 등한시했다는 것이다. 혹시 신문에서 65세 이상의 노인 중에서 40%만이 1989년부터 시작된 응급의료보험에서 과세 대상이라는 기사를 읽었는가.

그 뜻이 무엇이겠는가? 65세 이상의 노인 중에서 40%만이 소득세를 내고 있다는 뜻이다. 말하자면, 60%의 노인은 소득세를 감면받을 정도로 낮은 소득에 허덕인다는 뜻이다. 여하튼 내가 40%에 속해 있다는 사실에 감사할 따름이다.

인내심의 부족은 연령을 불문하고 모든 투자자가 공통적으로 보여주는 문제점이다. 우리는 투자한 것이 신속히 올라가지 않으면 쉽게 포기해 버리는 경향이 있다.

다시 강조하지만, 마법사가 아닌 우리에게 가장 큰 자산은 시간이다. 그럼에도 대부분의 투자자는 시간이라는 자산을 제대로 활용하지 못한다. 만약 내가 30년 전에 죽었다면, 내 가족은 보험금만으로 살아가야 했을 것이다. 솔직히 말해서, 내가 투자했던 것이 큰돈으로 둔갑한 것은 겨우 12년 전이었다. 물론 시간만이 당신을 부자로 만들어주지는 않는다. 그러나 젊은 시절에 적절한 것을 골라 투자해 놓는다면, 그 다음은 시간이 해결해 줄 것이다. 나는 그런 비밀을 몸으로 깨달았다.

이제, 1985년 IBM 심포지엄에서 있었던 질문으로 돌아가자. 내가 보기에 고소득층이 저지르는 가장 큰 실수는 세금 문제다. 탈세를 하라는 뜻은 절대 아니다. 절세법을 알아야 한다. 1985년의 고소득층은 세금을 피해 볼 생각으로 온갖 것에 미친 듯이 투자를 해댔다. 그러나 1986년의 세법 개정으로 최고 세율이 28%(혹은 33%)로 낮춰지면서 모든 것이 뒤바뀌었다.

이제, 단지 세금을 피하려고 위험한 사업에 투자하는 것은 멍청한 짓이 되었다. 요즘 똑같은 질문을 받는다면, 나는 그때와 전혀 다른 대답을 할 것이다. 그럼, 현재 고소득층이 피해야 할 가장 큰 과제는 무엇일까? 그것은 과도한 빚을 지지 않는 것이다.

☐ 생명보험으로 부자가 되는 법

단기보험에 들었는가, 아니면 종신보험에 들었는가? 그럼, 보험금은 얼마인가?

이런 질문에 대한 대답은 다음 세 가지에 따라 달라진다.

1. 몇 살까지 살 수 있을 것인가?
2. 은퇴할 때, 손에 쥐는 돈이 얼마나 될 것인가?
3. 책임져야 할 가족이 얼마나 되는가?

가령 당신이 젊어서 죽을 것 같으면, 즉 은퇴하기 전에 죽을 것 같으면, 단기보험만이 선택할 길이다. 이미 불입한 보험료를 훨씬 넘어서는 사망보험금이 지불될 것이기 때문이다.

반면에 나처럼 장수할 것 같으면, 당신이 계획하는 보험의 상당부분을 종신보험에 가입하는 편이 낫다. 물론 일시불로 완납하는 방법도 생각해 볼 수 있다. 단기보험은 결코 유리하지 않다. 보험기간이 끝날 때마다 보험료가 인상되어, 70세가 넘어서면 불입해야 하는 보험료가 만만치 않기 때문이다. 만만찮은 보험료가 생활비를 갉아먹는다. 기분좋은 일이 아니다.

특히 2차대전 참전용사들 중에서 국가유공자 생명보험을 종신보험으로 바꾸지 않은 노인은 한결같이 이런 고통을 겪고 있다. 나이를 먹을수록, 단기보험의 보험료는 줄기차게 인상되기 때문에 많은 참전용사들에게는 여간 부담스럽지 않다. 그 때문에, 전미 재향군인회는 70세부터 보험료를 동결시키는 조치를 취하고 있다.

이제 두번째 문제를 생각해 보자. 당신이 꽤 오래 살 수 있을 것 같고, 은퇴할 즈음에는 부자가 되어 있을 것이라 가정해 보자. 그럴 경우는 단기보험을 선택해야 한다. 당신이 부자가 될 때까지 불확실한 시대를 이겨낼 수 있게 해주기 때문이다.

그러나 일단 부자가 되고 나면, 어떤 종류의 생명보험에도 가입할 필요가 없다. 그런데 두 가지 예외적인 경우를 생각해 볼 수 있다. 만약 당신의 재산이 부동산이나 기업체처럼 유동성이 없는 자산에 묶여 있다면, 부동산의 유동성을 확보하기 위한 보험에 가입할 필요가 있다. 가령 토지보유세를 부담해 줄 보험을 활용하는 것이다. 어렵게 장만한 재산을 세금으로 뜯기기보다는, 부동산을 팔아넘길 때까지 지켜낼 수 있는 좋은 방법이다.

책임져야 할 가족에 따라서, 부담하는 보험료도 사람마다 천차만별이다. 무책임한 사람은 보험을 거들떠보지도 않는다. 한편 당신이 책임져야 할 대상도 시간이 흐르면서 심한 변화가 있게 마련이다. 당신에게 딸린 식구의 수가 변할 테니까.

실제 경험보다 좋은 것은 없다. 내 경험을 바탕으로 위의 세 가지 질문에 대답해 보기로 하자.

1940년, 나는 미주리 대학교 법학과 2학년이었다. 어느날인가 이상한 생각을 하게 되었다. 만약 내가 트럭에 치여서 사망하게 된다면, 나에게는 매장 비용을 부담할 돈조차 없었기 때문에 그 비용을 고스란히 사회에 부담시켜야 했다. 물론 형제와 누이, 숙모와 삼촌, 사촌이 있었지만 그들에게 그런 비용을 부담시키고 싶지는 않았다. 그 생각으로 며칠 밤을 뒤척였다.

마침내 나는 컬럼비아에 있던 한 보험 대리점을 찾아가서, 생명보험에 가입할 수 있는지 물었다. 그러나 나는 그 직원이 "이보게, 젊은이. 자네에게는 직업도 없고 일정한 수입도 없어. 게다가 딸린 식구도 없지 않은가. 말하자면 누구에게도 책임질 것이 없는 자유인이야. 우리 회사는 자네 같은 친구를 보험에 가입시키지 않아. 직업을 얻고 딸린 식구가 생기면, 그때 다시 오도록 하게. 그럼 내가 기꺼이 받아주겠네"라고 대답할 줄 알았다. 솔직히 나는 그가 그렇게 말해 주기를 원했다.

그러나 그의 대답은 예상을 완전히 빗나갔다. 그는 콧노래를 부르며 나에게 보험금 4천 달러의 20회 불입 생명보험증서를 팔았다. 나도 기분이 나쁘지는 않았다. 갑자기 책임감 있는 사람이 된 듯했다. 그때부터 생명보험 약관에 대한 공부를 시작했다.

1941년, 나는 해군에 입대했다. 군은 나를 위해 1만 달러의 단기보험에 가입해 주었다. 해군에서 전역한 1946년, 나는 동일한 액수의 20회 불입 생명보험에 가입했다. 왜 하필 20회 불입이냐고? 나는 그 이상을 생각하고 싶지 않았다.

보험료를 한 회씩 지불할 때마다, 불입할 돈이 그만큼 줄어든다는 느낌을 즐기고 싶었다. 나는 평생 동안 매달 보험료를 지불해야 한다는 사실이 끔찍했지만, 몇 살까지 살든 간에 평생을 보장해 주는 보험이 필요했다. 단기보험의 보험료가 집세만큼이나 부담스럽게 느껴졌다. 나는 20~30년 후를 내다보고 싶었다. 주택융자금을 갚듯이 전액을 한꺼번에 불입하고 싶었다.

결혼하면서, 나는 당시 가입하고 있던 1만 4천 달러의 단기보험으로는 부족하다는 생각이 들었다. 그래서 65세부터 연간 9천 달러를 제공하는 양로보험에 가입했다. 1952년 첫아들이 태어났고, 1955년에는 딸이 태어났다. 나는 다시 단기보험에 가입했다. 그들까지 종신보험에 가입시키기에 내 능력이 턱없이 부족했다.

은퇴했을 때, 내 손에는 40만 달러의 단기보험증서와 완납된 1만

9천 달러의 보험증서가 있었다. 물론 유동성이 뛰어난 주식과 채권도 1백만 달러 이상 보유하고 있었다.

당시 내 재산의 규모와 유동성으로 볼 때, 나에게 더이상 생명보험이 필요없었다. 그래서 나는 단기보험을 해약했고, 양로보험을 현금화시켰다. 그러나 일시납 보험은 배당금만으로 또다시 일시납 보험에 가입한 덕분에 4만 달러 이상으로 가치가 상승해 있어 그대로 간직했다. 기막힌 재테크법이 아닌가?

단기보험과 종신보험을 적절히 결합시킨 내 계획은 한치도 빈틈없이 들어맞았다. 그러나 그 과정에서 앞의 세 가지 질문에 대한 정확한 해답을 얻은 것은 아니었다. 솔직히 말해서 지금도 모르겠다. 물론 당신도 모르겠지만.

대체 생명보험이 부자가 되는 법과 무슨 관계가 있을까?

간단히 넘길 일이 아니다. 적어도 생명보험은 투자에 필연으로 동반되는 위험에서 당신을 자유롭게 해준다. 아예 투자와 담을 쌓고 지낸다면 위험이 없겠지만 부자가 되려면 투자를 피할 수 없다. 왜냐하면 결국 당신을 부자로 만들어주는 것은 투자이기 때문이다.

☐ 미국은 아직도 기회의 땅이다

어떤 사람이 이렇게 말했다.

"세금 때문에, 이 나라에서는 절대 부자가 될 수 없어."

세금 외에도 인플레이션, 정부 규제, 노동조합의 저항, 대기업과의 경쟁, 일본인이나 한국인과의 경쟁, 과태료의 인상, 그밖에도 헤아릴 수 없이 많은 방해물을 거론할 수 있을 것이다. 이런 장애는 현실적인 것이고, 나날이 늘어만 간다. 자유기업제도의 효율성을 억압하는 여러 요인 때문에, 못 가진 사람이 훌훌 털고 일어나 가진 사람으로 올라서기가 더 힘들어졌다.

그럼에도, 지난 10년 동안 백만장자가 된 사람의 수는 그 어느 때보다 많았다. 물론 인플레이션과도 상당한 관계가 있다.

요즘의 1백만 달러를 10년 전의 1백만 달러와 비교할 수 없지만, 그래도 1백만 달러를 가진 사람은 부자임에 틀림없다. 국세청 발표에 따르면, 매년 1백만 달러 이상의 소득을 올리는 납세자의 수가 꾸준히 늘어나고 있다. 물론 세전소득이지만.

미국 경제는 구멍가게가 아니다. 엄청나게 크고 다양하다. 또한 꾸준히 성장하고 있어, 육체와 두뇌와 자금, 아니면 셋 모두를 동원해서 부자가 되려는 사람에게는 지금도 기회의 땅이다. 대체 미국 경제의 규모는 어느 정도일까? 규모가 크다는 것이 부자가 되려는 사람에게 뜻하는 바는 무엇일까?

1992년 미국의 GNP는 5조 9,840억 달러로 추정된다.* 다시 말해서, 1992년 미국에서 생산한 재화와 서비스의 총가치가 그렇다는 뜻이다. 상무부에서 추정한 수치로, 약간의 오차가 있겠지만 거의 정확할 것이라 믿어진다.

그러나 예를 들어, 가정에만 충실한 6천만 가정주부의 노동가치를 포함시키지 않은 수치이다. 과연 그들의 노동가치를 무시할 수 있을까? 미국에는 9천만 가구가 있지만, 대부분의 가정주부는 어떤

---

* 재화와 서비스의 생산이라는 점에서는 GNP(국민총생산)가 GDP(국내총생산)보다 더 적절한 개념이다.

형태로도 보상받지 못하고 있다.

반면에, 의료서비스료는 GNP에 포함된다. 따라서 의사를 찾는 환자의 수효가 늘어날수록, 의료 분야가 GNP에서 차지하는 몫은 커진다. 가령 2억 5,200만의 미국인이 모두 병에 걸렸다고 상상해 보자. 그럼 GNP가 엄청나게 늘어날 것이다. 의료업은 그야말로 각광받는 사업이 될 것이지만, 실제로는 미국인 모두가 병들었다는 슬픈 사실만을 반영할 뿐이다.

GNP는 우리가 얼마나 풍족한가를 나타내는 단순한 척도일 뿐이다. 따라서 인플레이션을 배제한 실질가치에서 GNP가 올라가면 번영의 시대에 살고 있다는 뜻이 된다. 그러나 GNP의 변화가 없으면 정치인들은 경제가 침체되었다고 비명을 질러댄다.「경제를 살리자」고 떠들어댄다. 사실 노동인구가 늘어나고 있기 때문에, 우리는 계속해서 경제 규모를 늘려나가야 한다. 새로운 노동인구를 위해서 새로운 일자리를 창출해야만 한다.

그렇지 않으면, 많은 젊은이가 직장을 구하지 못하고 길거리를 배회할 테니까 말이다. 한편 GNP가 2분기 연속 하락한다면, 경제가 불경기에 접어들었다는 뜻이 된다. 이처럼 우리는 GNP라는 숫자놀음에 어떤 식으로든 영향을 받지 않을 수 없다.

일부 지식인은 우리가 GNP라는 숫자, 다시 말해서 물질적 풍요를 지나치게 강조하고 있다고 불만을 터뜨린다. 그들은 우리에게 재산권보다는 인권에 더욱 관심을 가져야 한다고 외쳐댄다.

솔직히 말해, 나는 재산권과 인권을 정확히 구분하지 못하겠다. 내가 보기에, 인권은 곧 재산권이다. 요즘 혜택받지 못한 사람들이 재산권에서 더 많은 몫을 요구하는 것도 같은 차원이 아니겠는가!

또한 우리가 더 많은 재화와 서비스를 생산한다면, 더 많은 사람의 생활을 윤택하게 해줄 수 있지 않겠는가!

그러나 누군가는 이런 재화와 서비스를 생산해야만 한다. 우리를 즐겁게 해주려고, 그런 것이 어느날 갑자기 허공에서 떨어지는 것은 아니다. 생산은 (1) 경영, (2) 노동, (3) 자본이 효과적으로 결합되어 만들어지는 산물이다.

현재 미국에는 2억 5,200만의 인구가 있다. 거의 6조 달러에 달하는 GNP를 감안할 때, 1인당 2만 3,746달러의 가치를 생산하고 있는 셈이다. 따라서 생산에 기여하는 당신의 몫이 2만 3,746달러에 미치지 못한다면, 당신의 기여도는 평균에 미달하는 것이다.

만약 당신에게 아내와 두 자녀가 있고, 셋 모두 GNP 계산에 포함되는 노동활동을 하지 않는다면, 당신은 9만 4,984달러에 해당되는 재화와 서비스를 생산할 수 있어야 한다. 그래야 4인 가족의 가장으로서 국민 평균에 가까스로 맞추게 된다.

당신이 생산하는 가치가 당신의 봉급과 같아서는 절대 안된다. 당신의 봉급을 훨씬 넘어서야 한다. 그렇지 못할 경우, 어떤 사용자도 당신을 계속 고용하려 하지 않을 것이다. 그러나 당신의 기여도를 계산할 때, 투자의 생산성을 잊어서는 안된다. 알다시피, 자본은 생산을 있게 해주는 세 요소의 하나이며, 노동이나 경영과 마찬가지로 생산 과정에서 절대적으로 필요한 것이다. 자본이 없다면, 노동과 경영은 필요없을 것이다. 일부 정치 지도자를 포함해서 많은 사람이 이런 사실을 깨닫지 못하고 있다.

이 부분에 대해서는 나중에 다시 한번 이야기하도록 하겠다. 여하튼 여기에서 반드시 기억해 둘 것은, 당신은 두 가지 방법으로 경제

활동에 참여할 수 있다는 점이다. 첫째는 당신의 노동을 투자하는 방법이며, 둘째는 당신의 자본을 투자하는 방법이다. 기억하라! 당신을 부자로 만드는 것은 두번째 방법이라는 사실을! 그러나 당신의 노동은 먹고 살기 위한 수단이지만, 당신을 부자로 만들어줄 종자돈을 창출해 주는 수단이기도 하다.

미국의 거대한 경제 규모가 제공하는 기회를 움켜쥔다면, 당신도 부자가 될 수 있다. 상무부가 제출한 국제경제동향 보고서에 따르면, 미국 경제는 세계에서 생산하는 재화와 서비스의 26%를 차지한다. 인구 비례로 따져보면, 그 수치는 엄청난 의미를 갖는다. 또한 미국 경제의 매력은 바로 그것에서 찾아진다. 현재 미국에는 세계 인구의 4.8%만이 살고 있다. 따라서 4.8%의 인구가 세계 재화와 서비스의 26%를 생산하고 있다는 사실은 경이적인 현상이 아닐 수 없다. 다시 말하면, 미국 노동력의 생산성이 세계 평균을 훨씬 상회하고 있다는 뜻이다.

덧붙여 말하면, 미국 경제는 대체로 소비자 중심의 생산활동에 치중하는 반면에, 다른 부유한 국가들의 경제는 생산재 생산에 근간을 두고 있다. 그런 까닭에, 미국은 세계 어떤 나라보다도 생활수준이 높게 마련이다.

그러면 당신은 이렇게 물을 것이다. 미국의 노동 생산성이 다른 어떤 나라보다 높은데, 외국에서 만든 상품이 미국 땅을 휩쓰는 이유는 무엇인가? 또 외국 상품이 질도 훨씬 좋으면서 미국에서 만든 것보다 값싼 이유는 무엇인가?

그 이유는 이렇게 설명된다. 외국 노동자들은 낮은 임금으로도 기꺼이 일하고, 미국보다 제품 관리에 더 많은 신경을 쓰기 때문이다.

현재 미국은 이런 점에서 커다란 문제를 안고 있지만, 일시적 현상이기를 바랄 뿐이다. 또한 미국의 무역적자는 매년 눈덩이처럼 불어나고 있다. 미국 노동자는 과거 50년 동안 노동의 강도를 줄이면서도 급여를 꾸준히 늘려왔다. 따라서 미국은 세계 시장에서 경쟁력을 상실하고 말았다.

그러나 이런 문제를 어렵게 생각할 것은 없다. 미국이 효과적으로 생산할 수 있는 제품을 생산해서 다른 나라에 팔고, 다른 나라가 효과적으로 생산할 제품을 미국이 사준다면 그만이다.

미국이 사치스럽게 살고 있는 것은 분명하다. 우리와 가장 가까이 있는 소비재를 예로 들어보자.

세계 인구의 4.8%에 불과한 미국인이 세계 자동차의 44%, 텔레비전의 36%, 전화의 42%를 보유하고 있다. 좀더 실감나게 말하면, 미국인 전체가 동시에 미국 내의 자동차에 탈 수 있으며, 그것도 자동차 1대당 평균 1.8명을 태우는 것으로 충분하다. 만약 러시아가 그렇게 하려면, 무려 26명이 자동차 1대에 쑤셔넣어져야 한다. 중국은 비교조차 할 수 없다. 자동차 1대당 1만 220명이나 된다.

TV의 경우도 크게 다르지 않다. 미국인 전체가 동시에 수상기 앞에 앉을 수 있으며, 1대당 평균 2명이 편안히 시청할 수 있다. 중국의 경우 텔레비전 1대 앞에 무려 1,660명이 몰려 앉아야 한다.

그러나 전화는 다르다. 미국인의 65%만이 동시에 전화를 사용할 수 있을 뿐이다. 나머지 35%는 기다려야 한다. 그렇다고 문제 될 것은 전혀 없다. 왜냐하면 자동차를 몰면서 TV를 보고, 거기에 전화까지 걸 사람은 거의 없기 때문이다.

세계 인구의 4.8%에 불과한 미국에서 세계 알루미늄의 41%, 구리의 25%, 에너지 공급량의 33%가 소비되고 있다.

또한 미국인이 매년 1인당 평균 23.9갤런(90리터)의 맥주를 마셔대고 있다는 사실을 아는가? 어린아이는 거의 맥주를 마시지 않기 때문에, 일부 성인은 훨씬 많은 양의 맥주를 마신다는 결론이 내려진다. 거주하는 곳에 따라 달라지기도 한다. 워싱턴에 사는 사람은 평균치를 훨씬 상회해서 1인당 30갤런을 마시는 반면, 앨라배마에 사는 사람은 평균치를 훨씬 밑돌아 1인당 13.9갤런을 마실 뿐이다. 대신 그곳에서는 콜라를 물처럼 마셔댄다.

그러나 사람이 맥주만 마시며 살 수는 없는 노릇이다. 설탕도 섭취해야만 한다. 미국인은 1인당 평균 130파운드(약 59킬로그램)의 설탕을 섭취하는 반면에, 다른 나라의 평균치는 43파운드(약 19.5킬로그램)에 불과하다. 또한 미국인은 1인당 617파운드의 종이를 소비하는 반면에, 다른 나라의 평균치는 72파운드이다. 철강의 경우는 미국이 1인당 1,400파운드를 소비하는 반면에, 다른 나라의 평균 소비량은 950파운드이다.

따지고 보면, 이렇게 엄청나게 소비하는 것도 피곤한 일이다. 가령 미국인은 아침에 일어나면서 다음과 같은 식으로 푸념해야 할지도 모른다.

"화창한 아침이야. 하지만 곧 바빠지겠지. 0.5리터의 맥주를 마셔야 되고, 3분의 1파운드의 설탕을 섭취해야 하고, 2파운드의 종이를 써야 하고, 4파운드의 철강을 소비해야 돼. 정말 죽겠구먼!"

왜 미국인은 이렇게 쉬지 않고 바삐 움직여야 할까? 세계 인구의 4.8%가 세계 재화와 서비스의 26%를 생산하고, 그 이상을 소비한다는 사실을 대체 어떻게 설명할 수 있을까?

그런데 천연자원은 그렇지 않다. 선하신 하나님은 다른 나라에 천연자원을 선물로 주셨다. 사실 미국에는 구리·철광석·원유·주석·보크사이트 등의 자원이 부족하다. 농산물을 제외하고는 모든 것이 부족하다.

미국이 현재 누리고 있는 풍요는 「일하지 않는 자는 먹지 않는다」, 「일한 만큼의 대가」를 가르쳐준 「옛」 청교도 윤리에서 비롯된 것일지도 모른다. 내가 청교도 윤리 앞에 「옛」이라는 수식어를 덧붙인 이유를 짐작하겠는가? 그 이유는, 일하지 않더라도 모든 사람에게 먹을 권리가 있다는 사회적 명제가 어느덧 우리 모두의 의식에 뿌리박혀 있기 때문이다.

물론 미국의 생산성을 끌어올리는 데 큰 몫을 한 것은 이윤 동기이다. 미국은 머리를 쓰든 완력을 쓰든 누구나 성공할 수 있는 나라이다. 출신보다 능력을 높게 평가하는 나라, 한 마디로 미국은 누구에게나 성공의 기회를 주는 나라이다. 어떤 사람은 기회를 제대로 활용하는 반면에, 어떤 사람은 그렇지 못하다.

한 저명한 경제분석가는 미국의 풍요를 이렇게 평가했다.

"미국인이 지금과 같은 풍요를 누릴 수 있는 것은, 미국 정부가 다른 어떤 나라보다 자유기업체제를 간섭하지 않았기 때문이다."

내 생각도 그렇다. 미국 정부가 간섭을 최대한 억제한 덕분에 오늘과 같은 풍요를 누릴 수 있다고 생각한다.

그러나 나에게 미국의 풍요를 가져온 첫번째 이유를 꼽으라면 이렇게 말하겠다. 독립 이후 200년 동안 생산을 결정하는 세 요소, 즉 경영과 노동과 자본이 맺은 결실을 적절하게 분배해 온 결과라고! 사실 세 요소 중 어느 하나라도 부족했다면, 생산 자체가 붕괴되고 말았을 것이다. 경제 원론에서도 가르쳐주는 상식이다.

점점 증가하는 인구에게 자동차·텔레비전·전화 등과 같은 물건을 더 많이 공급하려 한다면, 경영의 혁신을 꾀하고 노동자의 노력을 배가시키고 투자자의 자본을 끌어들어야 한다. 미국은 모든 노동자에게 자본가가 될 기회를 준다.

버는 것보다 덜 쓰고, 그 차액을 투자하면 당신도 자본가가 될 수 있다. 처음에는 미미한 자본가이겠지만, 목표를 설정하고 그 목표에 도달하게 된다면 막강한 영향력을 행사하는 거물급 자본가로 성장할 수 있다.

내가 알고 지내는 많은 거물급 자본가도 처음에는 노동자로 출발했다. 또한 지금도 남에게 봉급을 받아가면서 거금을 굴리는 자본가가 있다.

현재 미국인의 대다수가 최고의 생활수준을 즐기고 있음에도, 이런 생활수준을 가능하게 해준 경제제도를 파괴하려는 집단이 있다. 급진적인 변혁을 통해서, 또는 개인의 자유를 정부에 점진적으로 이양시킴으로써 현재의 제도를 파괴하려는 것이다.

대체 왜 그럴까? 나는 정확히 알 수 없지만, 한 가지는 자신 있게 말할 수 있다. 경제도 적자생존이다. 살아남기 위해서 경쟁이 필연적인 사회에서는 탈락하는 사람이 어쩔 수 없이 생기게 마련이다. 또한 그렇게 경쟁에서 밀려난 사람이 적지 않다. 따라서 경쟁에서 패배한 사람은 경쟁이 없는 사회를 동경하게 마련이다. 그러나 그런 동경은 승리의 기회마저도 포기하는 것이다.

이 책은 승리자를 위한 책이다. 적어도, 승리자가 되기 위해 선택의 자유를 끝없이 활용하려는 사람을 위한 책이다.

자유경제체제는 재화와 서비스를 효율적으로 생산하지만, 분배에서는 불평등하다는 비난을 곧잘 듣는다. 그렇다, 정확한 지적이다. 자유경제체제에서는 불평등한 분배가 이루어진다.

그러나 재화와 서비스의 생산에 기여하는 몫에서도 엄청난 차이가 있다. 분배는 기여도와 일정한 관계를 갖는다. 그렇지 않다면, 어떤 동기 유발도 없을 것이다. 모두가 빈둥대며 일하는 양을 줄이려 할 것이다. 열심히 일해서 더 많이 생산한 사람에게는 당연히 더 많은 보상이 따라야만 한다. 일하지 않고 빈둥거린 사람보다 훨씬 많은 것을 보상받아야만 한다.

당연한 원리 아닌가! 그런데도 현 사회는 기본 원리에서 점점 멀어져가는 듯하다. 이런 사회 현상은 평균을 뛰어넘어 부자가 되려는 사람들에게 여간 골칫거리가 아니다.

지금까지 말한 것이 부자가 되는 것과 어떤 관계가 있을까? 그 관계는 절대적이다!

첫째, 이처럼 풍요로운 생활을 가능하게 해주었던 경제제도를 계속 꾸려가려면 자본 투자가 절대적으로 필요하다. 투자 기회는 부자로 가는 대로(大路)를 열어준다. 다시 한번 말하지만, 자본은 생산을 창출하는 3대 요소의 하나이고, 투자자는 그 자본을 공급해 주는 사람이다.

예를 들어, 해리스 은행의 직원은 4,500명이며, 자본금은 9억 달러이다. 직원 1인당 자본금이 20만 달러인 셈이다. 거금 20만 달러를 선뜻 출자할 수 있는 직원은 거의 없다. 그러나 이런 사업에서는 그 정도의 자본이 마련되지 않으면 전혀 효율적이지 못하다.

반면에 일반적인 제조업의 경우는 직원 1인당 자본이 5만 달러에서 7만 달러면 충분하다. 그러나 제조업의 경우도 마찬가지이다. 공장에서 일하는 직원 중에서 그만큼의 자본을 어렵지 않게 출자할 수 있는 사람이 얼마나 되겠는가?

따라서 투자자가 필요하다. 크든 작든 투자자가 없으면, 미국을 움직이던 경제체제 자체가 완전히 뒤바뀌고 말 것이다. 따라서 버는 것보다 덜 쓰면서 그 차액을 자본의 일부로 제공해 주는 노동자는 결국 생활수준의 향상에 기여하는 두 가지 역할을 담당하므로, 당연히 보상받아야 한다.

벌써 수천 명의 노동자가 그런 식으로 부자가 되었다. 그런데 왜 투자를 망설이는가? 투자를 하고, 그 보상을 기다려라. 당신을 부자로 만들어줄 테니까.

미국은 경제 규모만으로도 엄청난 자본을 요구한다. 따라서 그런 요구에 따라 투자의 기회를 잘 활용한다면, 당신도 부자가 될 수 있다.

그러나 경제는 끊임없이 변한다. 그래서 투자에서 성공하는 사람이 있지만 실패하는 사람도 있다. 미래의 변화를 예측해서 그에 따라 투자를 적절히 조절할 수 있는 사람이라면 거금을 손에 쥘 수 있을 것이다.

결론삼아 다시 한번 당부해 둔다.

기회는 당신에게 상상 이상의 결과를 안겨준다. 또한 기회는 버는 것보다 덜 쓰면서 그 차액을 적절히 투자하는 사람을 결코 외면하지 않는다.

④ 저축 — 복리이자의 마술

이쯤 되면, 당신은 내가 증권시장을 완전히 때려눕혔다고 생각할 지 모른다. 아니면 너무 복잡하고 불확실해서, 당신이 짬을 내서 투자하기엔 버거운 시장이라고 생각할지도 모른다. 당신은 경력 쌓기에 바빠서 눈코 뜰 새가 없고, 부동산을 관리하거나 사업을 경영하거나 우량 주식을 골라낼 시간이 없을 수도 있다. 아니면 그런 것에는 관심도 없고 재능이 없을 수도 있다.

그래도 부자가 되고 싶은가? 쓸데없는 걱정을 하지 않으면서도 확실하게 부자가 되기를 원하는가? 좋다, 그럼 방법을 알려주겠다. 대신 충분한 기간과 인내심이 있어야 하는 방법이다.

그런 사람에게는 저축이 최고의 선택이다. 당신이 어린 나이부터 시작한다면, 복리이자가 당신을 부자로 만들어줄 것이다(내가 여기에서 말하는 「저축」은 어떤 형태로든 이자를 지급해 주는 저축 수단을 뜻한다. 가령 CD[양도성 정기예금증서], 정기예금, 뮤추얼 펀드, 자유입출식 예금통장 등이다).

저축은 황소걸음이지만, 부자가 되는 가장 확실한 길이다. 능력이나 학력에 상관없이, 누구나 가능한 방법이다. 현재 미국인의 평균 나이는 32세이다. 당신이 평균 나이보다 아래, 가령 30세이고 직업 —일정한 봉급을 받는다면 어떤 직업이라도 상관없다—을 가지고 있다고 가정해 보자.

이리 쪼개고 저리 쪼개서 매년 1천 달러를 저축하기로 결심한다. 그래서 1년 동안 부지런히 모아, 드디어 31회째 생일날, 연간 5%의 이자를 주는 정기예금에 1천 달러를 저축한다. 은퇴할 때까지, 그런 식으로 매년 생일날이면 1천 달러를 저축한다.

자, 당신이 65세가 되어 은퇴하게 되었다. 어떻게 되었을까? 당신은 기껏해야 3만 4천 달러밖에 저축하지 않았다. 이 정도로는 결코 부자라고 생각할 수 없다. 그러나 놀라지 말라! 은행은 연리 5%를 복리식으로 적용해서 당신에게 5만 7,734.56달러의 이자를 지급할 것이다. 따라서 당신이 손에 쥐는 돈은 모두 9만 1,734.56달러가 된다. 이 정도로 부자라 생각할 수 있겠는가?

어떤 사람이면 고개를 끄덕이겠지만, 그 정도로는 만족하지 못할 사람도 있을 것이다. 9만 달러가 만족스럽지 못하다면, 매년 2천 달러를 저축하도록 하라. 그럼 18만 3,469.12달러를 손에 쥐게 된다. 매년 3천 달러를 저축하면, 65세가 되어 은퇴할 때 27만 5,203.68달러를 손에 쥘 수 있다. 이 정도면 누구라도 부자라고 느끼기에 충분할 것이다.

일찍 철이 들어, 20세에 복리이자의 마술을 깨달았다고 해보자. 그야말로 꿈에나 그리던 결과를 얻게 된다. 복리이자는 기간이 늘어날수록, 황홀한 결과를 낳기 때문이다. 가령 20세에 시작할 경우, 65세가 되어 은퇴를 준비할 즈음에 당신이 저축한 액수는 4만 4천 달러가 된다. 그러나 연리 5%가 적용된 이자만도 16만 4,546.21달러가 되어, 당신에게 지급되는 총액은 20만 8,546.21달러가 된다. 매년 2천 달러를 저축한다면 지급 총액은 41만 7,092.42달러가 되며, 3천 달러의 경우는 62만 5,638.63달러가 된다.

위의 계산은 매년 정기예금한 1천 달러, 2천 달러, 3천 달러에 연리 5%를 적용해서 복리식으로 계산한 것이다. 더 좋은 방법도 있다. 당신 봉급에서 매달 83.34달러씩 은행에 자동이체시켜 적금을 붓는 방법이다.

당신은 그 돈을 만져보지도 못한다. 대신 어쩔 수 없이 그만큼 덜 쓰게 된다. 혹독한 방법이지만 목적 달성을 위해서는 아주 좋은 방법이다. 게다가 매달 혹은 매년 저축을 해야 할지 고민할 필요조차 없어진다. 그러나 고생 끝에 낙이 있는 법! 매달 차곡차곡 쌓여가는 당신의 계좌에 더 많은 이자가 붙어줄 테니까.

30번째 생일날부터 매달 83.34달러를 65세까지 불입한다면, 연리 5%를 복리로 적용할 경우 당신 계좌에는 9만 6,797.81달러가 있게 된다. 같은 방법으로 연간 2천 달러가 되도록 매달 나누어 65세까지 불입한다면 그 총액은 19만 3,595.62달러가 되며, 3천 달러가 되도록 불입한다면 그 총액은 29만 393.43달러가 된다.

1981년의 경우에는 증권사 펀드나 은행 CD로 15% 이상의 이자 소득을 거둘 수 있었는데, 겨우 5%의 이자율을 적용한다는 것이 바보처럼 들리는가? 그러나 그렇지 않다. 앞으로는 5%의 이자라도 받을 수 있을지 확실치 않다. 물론 아무도 모르는 일이다. 참고삼아 말하지만, 지난 50년 동안 평균 저축이자율은 2.9%였다.

이자율은 인플레이션율에 따라 달라진다. 인플레이션이 연간 100%까지 상승한다면, 이자율도 당연히 100% 이상으로 오를 것이다. 그러나 이자율과 인플레이션의 등락에는 시차가 있다. 인플레이션의 등락이 있은 후에, 그 변화가 이자율에 반영된다.

1974년부터 1980년까지, 이자율은 인플레이션의 상승을 적시에 반영하지 못한 까닭에 저축 생활자들은 실제로 상당한 손해를 보았다. 그러나 1981년과 1982년 인플레이션이 급격히 감소되었을 때, 이자율은 높은 수준을 그대로 유지했다. 덕분에 1982년부터 1986년까지, 저축 생활자들은 이자율과 인플레이션율의 차이만큼 혜택을 누릴 수 있었다.

지난 100년간을 돌이켜볼 때, 저축으로 얻을 수 있던 실질소득은 평균 2.5~3.5%였다. 그 이상의 이자율은 인플레이션율을 반영한 것일 뿐이었다. 따라서 당신이 예상하는 미래의 인플레이션율을 감안해서 위에서 적용한 5%를 가감한다면, 당신이 기대할 수 있는 총액을 쉽게 계산해 낼 수 있을 것이다.

이번에는 현재 7.25%의 이자율이 적용되는 예금증서를 35년 동안 매입하는 경우를 생각해 보자. 매년 1월 2일 1천 달러짜리 예금증서를 매입하고 그 이자를 재투자할 경우 35년이 지나면, 그 총액이 16만 6,556.60달러가 된다. 한편 똑같은 방법으로 2천 달러짜리 예금증서를 매입해서 그 이자를 재투자한다면 33만 3,113.20달러가 되고, 3천 달러짜리 예금증서를 매입해서 그 이자를 재투자한다면 49만 9,669.80달러가 된다.

그러나 이런 프로그램을 20세부터 시작한다면, 현격하게 달라진다. 1천 달러짜리 예금증서는 35만 9,119.33달러, 2천 달러짜리 예금증서는 71만 8,238.66달러, 3천 달러짜리 예금증서는 117만 7,357.99달러가 된다. 놀랍지 않은가? 그러나 절약하는 생활이 몸에 밴 사람이라면 누구라도 해낼 수 있는 일이다.

그러나 이자소득에 대한 세금을 계산하지 않은 것 아닌가? 물론이다. 이런 목표를 달성하고 싶으면, 이자소득으로 세금을 내서는 안된다. 다른 방법을 생각해야 한다. 가령 봉급에서 그 세금을 부담할 수 있어야 한다. 그러나 아등바등대며 살아야 1년에 1천 달러를 겨우 저축할 수 있다면, 당신은 충분히 감세 혜택을 받을 수 있을 것이다. 당신이 고세율을 적용받는 계층이라면, 1년에 적어도 7천 달러는 저축할 수 있어야 할 것이다. 내가 부자가 되려고 했을 때, 항상 고려한 것도 세금을 피해 가는 방법이었다.

세제 특혜를 받을 수 있다면, 당신은 훨씬 쉽게 부자가 될 수 있다. 예를 들어, 개인연금저축을 이용하는 방법이다. 노후를 어렵지 않게 지내려는 사람이 너도나도 가입하고 있는 저축이다. 그러나 세법은 언제라도 바뀔 수 있으므로, 나도 여기에서 세금우대조치에 대해서 왈가왈부하지 않으련다. 이 책을 읽는 순간에도 세법은 바뀔 수 있다. 그러나 당신이 진정으로 부자가 되고 싶다면, 세제 특혜를 최대한 활용할 수 있어야 한다.

1986년 개정된 세법에 따르면, 개인연금저축은 결코 놓쳐서는 안될 투자 대상이다. 광고를 그대로 믿을 경우, 20세에 개인연금저축에 가입한다면 11%의 이자율이 적용되어 65세가 될 때 무려 284만 5,142달러를 손에 쥐게 된다. 그러나 45년 동안 11%의 이자율이 그대로 적용되리라 믿는 사람은 아무도 없을 것이다.

세율이 어떻게 변하고 연령이 어떻게 되었든 간에, 정부가 세법을 무기로 당신 돈을 빼앗아가려 할 때, 개인연금저축은 세법에 그런대로 대처해 볼 방법이다.

그러나 1년에 1천 달러를 저축한다는 것은 꿈같은 이야기라고 푸념하는 사람도 있을 것이다. 그래서 봉급이 조금이라도 인상되면 그렇게 해보겠다고 생각한다면, 그야말로 비극이다. 솔직히 말해 볼까? 연봉 2만 달러, 아니 1만 5천 달러, 아니 1만 달러에서 조금씩이라도 저축할 수 없다면, 연봉이 4만, 아니 6만, 아니 10만 달러로 인상되어도 저축할 수 없을 것이다. 저축은 일종의 훈련이기 때문이다. 돈이 많다고 저축하는 것이 아니다. 쓰고 남은 돈을 저축하는 것이 아니다.

인플레이션 때문에 저축하면 손해라고 생각하는 사람도 있을 것이다. 그래서 걱정인가? 사실 어떤 의미에서는 타당한 말이다. 가령 이자율이 5%인데 인플레이션율도 5%라면, 저축으로 번 돈을 인플레이션으로 몽땅 까먹게 된다. 따라서 35년이 지난 후, 당신이 저축한 3만 4천 달러와 이자로 받는 돈 5만 7,734.546달러를 합한 9만 1,734.546달러는 기껏해야 3만 4천 달러의 구매력을 가질 뿐이다. 그러나 인플레이션은 저축하지 않으려는 핑계일 뿐이다. 절대 저축을 멀리할 타당한 이유가 되지 않는다.

좋다, 매년 5%의 인플레이션율이 있다고 해보자. 아니, 당신 마음대로 정해도 상관없다. 인플레이션에 대한 걱정 때문에 당신이 저축하지 않은 경우보다 조금씩 저축해 두면 노년을 훨씬 편안하게 지낼 수 있을 것이다. 사실 인플레이션은 부자보다 가난한 사람에게 훨씬 고통스럽다. 따라서 인플레이션을 결코 피할 수 없는 것이라면, 그 때문이라도 더욱 저축해야 할 것이다. 그래야 인플레이션을 어렵지 않게 이겨낼 수 있지 않겠는가!

1980년은 두 자릿수 인플레이션율이 우리를 끔찍이 괴롭혔다. 덕분인지 단기성 저축이자율도 16% 이상으로 치솟았다. 따라서 돈이 있는 사람에게는 안전하게 고수익을 올릴 수 있는 황금기였다. 이처럼 이자율은 인플레이션을 만회해 주었고, 확실한 돈을 벌 수 있는 기회까지 마련해 주었다. 물론 가난한 사람은 높은 이자에 돈을 빌릴 수도 없어, 생활수준을 낮추는 수밖에 없었다.

이제 똑바로 생각해 보자. 영리한 사람이라면 절대 인플레이션 때문에 저축을 멀리하지 않는다. 오히려 인플레이션을 노리고 저축하는 것이다.

당신이 젊은 나이부터 저축을 시작하고, 인내심을 가지고 끈질기게 저축할 수 있다면, 복리이자만으로 당신은 부자가 될 수 있다.

이제 가슴을 따뜻하게 해주는 실감나는 예를 하나 들어보자. 1981년 봄이었다. 나는 위싱턴의 원유 도매업자들을 상대로 강연하게 되었다. 인플레이션율이 최정점에 이른 때였다. 강연이 끝나자, 50대쯤 되어 보이는 한 신사가 일어서며 이렇게 말했다.

"영 씨, 저는 당신이 말한 것을 지금까지 충실히 지켜왔습니다. 항상 번 것보다 덜 쓰는 생활을 해왔습니다."

그에게는 코딱지만한 부동산도 없고, 사업을 경영해 본 적도 없고, 증권시장에 대해서 아는 바가 전혀 없다고 말했다. 게다가 그는 20년을 해군에서 복무한 퇴역 군인이었다. 그러나 그의 다음 말은 너무나 감동적이었다.

"저는 당신 말대로 돈을 조금씩 저축했습니다. 지금 내 통장에 20만 달러가 있다면 믿으시겠습니까? 올해, 은행에서는 제가 갖고 있는 예금증서에 14%의 이자를 지급해 준답니다. 그럼 또 2만 8천 달러가 늘어나겠지요. 평생 동안 그렇게 많은 돈을 벌어본 적이 없었습니다."

그 신사의 얼굴에는 함박웃음이 가득했다. 그는 너무나 편안해 보였다. 자신감이 넘쳐흘렀다. 자신이 이루어낸 일이 한없이 자랑스러운 듯했다. 그의 기준에서 볼 때, 그는 부자였다. 그는 저축이라는 수단을 통해서, 즉 그가 가장 잘 알고 있는 수단을 통해서 부자가 되었던 것이다.

☐ 도박으로 부자가 될 수 있는가

절대 안되지.

부자가 되는 방법으로 경마나 복권, 라스베이거스는 어떨까?

이런 식으로 부자가 되었다는 사람을 신문에서 읽기는 했다. 그러나 내 주변에는 그런 사람이 아무도 없으니 어쩐 일일까?

이런 식으로 부자가 될 확률은 극히 미미하다. 충고하건대, 제발 그런 방식은 잊어버려라. 『브리태니커 백과사전』에 따르면, 마권을 판매한 수익금의 12~25%가 정부 당국과 경마협회로 넘어가 비용과 잉여금을 충당하는 데 쓰인다. 따라서 평균보다 12~25%를 넘어서도록 승리마를 적중시켜야 겨우 본전을 넘어설 수 있다는 뜻이다. 물론 경마는 즐거운 오락거리이다. 그러나 그처럼 낮은 확률 게임으로 부자가 되기란 꿈같은 이야기이다.

나는 라스베이거스를 구경한 적도 없다. 도박이라는 것은 전혀 모른다. 도박이라는 것에는 아예 관심도 없다. 따라서 이 문제에 대해서 권위자라고 말할 처지도 못 된다.

1974년 1월 『돈』이라는 잡지의 한 기사에서, 로스앤젤레스 출신의 프리랜서 기자인 윌리엄 브룬스는 「도박장」에 대해서, 즉 도박꾼이 승리할 확률에 대해서 자세하게 설명했다.

그에 따르면, 크랩이라는 도박에서 도박꾼이 승리할 확률은 1.4~9%이다. 도박꾼이 어떤 끗수를 택하느냐에 따라 승리의 확률이 달라지지만, 결국 도박꾼이 100달러를 베팅했을 때 얻는 수입은 1.4~9달러밖에 되지 않는다는 뜻이다. 물론 대박을 터뜨리는 도박꾼도 있겠지만, 결국 돈을 버는 사람은 도박장 주인이다. 즉, 도박꾼이 평균보다 1.4~9%의 확률을 넘어서야 겨우 본전이 된다는 뜻이다.

브룬스는 룰렛 게임에 대해서도 분석해 보였다. 룰렛 게임에서 도박꾼이 승리할 확률은 거의 5.26%로 고정되어 있다. 어떤 조합을 선택해도 바퀴가 회전할 때마다, 도박꾼에게 돈을 안겨줄 확률은 그렇다는 뜻이다. 바카라 게임에서는 더욱 비참하다. 적중시킬 확률이 1.25%에 불과하다. 즉, 100달러를 베팅했을 때 1.25달러를 건질 수 있다는 뜻이다.

브룬스는 라스베이거스에서 슬롯머신은 절대 손대지 말라고 가르친다. 빈털터리가 되는 지름길이라고 경고한다. 정부가 적중 확률을 통제하기 않기 때문에, 주인 마음대로 확률을 조절한다는 것이다. 따라서 브룬스는 슬롯머신을 「단기간에 멍청이가 되고, 장기적으로 알거지가 되는 길」이라 말한다. 슬롯머신은 당신을 그렇게 만들도록 조절되어 있다는 뜻이다. 따라서 슬롯머신은 돈을 몽땅 털릴 때까지 누가 오래 버티는가를 경쟁하는 게임일 뿐이다. 그것을 즐기는 사람도 이런 사실을 알고 있지만, 가뭄에 콩 나듯이 터지는 횡재에 눈이 어두워 유혹을 견디기 힘든 모양이다.

간단히 말해서, 모든 도박장은 당신에게 절대적으로 불리하도록 프로그램되어 있다. 그럴 수밖에 없지 않은가! 그렇지 않으면, 도박장이 당장에 문을 닫아야 할 테니.

이쯤에서, 윌리엄 플로리라는 친구가 라스베이거스로 가던 길에 공항 버스에서 엿들었던 이야기를 전해 주어야겠다. 그의 뒷좌석에 앉은 젊은 아가씨 둘이 도란도란 이야기를 나누고 있었다.

"이번에는 돈을 좀 따야겠어. 돈이 필요하거든."

이런 것도 오락인가? 그럴지도 모르지. 그런데 그렇게 부자가 될 수 있을까? 유감이지만, 그럴 확률이 너무 희박하다.

1974년 12월 『둔스 리뷰』는 복권을 발행하는 13개 주의 「당첨 확률표」를 게재한 적이 있다. 최고 51%인 델라웨어에서 최저 40%인 뉴욕에 이르기까지 당첨 확률은 각각 달랐지만, 대부분의 경우가 45% 안팎이었다. 말하자면, 평균보다 45%에서 60% 이상의 확률을 가져야 본전을 넘어선다는 뜻이다. 이처럼 불리한 확률에 당신은 기적이 일어나기를 바라겠는가?

주식 투자도 도박에 비유할 수 있을까? 투자자는 주식 투자에서 절대 「도박」이라는 말을 사용하지 않는다. 당연하지 않은가! 내가 아는 한, 도박은 쓸데없이 위험을 자초하는 것이다. 반면에 투자는 어떤 기업의 소유권을 갖는다는 뜻이다.

그 기업이 재화나 서비스를 생산해서 이익을 남기면 당신에게 이익이 돌아온다. 지난 40년 동안, 기업 이윤은 연간 평균 7.6%씩 성장해 왔다. 경제 상황이 좋을 때와 나쁠 때 모두 포함한 평균치이다. 따라서 주식이 평균보다 7.6% 이하로 떨어지지 않는다면 당신은 본전을 맞출 수 있다. 그런데 주식을 도박과 비교할 수 있는가? 나라면, 당연히 이런 확률 게임을 선택하겠다.

나는 정부에서 발행하는 복권에 철저히 반대해 왔다. 아니, 정부에서 복권을 발행한다는 자체가 웃기는 장난이다. 정부가 도박을 권장하는 꼴이니. 아니, 정부가 도박판에 뛰어든 꼴이었다. 특히 복권의 주된 고객이 가난한 사람이라는 사실이 더욱 싫었다. 그들은 그런 손실을 감당하기에 벅찬 사람들이기 때문이다.

그러나 나는 다음과 같은 세 가지 이유 때문에 복권에 대한 내 생각을 완전히 바꾸게 되었다.

(1) 복권은 자발적이라는 점에서 가장 이상적인 과세 형태일 수 있다. 기꺼이 세금을 내겠다는 사람들에게만 과세하는 세금인 셈이다.

나에게는 수백만 달러의 재산을 가진 미망인 고객이 있다. 90대의 노령으로, 건강이 좋지 않아 집에서만 지낸다. 그녀는 간호사에게 매일 복권을 사오도록 한다. 그녀에게 그런 돈은 푼돈이다. 복권을 긁는 것이 하루의 즐거움이다.

물론 복권을 정기적으로 사는 중산층도 적지 않다. 그들에게도 복권은 지루한 삶에 양념 같은 역할을 해준다. 그들에게 복권구입비는 별 부담이 되지 않는다.

그런데 누가 복권에서 이익을 얻을까? 당연히 정부다! 그렇게 얻은 수익으로 교육비나 다른 비용을 충당하는 것이다. 세금을 징수하는 정말 멋진 방법이라 생각된다.

(2) 복권은 많은 사람이 공평하게 내는 세금이다. 나는 국민이라면 누구나 약간의 세금을 내야 한다고 믿는 사람이다. 그런 점에서, 복권은 착한 시민이 되도록 해주는 청량제가 된다.

(3) 복권은 수많은 사람들에게 유일한 희망일 수 있다. 확률은 지극히 낮지만, 몇몇 사람은 횡재를 한다. 희망은 인간을 행복하게 해주는 촉진제이다. 행복을 하루에 50센트로 사는 것이다.

마지막으로 한 마디!

내가 부자가 된 식으로, 당신이 버는 돈보다 덜 쓰고 그 차액을 건설적으로 투자할 자신이 없다면, 당신에게 남은 유일한 희망은 복권이다. 적어도 그렇게 투자한 돈은 대의를 위해 쓰일 테니까.

7 봉급만으로 부자가 되기는 어렵다

나는 많은 부자를 알고 있다. 그들 중에서 봉급만으로 부자가 된 사람은 아무도 없다. 물론 봉급은 당신의 생활수준, 좀더 멋들어지게 말하면 당신의 「라이프 스타일」을 결정하는 데 중요한 역할을 해준다. 그런데 자연의 법칙인 것처럼, 지출이 언제나 수입을 넘어서는 경우가 많다. 따라서 그런 자연의 법칙을 이겨내려면 상당한 절제가 있어야만 한다.

봉급만으로는 절대 부자가 될 수 없다. 증명을 해보라고? 좋다, 이런 가정을 해보자. 그러나 가정이랄 것도 없다. 실제로 오래 전 내 친구가 겪었던 일이니까.

그는 연봉 2만 달러의 봉급쟁이였다. 검소하게 살았던 까닭에, 매년 5천 달러를 저축할 수 있었다. 그 돈으로 주식에 투자했다. 물론 주식이 왕창 뛰어서 부자가 되기를 바랐다. 그런데 어느날 갑자기 경영진으로 승진하면서 10만 달러의 연봉을 받게 되었다. 자, 봉급이 그처럼 인상되었으니 그의 저축액도 8만 달러 정도로 급증했을 것이라 생각하는가? 천만의 말씀이다.

이제 그에게 어떤 일이 벌어졌는지 자세히 살펴보자.

우선 소득세가 눈덩이처럼 불어났다. 또한 경영자가 되었으니 의상도 화려해져야 했다. 낡은 시보레 자동차도 사장님에게 어울리지 않았다. 당연히 뷰익으로 바꿨고, 다음에는 캐딜락으로 바꿨다. 또 사장이 되었으니 골프를 즐겨야 했고, 사교 클럽에도 들락거려야 했다. 교회, 모교, 자선단체 등에 기부하는 액수도 커져야 했다. 사장이라는 체면을 살리려면, 기부금을 쥐꼬리만큼 낼 수는 없는 노릇 아닌가! 그것만이 아니다. 사장답게 좀더 좋은 집으로 이사해야 했다. 물론 집값이 훨씬 비쌌으니, 부동산 보유세도 예전과는 비교가 되지 않았을 것이다.

남자만 그랬나? 천만에, 부인도 사모님답게 체면을 세워야 했다. 사장님 부인이 되었으니 멋진 옷을 입어야 했고, 자기 소유의 자동차를 가져야 했다. 결국 2대의 자동차를 소유하게 된 셈이다. 그녀도 사교 클럽에 들락거려야 했다. 사교 클럽에서 어떤 대화가 오갔을까? 모두 가정부 문제로 골치를 썩이고 있었을 것이다. 그러나 그녀에게는 가정부가 없었다. 그럼 어떻게 해야지? 대화에 끼여들자면, 골치 아픈 가정부를 고용해야지!

이처럼 많은 돈을 벌게 되더라도, 돈을 쓸 곳이 여기저기에서 생겨난다. 이렇다 보니 부자가 되기란 결코 쉬운 일이 아니다. 그 친구는 2만 달러에서 쪼개어 5천 달러를 저축했다. 그러나 10만 달러라는 거금을 받았지만, 그것에서 5천 달러를 쪼개어 투자하기도 힘들었을 것이다.

오래 전, 나는 연봉이 갑자기 1천 달러가 올랐던 적이 있다. 해리스 은행은 매년 회사 창립기념일에 모든 직원의 연봉을 책정한다. 그러나 회사에 커다란 수익을 안겨준 직원에 한해서, 연중에 연봉을 인상해 주는 경우가 이따금씩 있다.

나도 그런 직원의 하나였다. 그날 집에 돌아왔을 때, 가족 모두가 저녁 식사를 하고 있었다. 나는 중대 발표를 할 것이니 모두 주목해 달라고 했다. 그리고 연봉이 1천 달러 올랐으니, 그만큼의 돈을 어디에 사용하는 것이 좋겠냐고 물었다. 어차피 쓸 돈이니 그런 식으로 인심이라도 쓰는 편이 낫지 않은가!

당시 14세였던 아들 녀석이 나섰다. 세상 물정에는 도무지 관심없던 녀석도 돈이 무엇인지 알았던지, 1천 달러로 해낼 수 있는 것을 생각나는 대로 늘어놓았다. 결국 그의 결론은 새 자동차를 구입하고, 푸들 한 마리를 사는 것이었다. 번쩍이는 자동차 안에서 푸들을 안고 창 밖을 내다보는 모습을 부자의 상징으로 생각한 것이다.

아쉽게도, 너무나 많은 어른이 14세짜리 소년처럼 세상을 살아가고 있다. 봉급은 1천 달러밖에 인상되지 않았는데, 마치 2천 달러, 3천 달러, 아니 4천 달러가 인상된 것처럼 생활수준을 올려버린다. 그런 식으로 해서는 결코 부자가 될 수 없다. 당신이 진정 부자가 되고 싶다면, 그런 생각을 철저히 버려야 한다.

8 돈이 돈을 만든다

이런 말은 귀가 따갑게 들었을 것이다. 때로는 「돈이 돈을 벌어준다」는…….

나는 테네시 주 동부에서 어린 시절을 보낼 때, 아버지에게서 이 말을 귀가 닳도록 들었다. 그때 나는 아버지가 만들어낸 말이라고 생각했지만, 나중에야 그렇지 않다는 것을 알았다.

예수 그리스도가 벌써 2천년 전에 하셨던 말씀이다. 마태복음 25장 29절에는 "무릇 있는 자는 받아 풍족하게 되리라"고 씌어 있다. 나는 이 구절을 읽을 때마다, 예수께서 너무도 정확히 말씀하셨다고 생각한다. 그러나 내가 예수의 말씀을 주제넘게 이러쿵저러쿵 평가할 수는 없다.

대신, 2차대전 때 북아프리카 전투에서 승리를 거두면서 명성을 얻었던 영국의 야전 사령관 몽고메리 장군의 이야기를 떠올려본다.

대략 이런 이야기였다. 몽고메리 장군은 전투를 앞두고 부하들을 격려하면서, "그리스도께서 산상수훈에서 말씀하셨듯이…… 그렇다, 나는 그분의 말씀이 절대적으로 옳다고 생각하고 싶다"고 말했다. 예수께서 "무릇 있는 자는 받아 풍족하게 되리라"고 말씀하셨던 것이 옳다고 내가 생각하는 것도 그런 차원이다.

처음 1천 달러를 마련하는 것이 어렵다. 그러나 그 정도의 돈을 은행에 저축해서 이자를 받기 시작하면, 다음 1천 달러는 좀더 쉽게 마련할 수 있다. 물론 땅 짚고 헤엄치듯 쉬운 일은 아니다.

처음 1만 달러를 마련하는 것이 어렵다. 그러나 다음 1만 달러는 좀더 쉽게 마련된다. 처음 10만 달러를 마련하기란 무척 어렵다. 그러나 다음 10만 달러는 훨씬 쉽게 마련된다.

처음 1백만 달러를 마련하기란 끔찍이 어렵다. 그러나 다음 1백만 달러는 순식간에 만들어진다. 거짓말이 아니다. 내가 직접 경험했다.

나는 처음 1백만 달러를 만드는 데 무려 65년이 걸렸다. 그러나 그로부터 5년 5개월이 지난 1985년 5월, 내가 보유한 주식과 채권의 가치는 2백만 달러를 넘어섰다. 그후 2년 4개월이 지났을 때, 정확히 말해서 1987년 10월의 대폭락이 있기 전에, 내 재산은 거의 3백만 달러에 이르고 있었다. 아내와 내가 자선단체에 거금을 기부하고 주가의 대폭락 때문에 적잖은 손실이 있었지만 2년 만에 다시 3백만 달러의 수준에 오를 수 있었다.

나는 직접 경험으로 터득했다. 돈이 돈을 만든다는 진리를!

오래 전, 해리스 은행의 신탁계좌 하나를 신탁투자위원회에서 검토한 적이 있었다. 당시 그 계좌의 시장가치는 4억 달러에 육박하고 있었다. 나를 포함한 위원들은 원탁에 둘러앉아, 그 계좌를 부러운 눈으로 쳐다보았다. 검토한 결과는 뻔했다. 투자의 방향을 바꿀 것이 하나도 없었다. 그래서 그 계좌는 다시 파일 속으로 들어갔다. 1

년이 지난 후, 우리는 그 계좌를 다시 검토했다.

놀라지 말라! 시장가치가 무려 4억 9,500만 달러로 늘어 있었다. 물론 1년 동안 그 계좌에 신경을 쓰지 않은 것은 아니다. 담당 직원이 매일 변동 상황을 점검하고, 수입을 현금화해서 재투자하거나 배분시켰다. 그러나 핵심은, 특별히 노력한 것도 없이 1년 만에 9,500만 달러의 수익을 간단히 올렸다는 사실이다.

만약 당신에게도 4억 달러가 있다면 이렇게 될 수 있다. 「있는 사람이 버는 거야」라는 속설이 보여주는 실제의 예이기도 하다. 당신도 이런 경이적인 잔치에 끼여들고 싶다면, 지금 당장 무엇인가를 시작해야만 한다. 천릿길도 한 걸음부터 시작된다.

4억 달러로 시작할 필요는 전혀 없다. 그렇게 할 수 있는 사람도 별로 없다. 당신이 관리할 수 있는 범위 내에서 시작해야 한다. 어디에서 시작하든 간에, 「돈이 쌓일수록 돈벌이가 쉬워진다」는 진리를 깨닫게 될 것이다.

「있는 사람이 버는 거야」라는 말을 냉소적으로 받아들이는 사람도 있다. 내 아버지도 그랬던 것 같다. 경제적으로 혜택을 누리는 사람이 우리를 이용해서 돈벌이를 한다는 뜻으로 해석한 것이다.

그러나 그런 해석은 옳지 않다. 「있는 사람」은 그만큼을 가지기 위해서 노력했던 사람이다. 남다른 무엇을 했던 사람이다. 4억 달러의 신탁자금을 보유한 그 고객도 무일푼에서 시작했던 사람이다. 그는 버는 것보다 덜 썼고, 그 차액을 투자했다. 그리고 투자한 것의 가치가 올라주었다. 그는 「있는 사람이 버는 거야」라는 현실에 불평하며 시간을 허비하지 않았다.

당신도 그래서는 안된다. 현재 당신에게 아무것도 없더라도, 당장

1원이라도 은행에 저축할 수 있다면, 그것으로 시작할 수 있다. 그렇게 꾸준히 계속할 수 있다면, 언젠가 냉소주의자들도 당신을 부러운 눈으로 바라보며 "있는 사람이 버는 거야"라고 말할 것이다. 당신도 틀림없이 그런 날을 맞을 수 있다.

돈이 조금이라도 저축되면, 그 돈으로 돈을 만들기 위해서 당신이 갖고 있는 온갖 능력을 발휘해 보일 수 있다. 어떤 형태라도 괜찮다. 기업을 운영해도 상관없고, 오를 것이라 판단되는 주식이나 부동산에 투자해도 상관없다. 돈은 그렇게 불어나는 것이다. 온 세상이 당신 손안에 있을 수도 있다.

결국 자유기업체제가 우리 모두에게 평등하게 제공해 주는 수많은 기회를 이용해서 부자가 되는 것은 전적으로 당신의 마음가짐에 달려 있다.

9 어디에서 살더라도 부자가 될 수 있다

나와 같은 시골 출신은 이런 생각에 물들어 있다. 뉴욕이나 시카고처럼 큰 도시에서 태어났더라면, 많은 돈을 벌어서 부자가 될 수 있을 것이라고. 그런 생각은 꼬리에 꼬리를 물어, 나중에는 부모까지 원망하게 된다.

아버지가 뉴욕 주 로체스터에 살았더라면, 이스트만 코닥이나 제록스 주식을 물려줘서 우리가 쉽게 부자가 될 수 있었을 텐데……. 아버지가 미네소타 주 세인트폴에 살았더라면, 맥나이트 씨와 같은 교회에 다니면서 그의 인품에 감동해서 3M 주식을 왕창 사두었을 텐데……. 아버지가 텍사스나 오클라호마로 이사했더라면 원유가 펑펑 쏟아지는 농장을 살 수도 있었을 텐데……. 그랬더라면, 우리는 지금쯤 호의호식하며 지낼 수 있을 텐데…….

내 결론은 간단하다. 당신이 어디에 살든지 부자가 되는 방법에는 큰 차이가 없다. 당신이 버는 것보다 덜 쓰고 그 차액을 전도가 유망한 것에 투자한다면, 사는 곳이 문제가 되지는 않는다.

해리스 은행에서 일하는 동안, 나는 소도시만이 아니라 시골 구석까지 다녀보았다. 어느 곳에 가든지 부자는 있었다. 그들은 그 땅에서 정직하게 살면서, 그 땅에 찾아온 기회를 놓치지 않았던 사람들이다.

가령 부동산을 샀다거나, 지역신문을 만들었다거나, 시보레 대리점을 맡았다거나, 코카콜라사 납품용 병을 만들었다거나 등등의 수많은 기회를 돈으로 바꾸는 데 성공한 경영자였다.

물론 다른 지역에 비해서 기회가 월등히 많은 지역이 있을 수 있다. 그러나 조그만 마을에서 기회를 잡지 못한 사람이 큰 도시로 나간다고 기회를 잡는다는 보장은 없다. 뉴욕의 로체스터에서나, 미네소타의 세인트폴에서나, 텍사스와 오클라호마에서도 가난한 사람은 넘쳐흐른다.

10 절대로 부자가 될 수 없는 사람

내 경험에 따르면, 직장을 자주 바꾸는 사람은 부자가 될 수 없다. 그 이유를 분명하게 설명할 수는 없지만, 계속해서 높은 임금을 찾아가려는 습성과도 관련 있는 것 같다. 앞에서도 지적했듯이, 봉급만으로는 결코 부자가 될 수 없다. 그렇다고, 한 직장에 목숨을 걸라는 뜻은 아니다. 절대 아니다.

사양길에 있는 직종이나 희망이 없는 직장에서 일하거나 사업주가 부정직한 사람일 때, 하는 업무가 마음에 들지 않을 때에도 당신은 직장을 바꿔야만 한다. 그러나 당신이 정말로 부자가 되고 싶다면, 되도록 일찍 적당한 직장에 안착할 수 있어야 한다.

그리고 그 직장에서 주어지는 기회를 최대한 이용할 수 있어야 한다. 50세가 되어서도 마음에 드는 직장을 구하지 못하고 방황하거나, 더 높은 봉급을 찾아 헤맨다면, 부자가 될 가망성은 거의 희박해진 것이나 다름없다.

실제로 능력 있고 재능 있는 많은 사람들이 이런 실정에서 벗어나지 못하고 재정적 곤란을 겪고 있다. 그런 사람은 평균 5년마다 직장을 바꾸기 때문에, 퇴직금을 비롯해서 장기근속수당을 놓쳐버린다. 한 마디로, 자산이 될 만한 것을 적립하지 못한다.

반면에, 많은 봉급을 받지는 못하지만 일찌감치 안정적 직장을 찾아 꾸준히 근무한 덕분에 만만찮은 퇴직금이나 자기 회사 주식을 알차게 거두어들인 사람도 적지 않다. 그런 사람들은 충분치 않은 봉급을 알차게 관리해서, 50세가 될 때쯤에 재정적 안정을 꾀하며 재산을 아쉽지 않을 정도로 성취하는 모습을 보여준다.

나는 헤드헌터 회사가 그들의 고객에게 2배의 봉급을 보장하겠다며 전직을 부추기는 것이 못마땅하다. 헤드헌터 회사로서는 돈을 버는 길이지만, 직장인의 처지에서는 전혀 유리할 것이 못 된다. 가령 그렇게 받은 돈으로 풍족하게 살 수 있겠지만 50세 정도가 되었을 때 직장도 없고 돈도 없고 증권도 없고 영향력까지도 없는 무능력자로 전락해 버린다면, 5년마다 봉급이 2배로 올랐다고 무슨 소용이 있겠는가? 내 말이 억지처럼 들린다고? 천만의 말씀이다. 이런 사람이 천지에 널려 있다.

한 회사에 근무하더라도 전근을 자주 다니는 사람도 부자가 되기 힘들다. 장기적인 계획을 세울 수 없어, 기회가 주어지더라도 머뭇거릴 수밖에 없기 때문이다. 쉽게 말해서, 주어지는 기회를 최대한 이용할 수가 없다. 가장 안정된 투자일 수 있는 집조차 확실하게 마련할 수 없다. 당신도 알다시피, 집은 대부분의 사람이 40세를 넘어서 투자하게 된다. 게다가 투자액도 만만치 않다.

나는 시카고에서 북쪽으로 30킬로미터 정도 떨어진 곳에 보금자리를 마련했다. 그때가 1952년으로, 투자액은 1만 9,500달러였다. 지

금 팔면, 25만 달러는 쉽게 받아낼 수 있다. 결국 23만 달러 정도를
번 셈이다. 만약 내가 3~4년마다 이사를 다녔다면 꿈도 꾸지 못했
을 거금이다.

　이런 점에서 군인은 정말 불리하다. 직업적인 이유 때문에 군인은
몇 년마다 다른 지역으로 옮겨다녀야 한다. 따라서 특정 지역에 투
자한다는 것은 현실적으로 불가능하다. 물론 군에 복무하는 한 안정
된 수입을 보장받지만, 안정을 재산과 똑같이 취급할 수는 없는 노
릇 아닌가!

　재산이란 당신이 원하는 대로 처분할 수 있는 것을 뜻한다. 그렇
다고, 군인이 부자가 될 수 없다는 뜻은 절대 아니다. 다만 특정 지
역에서 제공되는 기회를 이용할 수 없다는 현실적 이유 때문에, 다
른 직종의 사람보다 조금 어렵다는 뜻일 뿐이다. 따라서 군인이 부
자가 되기 위해서는, 다른 사람보다 좀더 머리를 쓰고 노력하는 자
세가 필요하다.

　군인보다는 덜하지만, 기업체의 경영진도 자주 전근을 다녀야 하
기 때문에 이런 불리함을 안고 있다. 그러나 그들에게는 스톡옵션이
라는 커다란 무기가 있다.

[11] 젊은 세대가 더 부자를 원하고 있다

해리스 은행에서 극진히 모시는 고객이 한 분 있다. 적게 잡아도 1억 달러의 재산을 보유한 고객이다. 그는 1923년 시카고 대학 법학과를 졸업했다. 졸업 당시, 그를 비롯한 모든 졸업생이 부자가 되겠다는 꿈에 부풀어 있었다. 누구나 가장 먼저 백만장자가 되겠다고 호언장담을 했고, 실제로 그들 대부분이 1백만 달러 이상의 부자가 되었다.

나는 테네시 주 메리빌에 있는 메리빌 대학을 1937년에 졸업했다. 당시는 대공황의 여파로 경제가 깊은 침체에 빠져 있던 때였다. 부자가 되겠다고 떠벌리는 친구는 아무도 없었다. 졸업 전에 직장을 구하는 것만도 천만다행이었다. 실제로 그런 학생은 영웅 취급을 받았다. 그렇다고 우리에게 부자가 되고 싶은 꿈조차 없었던 것은 아니다. 어쩌면 대공황을 경험한 우리 세대보다 부자가 되고 싶은 욕망에 사로잡혔던 세대는 없었을 것이다.

그러나 공황에 빠진 시대에 부자가 된다는 것은 터무니없는 공상이나 결코 이루지 못할 환상처럼 여겨졌다. 그래서 우리 세대가 가졌던 첫번째 목표는 허약한 경제를 다시 살리는 것이었다.

그렇게 힘겨운 시대가 끝나고, 1960년대와 1970년대가 되면서「히피족」세대가 시작되었다. 그들은 재산을 문자 그대로 우습게 보았다. 지저분한 외모와 반항적인 태도로 그런 철학을 극명하게 보여주었다.

내 자식은 이 세대의 언저리에 있다. 그 녀석이 친구들과 나누는 대화를 엿들은 적이 있었다. 그들은 부모 세대가 재산을 축적하는 데 너무 많은 시간과 정력을 허비한다고 생각했다. 그들은 결코 우리 같은 방식으로 삶을 살 자세가 아니었다. 그들에게 우리와 똑같은 방식으로 살아주기를 기대하거나 강요할 수도 없다.

그러나 이런 소극적인 태도가 젊은이에게만 국한된 것은 아니었다. 모든 연령층에 만연되어 있었다. 적어도 1970년대에는 그랬다. 인플레이션 때문에 세금이 천정부지로 뛰어오르자, 적잖은 봉급을 받고 있던 내 동료를 비롯해서 대다수의 중년층이 거의 절망 상태에 빠져들었다. 부자가 된다는 꿈을 아예 접어버렸다. 1979~1980년에 접어들면서, 중년층의 이런 비관적 체념은 절정에 이르렀다.

1979년 말, 나는 아이오와 주 두부크에서 강연할 기회가 있었다. 내 스폰서 역할을 해주던 두부크 신탁저축은행의 부탁 때문이었다. 강연이 끝나고 질의응답 시간이 있었다. 뒷줄에 앉아 있던 한 신사가 일어서더니 이렇게 말했다.

"영 씨, 참 순진하십니다. 요즘 같은 세상에 어떻게 버는 돈보다 덜 쓰고 저축을 하라고 말씀하실 수 있습니까? 그래요, 저도 은행에서 15%의 이자를 받습니다. 하지만 50%를 세금으로 뜯깁니다. 결국 세금을 떼고 나면, 남은 것은 7.5%뿐입니다. 그런데 인플레이션율은 12% 안팎입니다. 결국 저는 앉아서 손해 보고 있는 꼴이 아닙니까? 그런데도 저축을 하라니, 말이 됩니까?"

나는 그에게 이렇게 대답해 주었다.

"숫자를 두고 왈가왈부하기는 싫습니다. 당신 말이 절대적으로 옳습니다. 하지만 저축을 하지 않은 사람은 당신보다 절반은 빨리 망하고 말 겁니다."

내 대답에 강연장은 웃음바다가 되었다.

나는 1981년 샌 안토니오의 라디오 방송에 출연했을 때에도 똑같은 질문을 받았다. 이번에는 텍사스 오스틴 출신의 한 청취자였다. 그는 오스틴에서 장거리 전화까지 해대며, 아이오와 주 두부크의 신사와 똑같은 논리로 내 주장에 강력히 반발했다.

두 사람을 비롯해서 이런 생각을 가진 많은 사람이 착각하고 있는 것이 있다. 첫째, 그들이 항상 소득의 50%를 세금으로 뜯기는 것은 아니라는 점이다. 가령 건강이 나빠져 병원 신세를 졌을 경우, 세율은 거의 0%로 떨어진다. 실제로 그런 일은 비일비재하다. 둘째, 세율이 낮춰질 수도 있다는 점이다. 실제로 인플레이션은 여전히 극성이었지만 세율은 1982년부터 떨어졌다. 결국 정반대 현상이 벌어진 꼴이었다. 게다가 시간이 지날수록, 인플레이션율은 조금씩 떨어져 현재는 거의 0%에 가깝다.

인플레이션이 극성을 부리는 동안에도 저축을 해서, 그 돈으로 고수익을 보장하는 장기채권이나 바닥까지 떨어진 주식에 투자한 사람은 요즘 큰돈을 벌고 있다.

1980~1982년 사이에, 중년층과 중산층은 여전히 비관적 절망에

헤매고 있었지만 젊은 층은 조금씩 생각을 바꾸어가고 있었다.

당시 나는 강연장마다 내가 쓴 책을 들고 다녔다. 내 책을 사고 싶어하는 사람은 어디에나 있었으니까. 강연이 끝나고 나면, 어머니들이 나에게 몰려와서 이렇게 말했다.

"영 씨, 당신 책을 한 권 사고 싶어요. 제 아들을 위해서 자필 서명을 해주셨으면 좋겠어요……. 혹시 미래의 백만장자를 위해서 좋은 말씀을 써주실 수 있을까요?"

그럼 나는 이렇게 물었다.

"저런, 자제분이 미래의 백만장자인 모양이군요?"

"그럼요. 그렇게 결심이 대단한 아이는 보시지 못했을 거예요. 부자가 되겠다고 단단히 결심한 아이라고요."

"그렇군요. 그런데 몇 살이지요?"

"열넷이요."

"열여섯이요."

대답은 지역에 따라 달랐다. 그러나 나는 그런 대답을 어디에서나 들을 수 있었다. 펜실베이니아의 요크, 텍사스의 에머릴로, 네브래스카의 링컨, 위스콘신의 워터타운 등등 어디에서나 들을 수 있었다. 젊은 세대에게 무엇인가 변화가 일어나고 있었다. 다만 기성세대만이 그것을 모르고 있었을 뿐이다.

미주리 대학 동창회는 미주리 대학에 입학하는 신입생의 의식변화를 살펴보는 설문조사를 매년 실시한다. 1980년에는 3,316명의 신입생이 그 조사에 응답했다. 1968년의 신입생은 인생의 첫째 목표를 「의미 있는 철학적인 삶」에 두었다. 적어도 1968년에는 그랬다. 그러나 1980년의 신입생은 그런 목표를 여섯번째 순위에 두었을 뿐이다. 그들에게, 즉 1980년의 신입생에게 첫째 목표는 쉽게 말해서 「부자가 되는 것」이었다. 놀라운 것은, 남학생보다 여학생이 「부자」를 첫째 목표로 선택했다는 점이다.

『미주리 대학 동창회보』 1987년 1~2월호에는 1985년 신입생(1989년 졸업생)의 의식을 조사한 결과가 상세히 실려 있다. 물론 조사에 참여한 2,908명의 신입생은 「부자가 되는 것」을 첫째 목표로 삼고 있다.

미주리 대학 신입생의 의식이 미국 대학생 전체의 의식을 대표한다고 생각하지 않을 이유가 없다. 젊은 층의 이런 현격한 의식변화는 부모 세대에도 영향을 주었다. 그런 덕분인지, 1992년 현재 내가 옛날과 똑같은 식으로, 즉 저축하고 투자해서 부자가 되라고 강연해도 내 의견에 반박하는 사람은 없다. 이처럼 모든 연령층에서의 의식변화를 한 마디로 요약하면, 「적극성」이다.

☐ 지금이 부자가 될 수 있는 절호의 찬스인가

나는 1980년대가 「거지에서 부자로」 변신할 수 있었던 절호의 찬스였다고 자신 있게 말한다. 세 가지 이유 때문이다.

(1) 인플레이션에 따라 조절되는 세금을 떼고 난 후의 1인당 가처분소득은 내가 부자가 되기로 결심한 30년 전보다 2배가 올랐다. 다시 말해서, 보통국민이면 30년 전보다 저축하기가 2배만큼 쉬워졌다는 뜻이다. 1957년부터 1986년까지 소비자 물가지

수는 290% 상승했다. 그러나 같은 기간 동안 1인당 가처분소득은 580% 상승했다.

물론 보통국민이 저축하기가 어느 때보다 힘든 시기가 여러 번 있었다. 다음 그래프에서 보듯이, 1930년 100달러를 기준으로 소비자 물가지수와 1인당 가처분소득이 로그 눈금으로 표시되고 있다. 실선은 1인당 가처분소득을 나타내고, 점선은 소비자 물가지수를 나타낸다. 두 선 사이의 폭이 커질수록, 저축하기 쉬워진다는 뜻이다.

그럼 저축하기 힘든 때는 언제인가? 1930년부터 1935년까지는 소비자 물가지수가 하락되었음에도 허리띠를 바싹 졸라매야 했던 시기이다. 그래프에서 보듯이, 1인당 가처분소득이 소비자 물가지수보다 더욱 큰 폭으로 떨어졌기 때문이다. 1인당 가처분소득이 실제로 상승해서 소비자 물가지수를 넘어서기 시작한 때는 1939년부터였다.

해리스 은행 경제분석팀의 추정에 따르면, 1992년의 소비자 물가지수는 2.6%, 1인당 가처분소득은 5.9% 상승할 것으로 예측된다. 실질 가처분소득(세금과 인플레이션을 감안한 소득)이 2.9% 상승한다는 것은 결국 보통국민이라면 어렵지 않게 저축할 수 있는 상황이라는 뜻이다.

나는 「보통국민」이라는 표현을 즐겨 사용한다. 요즘 같은 시기에 저축할 수 없다면, 어떤 이유이든지 간에 당신은 보통 이하의 국민이다. 당신이 진정으로 부자가 되고 싶다면, 당신 주변을 면밀히 분석해서 잘못된 점이 무엇인지 객관적으로 평가할 수 있어야 한다. 그렇지 않으면, 다음에 이야기할 최적의

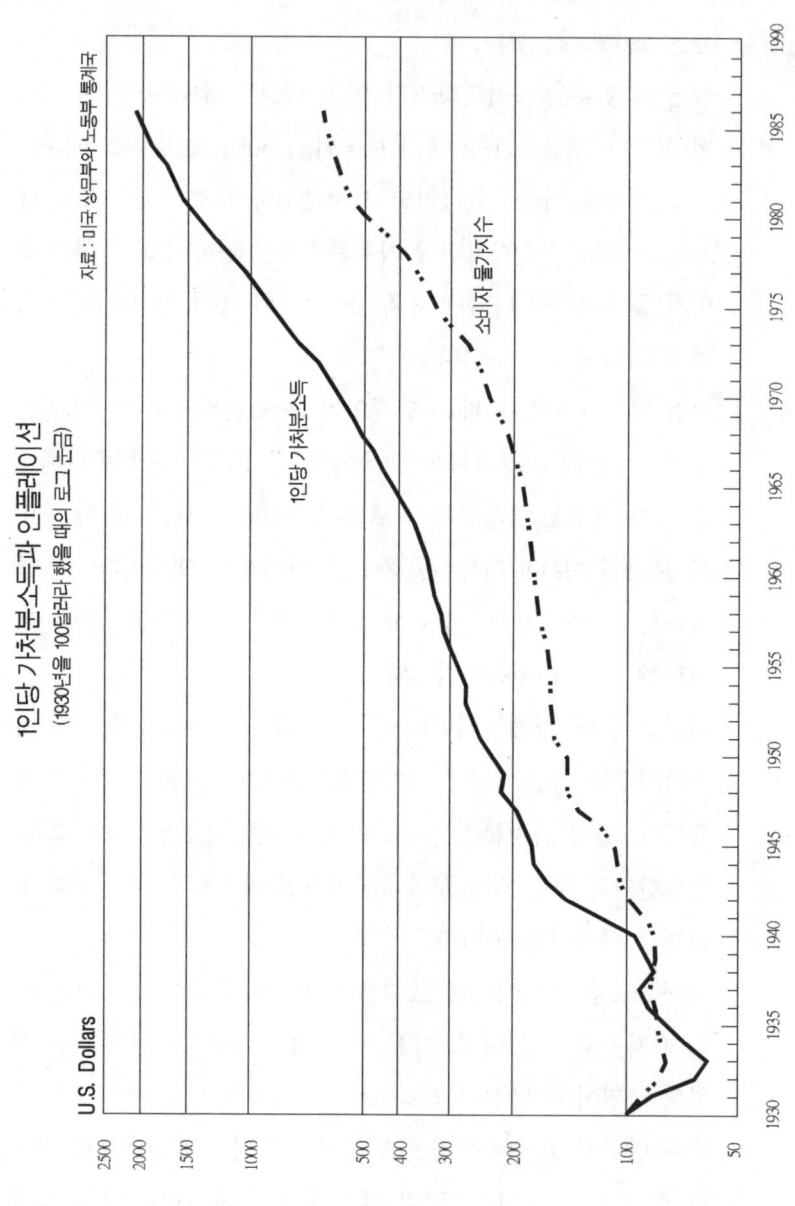

1인당 가처분소득과 인플레이션
(1930년을 100달러라 했을 때의 로그 눈금)

U.S. Dollars

1인당 가처분소득

소비자 물가지수

자료 : 미국 상무부와 노동부 통계국

186

기회를 놓칠 것이기 때문이다.

(2) 내가 몸부림치던 30년 전보다 요즘 부자가 되기 쉽다고 말하는 두번째 이유는 저축으로 얻어낼 수 있는 수익이 훨씬 높기 때문이다. 이자율과 인플레이션율의 격차로 결정되는 실질수익도 훨씬 높다.

35년 전, 우리는 저축에서 4.5%의 수익을 얻어도 함박웃음을 지었다. 당시 인플레이션율이 1.3% 안팎이었기 때문이다. 결국 실질수익률이 3% 정도로, 그 이후로 3%는 실질수익률의 기준처럼 여겨졌다. 그러나 지난 몇 년 동안, 실질수익률은 9%를 넘어섰다. 물론 1991년 말부터 급격히 떨어지고 있지만, 더 떨어져도 상관없다. 왜냐하면 여전히 기준치인 3%를 넘어서고 있기 때문이다.

(3) 요즘 부자가 되기 쉽다고 말하는 세번째 이유는 세금우대조치가 있기 때문이다. 개인연금저축과 같은 제도를 활용할 수 있다는 뜻이다. 1986년 개정된 세법으로 면세점이 확대되었지만, 세금우대조치는 여전히 매력을 잃지 않고 있다.

내가 성공하려고 몸부림치던 30년 전에는 가난한 사람에게도 세금은 인정을 두지 않았다. 오히려 부자만이 그런 우대조치를 누릴 수 있었다.

결론으로 한 마디!

저축할 돈이 없어! 인플레이션, 고세율 등 갖가지 이유 때문에 돈을 모을 수가 없어! 그런 변명을 하지 말라. 그러다 보면, 당신은 영원히 쪼들리며 살아야 할 것이다.

☐ 부자가 되려면?

1987년 6월 14일, 마이클 버뮐런은 「우리는 무엇을 버는가」라는 제목의 아주 흥미로운 기사를 『퍼레이드』(일요판)에 기고했다. 그는 노동부 통계국의 자료를 인용해서, 인플레이션을 감안하면 미국 중산층의 소득이 1973년보다 7.2% 가량 감소했다고 주장했다. 그의 주장에 따르면, 1973년 중산층의 소득은 2만 5,447달러였다. 그러나 1986년의 소득에 대한 최근의 자료에 따르면, 인플레이션을 감안할 때 2만 3,618달러로 떨어졌다.

이해가 되지 않을 것이다. 지난 4년 동안 인플레이션율도 낮았고, 1973년 이후 맞벌이가 본격적으로 시작되면서 소득도 크게 늘었을 텐데. 대체 이런 현상을 어떻게 설명해야 할까? 게다가 내 경우는 마이클의 주장과 전혀 다르다. 내가 그 기간의 중간쯤이던 1979년 12월 31일 해리스 은행을 퇴직했음에도 우리집 소득은 같은 기간 동안 490% 가량 늘었다.

「중산층」 가정의 소득은 「평균」 가계소득과 전혀 다른 개념이다. 1인당 가처분소득과도 다른 개념이다. 「중산층」은 문자 그대로, 그들보다 부자인 가정의 수와 그들보다 가난한 가정의 수가 똑같다는 뜻이다. 그야말로 가계소득이 중간점에 있는 계층이다.

내 생각에, 중간소득층과 저소득층은 봉급이나 임금에 크게 의존한다. 말하자면, 봉급이나 임금이 주된 소득원이라는 뜻이다.

그러나 상당히 오래 전부터 개인소득 총액에서 봉급이나 임금이 차지하는 비율이 점점 줄어들고 있다. 가령 1986년에는 59.6%를 차지할 뿐이었다. 따라서 당신의 수입원이 봉급이나 임금뿐이라면, 전체 개인소득에서 40.4%를 창출하는 데 소극적이라는 뜻이다. 그러나 40.4%라면 엄청난 비율이다. 결국 당신의 봉급 인상이 평균을 훨씬 초과하지 않는다면, 당신의 가계소득은 앞에서 언급한 중산층 가정처럼 뒤떨어질 수밖에 없다.

부자가 되고 싶다면, 봉급이나 임금 이외에 다른 소득원을 찾아나서야 한다. 다른 소득원이란 대체 무엇일까? 상무부 경제분석국에서 제공한 다음 〈표 8〉을 보자.

1973년 개인소득 총액은 1조 1,020억 달러였다. 여기에서 임금과 봉급이 차지하는 비율은 64.3%였다. 1986년이 되면서, 개인소득의 총액은 3조 4,860억 달러로 상승했지만 임금과 봉급이 차지하는 비율은 59.6%로 떨어졌다. 간단히 말해서, 고임금의 제조업에서 저임금의 서비스 산업으로 경제구조가 전환되었기 때문에, 개인소득을 창출하는 다른 소득원이 임금이나 봉급에 비해서 급속히 성장했다는 뜻이다.

경제분석국의 정의에 따르면, 「기타 노동소득」은 「사용자가 비공

〈표 8〉 개인소득

개인소득원	1973년 (전체 1조 1,020억 달러)	1986년 (전체 3조 4,860억 달러)
	백분율(%)	백분율(%)
임금과 봉급	64.3	59.6
기타 노동소득	4.5	6.0
재산소득	9.8	8.0
임대소득	2.6	0.4
배당소득	2.4	2.3
이자소득	8.5	13.7
이전지급	11.7	14.8
사회보험	−3.8	−4.8
	100.0	100.0

식 장려금·복지기금·업무수당 등의 형태로 내놓는 돈」이다. 직장을 자주 바꾸는 사람은 「비공식 장려금」을 요구할 권리가 없을 것이므로, 개인소득원에서 두번째로 성장률이 큰 「기타 노동소득」은 그림의 떡일 뿐이다. 이 항목의 총액은 1986년에 무려 2,090억 달러였다. 가볍게 웃고 넘길 소득원이 아니다.

「재산소득」이 차지하는 비율은 9.8%(1973년)에서 8.0%(1986년)로 떨어졌다. 부동산 소유자의 소득이 다른 계층에 비해서 급속히 늘었다는 소문을 감안할 때, 상당히 놀라운 현상이다.

그러나 이 항목에 포함되어 있는 농장소득은 실제로 1973년부터 1986년까지 23%가 하락했다. 반면에, 부동산 소유자는 기업에 주는 세금 혜택을 누리기 위해 기업 형태로 전환하는 기민함을 보여주었다. 따라서 기업화된 부동산소득은 이 항목에서 제외되었다. 자영할 경우, 재산소득은 세번째로 중요한 가계소득원이다.

「임대소득」은 놀랍게도 개인소득 총액의 겨우 0.4%를 차지할 뿐이다. 가장 낮은 비율이다. 그 이유는 대부분의 임대업이 기업화되었기 때문일 것이다. 또한 자가(自家)를 소유하더라도 세금우대조치를 받기 위해서 콘도미니엄을 선호하는 사회 현상이 임대소득의 하락을 설명해 준다. 나는 이런 형태의 소득원이 없다.

「배당소득」은 성장률에서 개인소득 전체와 똑같다. 특별히 좋을 것도 나쁠 것도 없는 현상이다. 왜냐하면 기업은 고수익을 올렸지만 배당금을 크게 늘리지 않았다는 뜻이기 때문이다.

그러나 기업이 수익을 재투자하기 위해 주주에게 충분한 배당금을 나누어주지 않았더라도, 주주는 낮은 배당금에 불만을 가질 이유가 없다. 이윤의 재투자가 결국 주가의 상승으로 나타날 것이기 때문이다. 이런 유형에 속하는 기업이 제약업, 사무자동화 관련 기업, 금융업이다. 반면에 수익을 재투자하는 대신 주주에게 충분한 보상을 할 경우, 주주는 넉넉한 배당금을 받게 된다. 이런 유형에 속하는 기업은 실용품업, 광공업 및 금속, 일부 제조업이다.

1986년, 배당소득은 총 812억 달러였다. 되도록 젊은 나이부터 배당소득에 관심을 가져야 한다. 내 경우는 배당소득이 차지하는 비중이 가장 높다.

「이자소득」은 성장률이 가장 빠른 소득원이다. 1973년 개인소득 전체에서 8.5%에 불과하던 것이 1986년에는 13.7%로 급증했다. 이런 현상은 이자율이 엄청나게 높았다는 사실에서 기인하는 것이다. 그러나 향후 13년 동안 이자소득은 이처럼 급증할 수 없을 것으로 판단된다. 왜냐하면 엄격하게 말해서 그런 폭발적인 이자율은 비정상이기 때문이다. 여하튼 내 경우에는 이자소득이 두번째로 높은 소득원이다.

「이전지급」. 빼놓을 수 없는 소득원! 사회보장금, 공무원 및 군인의 퇴직연금이 대부분을 차지한다. 개인소득 전체에서 무려 14.8%를 차지하고 있다. 1986년 이전의 지급 액수가 5,138억 달러였다는 사실이 믿어지는가? 내 경우에서도 네번째로 큰 소득원이다.

결론!

인생의 목표가 부자라면, 잊지 않아야 할 것이 있다. 당신의 임금이나 봉급에서 최대한 많이 저축하고, 개인소득 전체에서 40.4%를 차지하는 다른 소득원으로도 관심을 돌려라. 그렇지 않으면, 당신은 인생에서 뒤떨어진 사람, 기껏해야 평범하게 살아가는 사람이 되고 말 것이다.

12 유식하다고 부자가 되는 것은 아니다

내 주변에는 높은 학력을 자랑하는 사람들이 꽤 많다. 변호사, 의사, 교수, 과학의 천재라고 자처하는 사람들이다. 그러나 그들 중 일부는 자기 앞가림하는 데에도 버둥대는 한심한 모습을 보여준다. 미안! 그들 모두가 그렇다는 것은 아니다. 일부가 그렇다는 것이다. 오해 없기 바란다.

반면에 나와 거래했던 백만장자들 중에는 무학에 가까운 사람도 적지 않았다. 영리한 체하기보다 오히려 어리숙한 모습을 보여주는 사람들이었다.

어떻게 그런 사람이 부자가 될 수 있었을까? 간단하다. 내가 말한 대로 했다. 버는 것보다 덜 썼고, 그 차액을 어딘가에 투자했다. 그리고 그것의 가치가 오르면서, 그들은 부자가 되었다.

사실이 그렇다. 무식한(?) 사람보다 유식한(?) 사람이 저축하기가 더 힘들다. 왜 그럴까? 공부를 많이 한 사람이 훨씬 고상한 취미를 갖고 있기 때문이다. 고상한 취미를 즐기려면 돈이 많이 들 수밖에 없지 않은가! 물론 공부를 많이 한 사람은 소득도 높다. 그러나 그럴 듯한 휴가를 즐기고, 남 보기 부끄럽지 않은 집이나 자동차를 소유해야 하고, 옷도 유행에 맞추어 입어야 한다. 결국 소비가 소득만큼이나 고급인 셈이어서, 투자할 여력이 생기지 않는다. 그럼 결과는? 부자가 될 수 없는 거지.

따라서 젊었을 때 공부하지 못해서 성공하지 못한다고 불평할 것이 아니다. 그런 불평이나 해대고 시간을 보낸다면 당신만 손해다. 누구나 부자가 될 수 있다. 그저, 당신이 얼마를 벌든 간에 버는 것보다 덜 써라. 그리고 오를 만한 것에 그 차액을 투자하라. 그렇게 되면, 공부를 많이 한 사람이 당신을 깍듯이 섬겨줄 테니까.

그러나 오해하지 말라. 나는 교육 반대론자가 아니다. 오히려 나는 가능하다면 교육을 많이 받으라고 권하는 사람이다. 그러나 최고 학부를 졸업하더라도, 지나친 자신감에 빠지지 않도록 항상 조심해야 한다. 가령 당신이 최고 우등생으로 졸업했다고 해보자. 그럼 당신은 누구보다도 뛰어나다는 자만심에 빠져 열심히 일하지 않을 수 있다. 세상도 당신의 명석함을 인정해 줄 것이라 믿는다.

그러나 세상은 당신 생각대로 그렇게 호락호락하지 않다. 말하자면, 교육을 많이 받았다고 부자가 될 수 있는 것은 아니다. 당신을 부자로 만들어주는 것은 투자이다. 그리고 투자는 교육받은 사람에게나 교육받지 못한 사람에게나 똑같은 기회를 보장해 준다.

13 부자가 되려면 기록에 충실하라

대체, 돈이 어디로 흘러가는 것일까? 나는 예산 짜는 일을 반대하지는 않지만, 시시콜콜하게 예산을 세우라고 하지도 않는다. 예산 짜는 일에 나는 별다른 흥미가 없다. 또한 그런 일은 대부분의 사람을 미치게 만든다.

그러나 자신의 돈이 어떻게 흘러가고 있는지 정도는 알아야 한다. 대부분의 사람이 연말에 세금을 정산해야 하기 때문에, 그 해 어느 정도의 돈을 벌었는지 알고 있다. 그러나 그 돈이 어떻게 쓰였는지 아는 사람은 극히 드물다. 제너럴 모터스나 AT&T처럼 거대기업은 돈이 어떻게 쓰였는지 정확히 파악하고 있지만, 자신의 재정 상태가 어느 정도인지 꿰뚫고 있는 개인은 드물다.

이상하지 않은가? 당신의 수입 중에서 어느 정도가 의식주를 위해 쓰였는가? 또한 교육비, 의료비, 교통비, 오락비, 보험료, 세금이나 저축은 당신 수입에서 몇 퍼센트를 차지하는가? 그런 모든 것을 알고 나서도 당신의 소중한 돈을 그런 식으로 쓰겠는가? 옷값이나 식비나 오락비에서는 더이상 줄일 것이 없다고 말하지 말라. 당신보다 수입이 적은 사람을 생각해 보라. 그들도 당신만큼 그런 것에 돈을 써대고 있는가? 순전히 핑계일 뿐이다. 초라하게 보이기 싫다는 체면 때문이다. 싸구려 음식을 먹을 수 없다는 오만 때문이다. 즐길 것은 즐겨야 한다는 그릇된 생각 때문이다.

내가 여기에서 분명히 말하고 싶은 것은, 소비를 최대한 절제해야 한다는 것이다. 그렇지 않을 경우, 당신은 이 책을 읽을 필요도 없다. 진리를 말해 볼까? 소비한 돈은 건설적인 곳, 즉 투자에 쓰일 수 없다. 당연한 것처럼 들리지만 진리이다.

간단한 실례를 들어보자. 일리노이 주 북부에서는 겨울 동안 난방에 만만찮은 돈이 들어간다. 그래서 나는 집안의 화장실이나 창고 문을 꼭꼭 닫아놓는다. 그런 곳까지 난방하느라 돈을 낭비하고 싶지 않기 때문이다. 잠깐 쓰는 화장실과 창고를 난방하는 데 쓰이는 돈만큼 주식에 투자할 수 없다. 그렇게 모은 돈으로 투자한 주식이 천정부지로 뛰어오를지 누가 알겠는가.

당신 생활에서도 그렇게 낭비되는 부분이 없는지 살펴보아라. 당신도 모르는 사이에 새어나가는 돈이다. 그렇게 지출되는 액수가 매년 어떻게 변해 가고 있는가? 당신 능력으로 도저히 어떻게 해볼 수 없는 것인가? 아니면, 어느 정도까지 줄일 수 있겠다고 생각되는가? 그러나 무엇보다 먼저 해야 할 일이 있다. 당신 돈이 어디로 흘러가고 있는지를 파악해야만, 지출을 줄이기 위한 실질적인 조치가 가능해진다.

앞으로 몇 년 동안 매주 지출되는 돈의 흐름을 면밀히 분석하라. 당신이 진정으로 부자가 되고 싶다면, 그런 일에 짜증내지 말고 재미삼아 할 수 있어야 한다. 대부분의 가정에서는 음식비, 의상비, 주택비(주택융자금 혹은 가구 장만비나 보수비), 난방비, 수도료, 전기료, 통신비, 교통비, 교육비, 오락비, 보험료, 세금, 의료비 등을 꼼꼼히 챙기면 충분하다.

당신 돈이 어디로 흘러가고 있는지 알아내고, 소중한 돈을 효과적으로 지출하는 방법을 찾아내면, 당신은 지출을 상당부분 줄일 수 있다. 이렇게 생각해 보라. 치사하다고 생각될 수 있겠지만, 일당 지출액, 시간당 지출액, 분당 지출액까지 따져보라.

현재와 같은 생활방식에서, 당신 가족이 분당 얼마를 지출하고 있는지 아는가? 우리집은 하루에 49달러를 지출한다. 결국 시간당 2.04달러, 분당 3.4센트를 지출한다. 토요일이나 일요일, 휴일을 포함해서 그렇다. 다만 소득세(이것은 버는 액수에 따라 결정되는 것이지, 지출하는 액수에 따라 결정되는 것이 아니다)와 기부금은 제외했다.

당신 가정을 꾸려가는 데 얼마가 필요한지 알아야 할 이유가 뭘까? 첫째 이유, 당신이 지출하는 것보다 버는 것이 많다는 것을 분명히 깨닫게 해주기 때문이다. 둘째 이유, 지출액을 심각하게 받아들일 때 빈둥거릴 틈이 없어지기 때문이다. 예를 들어, 아침에 일어나서 이렇게 생각해 보라.

"짜증나는 하루가 시작되었구먼. 재미도 없는 하루를 또 어떻게 지내야 하지? 하지만 머뭇거릴 틈이 없어. 가만히 앉아만 있어도 하루에 49달러가 날아간다고. 게으름을 피워서는 안되지, 아암! 오늘도 하루를 보람차게!"

이렇게 생각한다면, 당신은 나날이 활기찬 사람으로 변할 것이다.

반드시 기록해야 할 것이 또 하나 있다. 당신이 보유한 재산의 순가치를 1년 단위로 따져보는 것이다. 순가치가 매년 상승하지 않는다면, 당신은 결국 뒤떨어지고 말 것이다.

이유는? 간단하다. 당신은 한 살을 더 먹었으니, 돈을 벌 시간도 그만큼 줄어들었기 때문이다.

재산의 순가치를 따져볼 가장 좋은 시간은 매년 2월 1일이다. 논리적으로 따지면 1월 1일이 되어야겠지만, 아마 그럴 여유가 없을 것이다. 당연한 것 아닌가! 1월 1일은 한 해가 새롭게 시작하는 날이니, 따로 생각할 일이 많지 않겠는가! 또한 크리스마스에 신용카드로 쓴 돈을 아직 결제하지 않았을 테니, 당신이 연말 현재에 보유한 재산을 정확히 따지기가 상당히 힘들다.

그러나 2월 1일쯤이면 거의 모든 것을 지불하였을 테니, 진지한 자세로 앉아서 당신의 순자산을 계산해 보면서 새로운 마음으로 각오를 다질 수 있을 것이다.

재산의 순가치를 따질 때, 절대 과장해서는 안된다. 현금, 다시 말해서 언제라도 현금화할 수 있는 것만을 따져라. 가령 은행에 저축된 돈, 주택의 가치(융자나 저당이 있다면, 당연히 그만큼을 제외해야 한다), 주식이나 채권의 시장가치, 생명보험증권의 현금가치 등이다. 가구, 자동차, 옷 등을 포함시켜서는 안된다. 새로 장만한 자동차나 냉장고, 새로 맞춘 양복도 0원으로 처리하라. 그런 것은 어차피 당신이 좋자고 장만한 것이니까.

이렇게 해서 당신에게 남는 것은 무엇일까?

첫째, 당신이 매년 부자를 향해 얼마나 다가가고 있는지를 알려준다. 둘째, 당신이 진짜로 부자가 되고 싶다면 소비 습관에도 영향을 미친다.

다른 예를 들어보자. 얼마 전, 나는 시카고 청년연맹의 후원 회원을 대상으로 「부자가 되는 법, 부자로 남는 법」이라는 주제로 강연을 하게 되었다. 후원 회원은 엄격히 말해서 청년연맹의 회원이 아니다. 40세가 되면 더이상 「청년」으로 대접받지 못해, 청년연맹을 탈퇴해야 한다. 대신, 원할 경우 후원 회원이 될 수 있다.

청년연맹의 후원 회원은 시카고에서 막강한 힘을 자랑하는 단체이다. 그들만이 드나들 수 있는 회관까지 보유하고 있고, 역동적으로 사회활동을 펼치는 여성을 회원으로 받아들인다. 그처럼 선택받은 여성들 앞에서 강연할 기회를 가질 수 있었던 것은 나로서는 상당한 영광이었다.

내 이웃 하나가 그 회원이었다. 그녀는 내 아내를 그 강연회에 초대해서 나를 놀라게 해줄 생각이었다. 아내는 그런 과분한 초대를 받자, 마땅히 입을 옷이 없다며 걱정했다. 따라서 그런 자리에 어울리는 옷을 샀다.

한편 후원회에 연사로 초빙된 나는 독특한 관례에 따라야 했다. 연사는 강연이 시작되기 전까지 아무도 만날 수 없었다. 그런 관례는 지금도 그대로 지켜지고 있다. 연사는 강단 옆에 붙은 조그만 방에 앉아 커피나 홀짝대고 있을 수밖에 없다. 회원들이 강연장에 모여 담소를 나누고 있는 동안, 연사는 그렇게 조그만 방에 혼자 앉아 강연할 내용이나 정리하고 있어야 한다.

드디어 시간이 되어, 나는 강단으로 올라갔다. 빨간 드레스를 입고 앞에서 네번째 줄에 앉아 있는 아내가 눈에 들어왔다. 내가 보기에도 멋진 드레스였다. 강연장의 모든 여자는 '영 씨, 정말 아름다운 부인을 두셨군요!'라고 생각했겠지만, 나는 아니었다. 내가 아내를 본 순간 무슨 생각을 떠올렸는지 짐작할 수 있겠는가? 비웃지 말라. '내 재산 200달러는 날아갔구나!'라는 것이었다.

당신의 순가치를 매년 따져볼 때, 소비 습관이 바뀌게 된다는 뜻을 이제 이해하겠는가? 그래, 백화점이나 스포츠 용품점을 가보라. 당신의 소비욕을 자극하는 물건들이 쌓여 있다. 그런 물건을 구경할 때마다, 당신은 '저것 좀 봐! 나에게 어울릴까?'라고 생각한다. 그리고 대답은 언제나 '그렇다'이다. 당신에게 어울리지 않는 물건이 어디에 있겠는가!

그러나 잠시 숨을 돌리고 생각해 보자. 그런 물건 하나를 살 때마다, 당신 재산이 20~40달러가 줄어든다. 그런 것으로 내 재산을 마구 줄여가도 될까? 이런 질문에 당신은 '아니오'라고 대답할 수 있어야 한다.

□ 재산 지키기 운동

이 땅에는 재산을 불려가고 싶어하는 사람들이 많다. 나는 그런 사람들에게 조그만 용기라도 주고 싶었다. 실제로, 내가 쓴 책을 읽고 그 책에서 제시한 원칙(이 책에도 그대로 쓰여 있다)에 따라 재산의 순가치를 늘려간 사람들이 나에게 계속해서 감사의 편지를 보내주었다. 그래서 나는 「재산 지키기 운동」이라는 이름으로 새로운 단체를 결성했다.

이 단체에 가입하려면 두 가지 약속을 지켜야 한다.

첫째, 1년에 한 번씩 회장에게 당신의 순자산이 어떻게 변동되었는지 보고해야만 한다. 둘째, 1년에 한 번씩 회장에게 당신의 투자소득이 어떻게 변동되었는지 보고해야만 한다. 봉급은 당신의 생활수준을 결정하지만, 투자소득은 당신을 부자로 만들어주는 디딤돌이 된다.

입회비는 없다. 내가 회장이다. 모든 회원이 부회장으로, 그들의 이력서나 명함에 「재산 지키기 운동 부회장」이라 써야 한다.

1991년 말 현재, 회원은 모두 154명이다. 백만장자도 여덟 명이나 되지만, 대부분의 회원은 앞으로 좀더 나은 삶을 살겠다는 강렬한 의지 이외에 별다른 것을 갖지 않은 사람들이다. 그러나 부자가 되겠다는 강렬한 의지만큼 중요한 것은 없다.

14 부자가 된다고 모든 문제가 해결되지는 않는다

스콧 피츠제럴드가 이렇게 말했다.
"부자는 자네나 나 같은 사람과는 달라."
그러자 어네스트 헤밍웨이가 되받아쳤다.
"맞아, 우리보다 돈이 많을 뿐이야."

헤밍웨이의 지적은 정확했다. 부자는 많은 돈을 가진 사람일 뿐이다. 돈이 주체할 수 없이 많다고, 기본적인 문제까지 벗어날 수 있는 것은 아니다. 이런 점에서는 평범한 사람과 다를 바가 전혀 없다. 건강 문제, 자식 문제, 법률 문제는 재산 규모를 따지지 않는다. 당신에게 문제가 되는 것은 그들에게도 문제가 된다.

오히려 부자만이 겪어야 하는 문제도 있다. 주가가 어느날 갑자기 폭락하지나 않을까, 자식을 유괴해서 몸값을 요구하지나 않을까, 근거 없는 소송에 말려들어 고생하지나 않을까, 자선단체마다 손을 벌려오지나 않을까 등등의 문제이다.

내가 해리스 은행에 근무할 때이다. 커피가 마시고 싶어 직원 전용 카페테리아에 가려고 엘리베이터를 탔다. 두 아가씨가 타고 있었다. 한 아가씨가 친구에게 이렇게 말했다.

"우리 할머니는 돈이 많았다면, 아마 신경쇠약으로 벌써 죽었을 거래."

그러나 문제는 누구에게나 있게 마련이다. 그렇다면 부자가 되는 편이 훨씬 낫다. 당신이 부자라면, 모두가 당신을 도우려 발벗고 나설 것이다. 그러나 당신이 가난하다면 아무리 힘든 문제로 허덕거려도 당신을 도와주려고 나서는 사람이 없을 것이다. 당신 혼자 모든 문제를 감당해야 할 것이다.

15 위기는 곧 기회이다

위기가 닥칠 때 어쩔 줄 몰라 하며 완전히 포기해 버리는 사람이 있는 반면에, 불행에 직면할수록 정신을 바짝 차리고 강인한 성격을 키워가는 사람이 있다.

재테크의 경우에서도 마찬가지이다. 소위 금융 분야에는 곳곳에 위험이 도사리고 있다. 타인의 실패는 곧 나의 이익이라는 정신자세가 필요하다.

앞에서도 말했듯이, 해리스 은행의 고객 중에서 1930년대를 휩쓴 대공황 덕분에 백만장자가 되었던 사람이 꽤 된다. 우리는 대공황기에 모두가 모든 것을 잃었을 것이라 생각해 버린다. 물론 많은 사람이 모든 것을 잃고 거지와 다름없는 신세가 되었지만, 그동안에도 뿔뿔이 흩어진 조각을 주워모아 부자가 된 사람이 있다.

나는 그 이유를 찾아보려 애썼다. 대부분이 모든 것을 잃어버린 시대에, 그들은 어떻게 부자가 되었을까? 교육을 많이 받은 사람은 부자가 되고, 교육을 받지 못한 사람은 모든 것을 잃었던가? 아니었다. 그것은 절대 아니었다. 그럼, 순전히 우연이었던가? 그것도 아니었다. 우연은 그렇게 많은 사람에게 일어날 수 없는 법이다.

내가 그들에게서 찾아낼 수 있었던 단 하나의 공통점은 빚이 없었다는 점이다. 경제붕괴가 시작되었을 때, 그들은 한 푼의 빚도 없었다. 반대로 모든 것을 잃은 사람들은 빚을 지고 있었다. 적어도 그런 시기에 그들이 감당하기에 버거운 빚을 지고 있었다.

또한 대공황을 거뜬히 이겨낸 사람들은 집에 한 푼의 저당도 잡히지 않고 있었다. 덕분에 그들은 이자라는 거추장스러운 부담에서 자유로울 수 있었고, 바닥까지 떨어진 가격으로 온갖 것을 사들일 수 있었다. 빚에 허덕이던 사람들에게는 선택의 여지가 없었다. 갖고 있던 것을 헐값에라도 팔아야 했다.

그렇다고 빚이 없던 사람이 한결같이 대공황을 딛고 부자가 되었다는 뜻은 아니다. 천만의 말씀이다. 빚이 없었지만, 처음부터 빈털터리였던 사람도 있었다. 그들에게도 대공황은 닥쳤지만, 아무것도 건져낼 수 없었다.

또 하나! 대공황이 시작된 초기에 빚을 지고 있던 사람이 모두 빈털터리가 되었다는 뜻도 아니다. 빚을 지고서도 살아남은 사람이 있었다. 그 이유는 정확히 모르겠다. 그래도 내가 분명히 말할 수 있는 것은, 대공황 덕분에 부자가 되었던 사람은 대공황이 시작되었을 때 빚이 없었다.

물론, 대공황에서 비롯된 역경을 이겨내고 부자가 되기 위해서는 많은 것이 필요했다. 용기와 선견지명 그리고 냉철한 판단이 따라야 했다. 또한 돈을 굴릴 줄 아는 사람만이 갖고 있는 다른 능력도 필요했다. 그러나 그런 모든 것을 갖춘 사람도 대공황이 시작되면서 빚에 짓눌려 버렸다면, 그런 능력도 무용지물이었을 것이다.

그러나 재앙이 기회를 만들어준다는 교훈을 얻기 위해서, 구태여 대공황까지 거슬러 올라갈 것도 없다. 1974년 말의 증권시장을 살펴보자. 당시는 수천을 헤아리던 우량 주식이 고전을 면치 못했고, 다우존스 지수도 600포인트를 밑돌던 시기였다. 그러나 대량실업이 발생하고 은행이 문을 닫았던 대공황처럼 불안한 시대는 아니었다. 실업률이 치솟았지만, 전례 없는 풍요를 누리던 시대였다.

그러나 미국을 비롯한 세계경제 그리고 자유기업체제의 장래에 대해 자신감을 거의 상실한 시대였다.

1974년의 마지막 석 달 동안, 다우존스 지수는 최고 675에서 최저 578 사이에서 등락을 거듭했다. 그 기간 동안, 뉴욕증권시장에서만 9억 7천만 주 이상이 거래되었다. 아메리칸 증권시장, 기타 지역 증권거래소, 역외 시장에서도 수백만 주가 거래되었다. 1974년 12월 7일 578포인트에서 시작되었던 다우존스 지수는 1976년 12월 31일까지 1,004포인트까지 가파르게 상승했다.

다시 말해서, 상당수의 투자자가 상당수의 증권을 형편없는 가격에 팔았다는 뜻이다. 그럼 그렇게 싸구려 주식을 사들인 사람은 어떻게 되었을까? 어떤 주식을 팔았다는 것은 곧 사들인 사람이 있다는 뜻이다. 결국 상당수의 투자자가 그런 불안한 시기를 이용해서, 상당수의 주식을 헐값에 사들였다는 뜻이 된다. 1974년 증권시장이 불안에 떨며 붕괴되었을 때, 그들은 그런 기회를 이용해서 돈을 벌어들였다.

나도 그런 사람 중의 하나였다. 내가 당시 상황을 생생하게 기억하는 것도 그런 이유 때문이다. 나는 저축한 돈을 모두 찾았다. 현금을 모두 동원해서 IBM을 52달러에, AON을 4.5달러에, ITT를 14달러에, 일리노이 파워를 15달러에 사들였다.

1991년 말 현재 다우존스 지수는 2,900포인트를 넘어서고 있다. 그야말로 탁월한 선택이라 생각되지 않는가? 그러나 그 주식만이 탁월한 선택은 아니었다. 거의 모든 주식이 가파르게 상승했다. 필요했던 것은 용기와 현금이었다.

1980년대만이 아니라 1990년대에도 미국 경제는 기록적인 변화를 보여주고 있다. 존 나이스비트가 말했던 대로 「메가톤급 대세」이다. 신문에서 매일 그렇게 대서특필하고 있다. 그러나 어떤 변화에서라도 승자가 있으면 패자가 있는 법이다. 당신도 이런 변화에서 승자의 편에 있을 수 있어야만 한다.

내가 지금까지 언급했던 불행은 범국가적인 것으로, 어떤 방식으로든 국민 모두에게 영향을 미친 것이었다.

그럼 지극히 개인적인 불행은 어떨까? 그런 불행에서도 무엇인가를 얻어낼 수 있을까? 그렇다. 개인적인 불행을 통해서 용기와 신념을 굳게 하고, 겸손을 배울 수 있다. R. H. 마시는 6전 7기의 신화를 보여주었다. 여섯 번을 실패했지만, 마침내 백화점으로 재기하는 의지를 보여주었다. 밀턴 허시는 두 번을 거듭해서 실패했지만, 사탕장사로 재기했다.

내가 살아온 과정을 돌이켜보자. 사랑, 직업, 재테크, 심지어 건강에서도 실망한 순간이 있었지만 나는 슬픔을 감추었다. 언제나 행복을 가장하며 살았다.

48세가 되었을 때, 나는 백내장에 걸렸다. 너무나 부끄러웠다. 한창인 나이에 그런 병에 걸렸다는 사실에 두려움이 밀려왔다. 맹인이 될지도 모른다는 두려움이었다. 의사는 백내장 초기라는 진단을 내렸다. 나는 곧장 "그럼 시간이 얼마나 남았습니까, 맹인이 되려면?" 하고 물었다. 의사는 수술만 받으면 괜찮다고 말했다. 대신 2년 내에 수술을 받아야 한다고 덧붙였다.

나는 은근히 부아가 치밀어올랐다. 왜 하필이면 나인가? 그러나 나도 연약한 인간이라는 깨달음에, 내가 마음대로 조절할 수 없는 것이 있다는 깨달음에 나는 한층 겸손해질 수 있었다.

이런 개인적인 불행을 통해서, 우리는 다른 사람의 문제를 더욱 깊이 이해할 수 있게 된다. 전에는 관심조차 없던 맹인을 다른 시각에서 볼 수 있다. 팔다리를 잃은 사람, 정신박약아까지도 달리 보게 된다. 개인적인 불행을 이겨낼 수 있다면, 당신은 불리해진 조건에서 과거보다 훨씬 뛰어난 사람이 될 수 있다.

당신이 선택한 주식, 당신이 틀림없는 것이라 판단했던 주식이 떨어지고 침체를 벗어나지 못할 수 있다. 그렇다고 "돈이 나를 피해 다녀!"라고 실망하고 말 것인가? 아니면 당신이 전지전능아가 아니라는 겸손한 깨달음을 얻을 것인가?

증권시장에는 당신의 판단을 흐리게 만드는 적들이 곳곳에 도사리고 있다. 당신이 매수하는 주식마다 가격이 오른다면, 당신은 마법사라는 착각에 쉽게 빠져든다.

그러나 쓰라린 패배를 맛볼 때, 당신은 겸손한 투자자로 거듭 태어날 수 있을 것이다.

16 │ 부자가 되었다고 생활을 급격히 바꿔서는 안된다

부자가 된다면 무엇이 달라질까? 당신이 부자가 되었을 때, 돈을 어떤 가치 있는 일에 써야 하는가를 묻는 것이 아니다. 우리는 모두 아무런 조건 없이 지원하고 싶은 자선단체가 있게 마련이다. 따라서 내가 묻는 것은, 풍족한 돈이 생기면 생활 습관을 어떻게 바꿔야 하느냐는 것이다. 분명히 말하지만, 전혀 바뀌지 않을 수는 없겠지만 대단하게 바뀌지도 않는다.

나는 어렵게 돈을 번 사람이 흥청망청 써대는 것을 본 적이 없다. 그 정도의 재산이면 무엇이든 할 수 있지만, 예전과 다름없는 모습을 그대로 보여준다.

오래 전, 점잖게 생긴 부부가 해리스 은행을 찾아와 재산관리를 부탁했다. 그는 직접 경영하던 회사를 큰 회사에 넘긴 까닭에, 세금을 제하고도 현금으로 2백만 달러를 갖고 있었다. 그의 아내는 30년 결혼 생활 동안 그렇게 큰돈을 만져본 적은 처음이라고 말했다. 그들은 30년 동안 한 푼이라도 절약하며, 회사 장비와 종업원을 위해서 투자했다. 최소한의 자금만을 생활비로 썼다는 것이다. 그런데 회사를 팔았으니 그들에게 남은 것은 돈밖에 없었다.

자, 그들의 생활이 어떻게 달라졌을까? 나는 부인에게 큰 집으로 이사하겠냐고 물었다. 아니었다. 그런 생각은 눈곱만큼도 없었다. 왜 그랬을까? 그들은 현재의 집을 좋아했고, 이웃과의 사이도 돈독했다. 그랬다, 그들은 이사할 생각을 조금도 하지 않았다. 그럼 새 자동차를 구입했을까? 그것도 아니었다. 그들에게는 낡은 포드가 있었지만, 문제없이 잘 굴러가고 있었다.

나는 부인에게 당장 하고 싶은 것이 뭐냐고 물었다. 그들에게는 무엇이나 할 수 있는 돈이 있다고 덧붙이면서.

그녀는 정말 갖고 싶은 것이 딱 하나 있다고 말했다. 그것은 자동세탁기였다. 그녀에게 자동세탁기는 꿈이었다. 그녀는 집으로 돌아가 세탁기를 장만할 계획을 세웠다. 자, 어떤가? 2백만 달러를 가진 부인이 정말 이렇게 말했다고 믿을 수 있겠는가?

다음날 정오, 나는 그 신사가 라살레 가의 인파를 뚫고 허겁지겁 뛰어가는 것을 보았다. 나는 그를 멈춰세우고, 어디를 그렇게 급하게 뛰어가느냐고 물었다.

그의 대답이 걸작이었다. 시카고 지역신문에 실린 광고를 보았는데, 웨스트매디슨에 있는 매기스 스포츠 용품점에서 골프 공을 세일한다는 것이었다. 1달러에 골프 공을 12개씩이나 준다고. 그는 집으로 돌아가려 공항에 가던 길이었지만 그런 기회를 놓치고 싶지 않았던 것이다. 2백만 달러의 현금을 가진 부자가 세일하는 공 때문에 헐레벌떡 뛰어다녀야 했다. 믿을 수 있겠는가?

나는 앞에서 시카고 주변에서 고형 폐기물 처리업에 종사하던 많은 소기업이 웨이스트 매니지먼트 주식회사에 영업권을 팔아넘겼다는 이야기를 했다. 그들은 수백만 달러의 부자가 되었다.

그들의 성공담도 크게 다르지 않다. 그들도 벌어들인 돈을 사업에 재투자했다. 작업의 효율성을 높여줄 장비를 구입했고, 종업원의 봉급을 주었다. 최소한의 자금만을 생활비에 충당했다. 회사를 팔아넘기고 넘치도록 많은 돈을 손에 쥐었지만, 그들의 생활 습관은 거의 변하지 않았다. 부자들이 모여 사는 동네로 이사할 생각은 꿈도 꾸지 않았다.

나는 그들의 모습에서 많은 것을 깨달을 수 있었다. 나에게도 돈은 전혀 문제가 아니었다. 그래서 예전의 생활에서 단 세 가지만 변화를 주기로 했다.

(1) 나는 운전하는 것이 싫다. 주차할 곳을 찾아 시간을 낭비하는 것도 싫다. 그래서 운전기사를 고용하기로 했다.
(2) 매일 밤 침대 시트를 깨끗한 것으로 갈기로 했다.
(3) 주말이면 싱싱한 꽃을 집으로 배달시키기로 했다. 나는 동네 꽃가게를 찾았다. 내 전화가 없어도 매주 금요일 오후면 싱싱한 꽃으로 커다란 꽃다발을 만들어 내 집에 배달하도록 했다.

⎡17⎦ 부자로 남는 것이 더 중요하다

평생을 땀흘려 일해도, 나중에 아무것도 손에 쥐지 못할 수가 있다. 누구에게나 칭찬받고, 선량한 시민이며, 교회에 열심히 다녀도 마찬가지이다. 모두에게 사랑받고 존경받아도 마찬가지이다.

그러나 부자였다가 가난뱅이로 전락해 버리면, 보통문제가 아니다. 부자에서 가난뱅이로 전락하면, 거의 견디어낼 수 없는 고통이 뒤따른다. 엄청나게 불편하기도 할 것이다. 그뿐만이 아니다. 모든 사람의 눈총까지 이겨내야 한다. 가령 그런 사람이 칵테일 파티에라도 참석한다면, 모두가 손가락질하면서 이렇게 말할 것이다.

"저 친구 봤어? 한때 백만장자였다더군. 그런데 지금 꼴을 보라고. 초라하기 짝이 없지? 완전히 거덜난 거야."

그럼 어떻게 부자로 남을 수 있을까?

첫째 과제는 빚을 갚는 것이다. 부자에게 빚이 있다는 것은 바람직하지 못하다. 빚이 없는 한, 절대 파산하지 않는다.

부자로 끝까지 남기 위한 두번째 과제는? 자산의 일정 몫, 말하자면 30% 가량을 안전한 곳에 묻어두는 것이다. 가령 절대 망하지 않을 것이라 판단되는 회사의 채권, 국채나 지방채에 투자하는 방법이다. 결국 최악의 상황에서도 당신을 지켜줄 것에 30% 가량을 묻어두어야 한다.

셋째 과제는 재산을 여러 곳에 분산해 두는 것이다. 주식을 하더라도, 한 기업이나 한 업종을 집중매수해서는 안된다. 여러 곳에 분산해서 투자해야 한다. 그래야 한쪽이 망하더라도, 다른 쪽이 당신을 지켜줄 수 있을 테니까.

아주 중요한 것이니 잊지 않도록 하라. 그러나 대부분의 투자자가 전문가의 조언 없이는 이런 변화를 꾀하지 못한다.

나는 대학 2학년 때, 이런 사실을 처음 알게 되었다. 나는 1939년 여름을 필라델피아에서 아르바이트하며 보냈다. 한 미망인이 소유한 저택과 몇 채의 아파트를 색칠하는 일이었다. 숙식비 이외에 주당 10달러를 받았다. 미망인은 나에게 남편에 대한 이야기를 많이 해주었다. 그녀의 남편은 커다란 방직 공장을 유산으로 물려주었지만, 일생 동안 세 번이나 파산을 경험한 사업가였다.

그녀에 따르면, 남편은 돈 버는 데 천재였지만 지키는 방법을 전혀 몰랐다. 남편은 1929년 세상을 떠났다. 그녀는 남편이 1년만 더 살았더라도 아무것도 물려주지 못했을 것이라 말했다.

그 이후, 나는 미망인의 말을 잊을 수 없었다. 내 마음에 깊이 각인되어 한시도 잊지 않았다. 나에게 돈이 생긴다면 죽어도 지켜야 한다고 결심하게 만들어주었다.

그럼 부자가 되었을 때, 전문가의 도움을 어디에서 구해야 할까?

신탁회사, 투자자문회사, 금융설계사, 변호사, 회계사, 아니면 당신이 신뢰할 수 있는 금융 전문가를 찾아가라. 당신에게 직접적인 도움을 주거나, 아니면 도움이 될 수 있는 다른 전문가를 소개시켜 줄 것이다.

그러나 전문가를 선택할 때에도 신중해야만 한다. 당신의 선택에 달려 있지만, 당신의 욕구를 이해하고 당신의 이익을 위해서만 일해 줄 사람을 선택해야 한다. 물론 그들에게는 자문료를 지불해야만 한다. 분명히 말해 두자. 공짜로 일해 주는 사람은 당신의 이익만을 위해서 일하지 않는다!

당신도 그 사람을 이용하고 있는 것이니 피장파장이다. 명심하라! 어떤 식으로든 대가를 지불해야 한다. 부자에게는 공짜 점심이나 공짜 조언이 없다. 가난한 사람에게는 무료로 해줄 수 있겠지만, 부자에게는 아니다.

무척 유명한 이야기 하나가 생각난다. 뉴욕의 한 증권회사 게시판에 증권 시세를 기록하는 일을 맡고 있던 14세 소년에 얽힌 이야기다. 지금처럼 자동으로 증권 시세가 기록되기 훨씬 이전에 있었던 일이다. 이야기의 전말이 사실인지 분명하지 않기 때문에, 그 소년의 실명을 거론하지는 않겠다.

소년은 분필로 증권 시세를 기록하는 일을 오랫동안 하면서, 주가의 등락을 어느 정도 짐작하는 감을 익히게 되었다. 각 기업이 무슨 일을 하고, 주당 수익이나 배당금이 얼마인지는 몰랐지만, 그는 주가의 등락을 동물적으로 감지할 수 있었다.

그는 꾸준히 주식을 사모았고, 일시에 팔아넘겼다. 그는 단번에 2천만 달러의 거부가 되었다. 그러나 1930년 뉴욕의 한 호텔 방에서 쓸쓸히 세상을 떠난 그가 남긴 것은 40만 달러의 빚뿐이었다.

만약 그가 투자전문가에게 조언을 구했더라면 어떻게 달라졌을까? 능력 있는 전문가였다면, 그에게 1백만 달러 정도를 안전한 채권에 투자하도록 권했을 것이다. 그랬다면, 그는 호텔 방에서 초라한 죽음을 맞이하지 않았을 것이다. 만약 그렇게만 했다면, 그는 친척들의 애정어린 눈초리와 친구들의 따뜻한 손길에 둘러싸여 세상을 떠날 수 있었을 것이다.

다시 한번 말해 두자!

일단 부자가 되면, 어떤 수단을 써서라도 일정한 몫을 안전한 곳에 꼭꼭 묻어두어라. 그래야 어떤 상황에서나 어떤 불행이 닥쳐와도 당신을 영원한 부자로 지켜줄 것이다. 2천만 달러와 4천만 달러의 차이는 그다지 크지 않다. 그러나 2천만 달러의 재산과 40만 달러의 빚은 엄청나게 다르다.

18 행복은 어디에서 시작되는가

삶은 행복을 찾기 위해 쉬지 않고 계속되는 투쟁이다. 당신이 누군가를 기쁘게 해주었다면, 그 사람의 삶을 조금이라도 편안하게 해준 것이다. 반대로 당신이 누군가를 괴롭히고 싶다면, 조그만 기회라도 찾아서 그에게 자신의 가치를 의심하게 만들 짓을 하면 그만이다.

사람마다 기쁨을 느끼는 대상이 다르다. 어떤 사람은 운동에서 즐거움을 찾지만, 어떤 사람은 외적인 아름다움에서 즐거움을 찾는다. 물론 지적·학문적 성취, 권력이나 정치적 출세, 심지어 자동차의 주인이 되는 것에서 즐거움을 찾는 사람도 있다.

또한 최고의 가치를 두는 것은 각 개인이 성장하는 과정에서 끊임없이 변하기도 한다. 가령, 18세나 30세였을 때에는 거의 절대적이었던 것도 50세가 되면 그다지 중요한 것으로 여겨지지 않을 수 있다. 사실, 50세가 되어서도 10대 취향을 그대로 보인다면 웃음거리가 될 수 있다.

이처럼 사람마다 즐거움을 찾는 대상이 다르고, 나이가 들고 지적으로 성숙해지면서 취향이 달라지지만, 죽을 때까지 행복한 삶을 살기 위해서 모든 사람에게 필요한 공통분모가 하나 있다. 그것은 적절한 돈관리이다. 요즘 말로 재테크이다. 돈관리에 소홀하면, 당신의 말년은 쓸쓸하기 짝이 없을 것이다.

아무 날이나 잡아서 찬찬히 생각해 보자. 우리가 어떻게 살고 있는지 돌이켜보자. 아침 일찍 동이 트기 전에 일어나, 시골로 달려가 아침 해가 떠오르는 것을 조용히 지켜본 적이 있는가? 그야말로 장관이다. 그러나 그런 장관은 수백만 년 동안 하루도 빠짐없이 반복되고 있다. 시골 공기는 깨끗이 다림질된 셔츠처럼 상쾌하다. 대기와 지표의 온도 차이로 안개가 낮게 깔려 있다. 새들도 소리 높여 지저귄다.

당신은 아주 중요한 사건을 맞이하고 있음을 느끼게 된다. 새로운 하루가 탄생하는 순간이다. 그리고 다른 중요한 사건들이 온 세상에서 일어날 것이다. 아기가 태어나고, 식물이 자란다. 태양이 찬란히 빛날 것이고, 비가 오기도 할 것이다. 생산과 소비, 투자, 성공과 실패, 그리고 도전이 있을 것이다. 새날을 맞아, 새로운 사업과 산업이 탄생할 것이다. 그러나 무엇보다 중요한 것은, 당신이 이 세계의 일부라는 사실이다.

그러나 당신이 돈관리를 제대로 해내지 못한다면, 이처럼 활기차게 다가오는 새날이 당신에게는 전혀 반갑게 느껴지지 않을 것이다. 쌓여만 가는 청구서 때문에 걱정해야 하는 당신은 매일 지옥에서 사는 기분일 것이다.

내가 아는 한, 행복한 사람은 돈관리에 철저하다. 돈걱정으로 하루를 보내는 사람은 불행한 사람이다. 너무나 불행한 사람이다. 돈이 많아서 걱정하는 사람을 이야기하는 것이 아니다. 좀더 멋지고 행복한 삶을 살고 싶은 사람에 대해 이야기하는 것이다.

돈관리에 철저하지 못한 사람은 대체로 불행하다. 나쁘게 말하면, 무책임한 사람이다. 어떤 가정에나 충실한 돈관리자가 있어야 한다. 부부가 합심할 수 있다면, 금상첨화일 것이다. 부부가 모두 돈관리에 무심하다면 그야말로 재앙이다. 재앙이 닥치는 것은 시간 문제일 뿐이다. 부부싸움, 파산, 알코올 중독, 이혼, 자살 등 어떤 형태로든 재앙이 닥치게 마련이다.

나는 시카고에서 북쪽으로 30킬로미터 정도 떨어진 곳에서 산다. 미시간 호숫가 부근으로 위네트카라 불리는 아담한 마을이다. 시카고의 재계 인사들이 모여 사는 곳이다. 미국에서 개인소득이 가장 높은 사람들이 모여 사는 곳의 하나라며 언론에서 자주 언급하는 마을이기도 하다.

오래 전에 있었던 일이다. 위네트카에서 손꼽히는 어느 슈퍼마켓에서는 계산 창구마다 조그만 쪽지를 걸어두었다. 쪽지에는 "……씨의 수표는 받지 말 것"이라 씌어 있었다. 계산대 직원을 위한 것으로, 쪽지에는 보통 두 사람에서 다섯 사람의 이름이 씌어 있었다. 나는 그 슈퍼마켓에 들를 때마다 계산대를 기웃대며, 그 쪽지에 누구의 이름이 올랐는지 살펴보았다.

주로 알려진 사업가이거나 지역 명사였다. 지금은 그런 쪽지를 볼 수 없다. 어쩌면 손님의 눈에 띄지 않는 곳에 교묘하게 감추어두었을지도 모른다. 나처럼 호기심 많은 손님이 보지 못하도록. 물론 우리 마을에 부도난 수표를 남발하는 사람이 더이상 없다는 뜻일 수도 있다. 그러나 나는 그렇게 생각하지 않는다.

고액의 연봉을 받으면서 회사를 위해 굵직한 결정을 내리고, 업계에서도 지도급 인사로 대접받고 지역활동에도 적극적으로 참여하는 사람이 슈퍼마켓 청구서를 갚지 못하는 경우가 실제로 없지 않았다. 정말로 비참하지 않은가! 슈퍼마켓 청구서도 갚지 못하면서 어떻게 좋은 남편, 좋은 아버지, 선량한 시민, 유능한 직원이 될 수 있단 말인가?

이런 비참한 처지에서 벗어날 수 있는 좋은 방법이라도 있는가? 물론이다. 아주 간단히 말할 수 있다. 버는 것보다 덜 써라! 당신이 이 세상에서 행복하게 살아갈 수 있는 방법이다. 당신이 얼마를 벌든지 상관없다. 당신이 이 철학을 꾸준히 지켜나간다면 마음의 평화를 얻게 될 것이고, 그로 말미암아 직장에서도 훨씬 나은 성과를 거둘 수 있을 것이다. 그렇게 된다면, 봉급도 남보다 빨리 오를 것이고 청구서를 지불해야 할 걱정에서도 벗어날 수 있을 것이다.

다시 한번 말하지만, 행복한 삶을 살아가는 방법이 따로 있는 것이 아니다. 버는 것보다 덜 써라! 결국 행복한 삶은 당신이 버는 것과 지출하는 것의 차액을 어떻게 관리하느냐에 달려 있다. 그 방법은 사람마다 천차만별일 수 있다. 그런 차이에서, 그저 괜찮게 살아가는 사람과 부자가 되는 사람이 구별된다.

버는 것보다 덜 써라! 이런 철학을 잘 지켰지만, 그 차액을 엉뚱하게 관리한 사람의 예를 들어보자. 1977년 7월, 평생 동안 저축한 7만 2천 달러를 졸지에 사기당한 72세 노인의 사건이 시카고 신문에 실렸다. 신문 기사에 따르면 대략적인 내용은 이렇다.

어느날, 두 남자가 노인의 현관문을 두드렸다. 그들은 수도 검침

원이라고 신분을 밝히며 수도꼭지를 점검하겠다고 말했다. 한 사람이 노인의 안내를 받아가며 수도꼭지를 두들겨대는 동안, 다른 사람은 노인이 숨겨둔 돈을 잽싸게 찾아냈다. 노인이 평생을 두고 저축한 돈이 그렇게 이슬처럼 사라져버린 것이다.

그 노인은 한 가지 것은 철두철미하게 지켰다. 말하자면, 버는 것보다 덜 썼다. 그러나 그렇게 저축한 것을 제대로 활용하지 못했다. 그 노인이 7만 2천 달러를 집안에 숨겨두지 않고 자신을 위해 투자했더라면 훨씬 나았을 것이다. 은행에만 저축해 두었더라도, 매년 5%의 이자로 3,600달러를 받았을 것이다. 정기예금을 해두었더라면, 매년 7.5%(5,400달러) 이상의 이자를 챙길 수 있었을 것이다.

그러나 노인은 은행을 믿지 않았다. 국가에서 발행하는 단기채권이 있다는 이야기는 들어보지도 못했을 것이다. 국채는 그가 숨겨두었던 달러라는 종잇조각만큼이나 안전한 것이면서도 상당한 수입까지 더해 주는 투자 수단이었다.

그 돈을 투자하지 않았다는 이유로 노인을 비난할 생각은 조금도 없다. 노인은 돈을 집안에 숨겨두는 것이 가장 안전하다고 믿었기 때문에 그렇게 했을 것이다. 전적으로 노인이 판단할 문제였다. 사기꾼에게 당하지 않을 수만 있다면, 자유세계에서 누구나 그렇게 할 권리가 있다. 노인은 버는 것보다 덜 썼다. 그런 점에서, 나는 노인을 칭찬하지 않을 수 없다. 다만 은행을 믿지 못했던 것이 비극의 씨앗이었다.

그럼 저축한 돈을 어떻게 활용해야 하는가? 가장 편안한 방법을 택해야 한다. 은행을 철저히 불신했던 그 노인은 평생 모은 돈을 은행에 저축했더라도 불안하기는 마찬가지였을 것이다.

정반대의 습관을 보여주는 사람도 있다. 은행 계좌에 최소한의 돈만을 묻어두는 사람들이다. 그들은 조금의 여유만 있으면 부동산이나 주식에 달려든다. 더 많은 수익을 거두기 위해서 더 많은 위험을 기꺼이 감수하겠다는 뜻이다.

이처럼 저축한 돈을 활용하는 방법은 각양각색이다. 그러나 흐르지 않는 물은 썩는 법이다. 따라서 매트리스 밑에 돈을 감추어두는 것은 돈을 썩히는 것이나 마찬가지이다.

자, 당신은 어떤가? 버는 것보다 덜 쓰는가? 다시 한번 부탁하지만, 1년 동안 당신이 지출한 내용을 차분히 분석해 보라. 당신이 벌어들인 수입액과 지출한 액수를 확인해 보라.

만약 특정한 해에 벌어들인 돈보다 지출한 돈이 더 많다면, 냉정하게 분석해 보라. 초과지출이 특별한 행사 때문이었는가? 아니면 습관적으로 반복되는 현상인가? 만약 후자라면, 당신은 재앙을 향해 조금씩 다가서고 있는 셈이다.

부부싸움은 당신의 삶을 파멸시킬 것이다. 파산은 다시 시작할 기회를 주겠지만, 그 상처는 영원히 지워지지 않을 것이다. 알코올 중독이 문제를 해결해 주는 것은 아니다. 이혼으로 돈 문제를 해결해보겠다고? 천만에! 더 심각한 문제에 말려들 것이다. 자살? 물론 모든 고민을 끝내주겠지만 너무 극단적인 방법이다.

내가 마치 목사처럼 설교하는 것으로 들리는가? 나는 그럴 자격도 없는 사람이다. 그저 당신이 이렇게 해주면 좋겠다고 바랄 뿐이다.

자, 아침 일찍 일어나 창 밖을 내다보라. 푸른 잔디, 살랑대는 잎새, 찬란한 햇살, 경쾌하게 지저귀는 새들의 노랫소리…… 당신이 살아서 이처럼 새로운 날에 뛰어든다는 사실이 즐겁지 않은가?

이런 마음에서, 나는 다음과 같은 구절로 행복에 대한 이야기를 끝마치려 한다.

행복은 커다란 집에 있는 것이 아니다. 그 집이 경매에 넘어갈 처지라면.

행복은 커다란 자동차를 갖는 것이 아니다. 당신 이름이 신용불량자 명단에 올라가 있다면.

행복은 사장님이 되는 것이 아니다. 대기실에 기다리고 있는 사람들이 빚쟁이라면.

행복은 철저한 돈관리에서 시작된다. 돈관리는 행복을 찾아가는 길이다.

19 돈을 써야 할 때가 있다

그렇다고 부자가 되는 일에 평생을 허비하고 싶은 사람은 없을 것이다. 은행이나 침대 밑에 적잖은 돈을 감춰두고도, 찢어진 옷을 입고 뒷골목 쓰레기통에서 먹을 것을 뒤져가며 싸구려 여인숙에서 살아가는 노인에 대한 이야기가 신문에 실릴 때마다 나는 슬픔을 이겨낼 수 없다. 돈을 버는 목적은 결코 그런 것이 아니다.

내가 이 책에서 말하고 있는 것도 결코 그런 것이 아니다. 내가 말하려는 것을 정리하면 이렇다. 가능하면 일찍부터 재산을 축적하라. 그것이 중요하다. 그렇게 축적한 재산으로 다른 소득을 올리도록 하라. 그 이유는 바로 당신을 위한 것이다. 필요할 때 당신을 지켜주는 것은 돈이기 때문이다. 또한 당신이 원할 때 풍족한 생활을 가능하게 해주는 것도 바로 돈이기 때문이다.

대개의 젊은이는 이렇게 말한다.

"하지만 지금 당장은 돈이 그렇게 필요없는데요."

어리석은 생각이다. 애석한 일이기도 하다. 그들에게도 언젠가 돈
이 급히 필요할 때가 있을 것이기 때문이다. 갑자기 건강이 나빠진
다거나, 자식이 대학에 입학한다거나, 저축해 둔 것도 없는데 갑자
기 늙어버렸다는 사실을 깨달을 때가 올 것이기 때문이다.

나는 37세가 되었던 1952년에 위네트카로 이사했다. 이웃에 에드
워드 앨런이라는 멋쟁이 신사가 살고 있었다. 나보다 서너 살 정도
많았다. 어느날인가 앨런 씨는 홈통을 청소하고 집 전체를 페인트칠
하고 싶지만, 혼자서 그런 일을 하기엔 힘이 부친다고 말했다. 나는
힘이 부친다는 말을 도저히 이해할 수 없었다. 나는 언제나 힘이 넘
쳤다. 게다가 매일 힘을 써야 했던 시골에서 자란 몸이 아니었던가.
나에게 피곤이라는 두 글자는 없었다.

그로부터 몇 년이 지난 후, 나는 앨런 씨의 말을 정확히 이해할
수 있었다. 나도 점점 힘이 빠지기 시작했다. 홈통을 걷어내고 청소
하기엔 힘이 부쳤다. 돈으로 그런 문제를 해결할 수 있다는 것에 감
사할 따름이다. 이처럼 젊었을 때에는 문제도 아니던 것을 남의 손
으로 해결하려 하면, 돈이 필요한 것이다.

행복을 느끼기 위해서 남달라 보이고 싶은 때가 오게 마련이다.
남달라 보이는 방법은 남달라지는 것이다. 남달라지는 방법은 부자
가 되는 것이다. 그 시기는 사람마다 다르다. 그러나 가능하다면, 50
세를 넘어서기 전에 이루어야 한다. 당신이 그런 시기를 맞이하면,
다른 사람이 고개를 끄덕이며 인정해 줄 것이다.

아니, 당신보다 다른 사람이 먼저 알아모실 것이다. 젊은이들이
어느날 갑자기 당신을 깍듯이 대한다는 사실에서, 당신이 남달라 보
인다는 사실을 처음으로 깨닫게 될 것이다. 웨이터도 당신에게 대접

을 잘하면 두둑한 팁을 받을 수 있을 것이라는 생각에 최상의 서비스를 아끼지 않을 것이다. 물론 당신도 웨이터의 바람을 충족시켜 주어야 한다.

당신이 이처럼 「남다른 계층」에 속하게 된다면 점원과 이발사, 심지어 은행이나 증권회사도 당신을 깍듯이 모실 것이다. 당신은 그런 대우를 요구할 필요조차도 없다. 그들이 스스로 알아서 당신을 모실 것이다. 그러나 당신이 부자가 아니라면, 그런 대우는 한낱 꿈일 뿐이다.

50세쯤 되었을 때, 당신은 금전적 자유를 누릴 수 있어야 한다. 금전적 자유는 당신에게 자신감을 준다. 주머니가 두둑하다면, 50대를 인생의 황금기라 할 수 있다. 그때쯤이면, 출세라는 걱정도 사라진다. 대통령이 되었든, 한 회사의 사장이 되었든, 한 부서의 책임자가 되었든 당신의 위치가 결정된다. 말하자면, 당신의 야망이 완결되는 시기이다.

직장을 잃거나 완전한 은퇴를 강요당하더라도 걱정거리가 없도록 금전적으로 안정되어 있어야 한다. 반복하지만, 50대 이후는 인생의 황금기이다. 그런 황금기를 즐기기 위해서, 젊었을 때 돈관리를 분명히 해두어야 한다.

만약 그렇지 못하면 어떻게 되는가? 그러면 50세가 넘도록 매일 돈걱정을 하면서 악몽 같은 나날을 보내야 할 것이다.

당부한다! 오늘부터라도 재테크에 관심을 가져라. 재테크는 일찍 시작할수록 좋다. 젊은 층과 중년층은 안정된 미래를 위해 현재를 희생할 필요가 없다고 생각한다. 사회보장제도가 확실해서, 최악의 경우를 당해도 최소한의 생활은 할 수 있을 것이라 믿는다.

그러나 나는 그런 것이 싫다. 더 멋지게 살고 싶다. 나는 식당에 들어설 때마다 아리따운 웨이트리스가 '어머나, 부자 아저씨가 오시네. 서비스를 잘해 주면 팁을 두둑이 주겠지'라고 생각하도록 만들고 싶다. 당신이 가진 것이 사회보장금 정도라면, 그런 융숭한 대접을 꿈이라도 꿀 수 있겠는가? 천만의 말씀이다.

사회보장금이라도 얻어보려고 동회를 들락거리겠다는 생각을 버려라. 나는 그렇게 하지 않았다. 물론 아무것도 없는 사람에게 사회보장금도 대단한 것이다. 그러나 나는 그 이상을 원했다. 기꺼이 젊은 시절을 희생했다. 덕분에 나는 부자가 되었다.

최근 들어 연금법과 임금제도에 혁신적인 변화가 있었다. 그런 변화로 말미암아, 과거 어느 때보다도 젊은 시절에 재테크를 시작해야할 필요성이 커졌다. 그러나 이런 혁명적인 변화를 대다수의 국민이 제대로 인식하지 못하고 있는 것 같다.

미국에서는 1974년부터 종업원퇴직소득보장법이 발효되었다. 이법에 따라, 모든 노동자는 최소한 5년을 근무한 후에 연금권을 일정한 정도로 보장받을 수 있다. 말하자면, 당신이 퇴직 연령 이전에 해고당할 경우 그동안 제공한 노동의 대가에 따라 연금을 받을 권리가 있다는 뜻이다. 결국 개인의 최저생활권을 보호하겠다는 취지로, 무척 훌륭하고 적절한 법이라 생각된다.

그러나 이 법은 예상치 않았던 고용 패턴의 변화를 가져왔다. 경영진에서 해고하고 싶은 고리타분한 직원은 언제나 있는 법이다. 그러나 경영진도 사람이다.

따라서 해고가 퇴직 후 소득의 상실을 의미한다면, 충성스런 직원을 해고하는 데 마음이 편할 리가 없다. 그런데 새로운 법안으로 종업원이 퇴직한 후에도 소득이 보장되기 때문에, 경영진은 종업원을 마음 편히 해고시킬 수 있다. 회사와 고락을 같이한 고참 직원이라도, 경영진이 판단하기에 능력이 조금이라도 미흡하다고 평가되면 가차없이 해고당해야 한다.

특히 고임금의 직원이 첫번째 해고 대상이다. 결국 연봉이 높을수록 해고될 가능성도 높다. 비용을 줄이려 한다면, 저임금의 직원보다는 고임금의 직원을 해고하는 것이 당연하지 않겠는가!

자, 당신의 봉급이 높은가? 그럼 내일이라도 당신 책상이 없어질지 모른다.

이처럼 종업원퇴직소득보장법은 좋은 취지에서 출발했지만, 고용의 불안정이라는 역효과를 낳고 있다. 과거에는, 퇴직연금에 묶인 종업원은 급여의 타당성을 떠나서 직장을 떠나지 않으려 했다. 반면에, 경영진은 오랫동안 회사에 근무한 충직한 직원이 퇴직연금을 박탈당할 위험을 각오하면서까지 회사를 떠나지는 않을 것이라 생각했다. 그 결과는 무엇이었는가? 연봉이 인상되기는커녕 오히려 삭감되는 결과를 낳았다.

그러나 이제는 다르다. 퇴직 후에도 소득이 보장되기 때문에, 연봉이 흡족하게 인상되지 않으면 노동자는 미련없이 직장을 떠나버린다. 그 결과 노동시장은 점점 악순환의 고리에 빠져든다. 경영진에서도 능력 있는 직원을 붙잡으려 한다면, 더 많은 연봉을 제시해야 한다. 고액의 연봉을 보장하는 대신, 그에게 기대하는 성과도 눈덩이처럼 커진다. 성과가 기대에 조금이라도 못 미친다면, 경영진은 미련없이 그를 해고해 버린다.

이처럼 종업원퇴직소득보장법 덕분에, 장기근무자와 장년층의 고용은 과거 어느 때보다도 불안해졌다.

고용의 불안은 컴퓨터의 보급이 늘어나면서 점점 심해지고 있다. 특히 중간관리자에게는 위협적인 수준이다. 컴퓨터는 최고경영진에게 관리의 폭을 넓혀주면서, 중간관리층을 대폭 축소시키는 결과를 낳았기 때문이다.

요즘 40~60대 중에, 고액의 연봉을 받으며 안정된 생활을 누리다 갑자기 직장을 잃어버린 사람들이 많다. 금전적으로 아무런 대비도 못한 상태에서 그런 일을 당한다면 얼마나 황당하겠는가!

얼마 전부터 기업합병이 온 나라를 휩쓸고 있다. 기업합병이 있을 때마다 자리다툼이 치열할 수밖에 없다. 당신이 출세의 사다리에서 높이 올라가 있을수록, 하나로 결합된 새 회사에서 자리다툼은 전쟁이나 다름없다. 물론 중역으로서 퇴직금도 상당한 도움이 되겠지만, 일상적인 퇴직 연령까지 챙길 수 있는 정상적인 급여에 비한다면 아무것도 아닐 것이다.

노후를 위해 젊어서부터 재테크에 관심을 가져야 할 이유는 그것만이 아니다. 최근 몇 년 전부터, 고용 패턴이 과거와 전혀 다른 모습을 보여주기 때문이다. 과거에는, 학교를 갓 졸업한 신입사원은 적은 봉급에도 만족하며 매년 조금씩 인상되는 즐거움을 누릴 수 있었다. 따라서 퇴직을 앞둔 몇 년이 최고액의 봉급이었다. 그러나 지금은 다르다. 능력을 갖춘 대학원 졸업생들이 처음부터 고액의 봉급을 받으며 노동시장에 뛰어들고 있다.

가령 일류 대학원에서 MBA를 받은 졸업생은 거의 6만 달러 이상의 연봉에서 시작한다. 물론 능력이 떨어지거나 운이 없는 학생은 그보다 낮은 연봉에서 시작하지만, 현격하게 낮지는 않다. 결국 현재의 가치가 아니라 미래의 가능성을 보고 경험도 없는 직원에게 투자하는 셈이다.

그러나 고용주가 판단하기에 미래의 가능성이 엿보이지 않는다면, 그 직원은 퇴출당하거나 임금인상이 황소걸음처럼 더딜 것이다. 또한 고용주나 직원 누구의 잘못도 아닌 불가항력의 사고로 미래의 가능성이 축소되거나 소멸될 수도 있을 것이다. 급작스런 건강 악화나 소위 「돌발사고」라는 것도 언제나 당신의 성공을 가로막는 복병이 될 수 있다.

어쨌든 문제가 생기기 전까지, 고액의 연봉은 당신에게 화려한 생활을 보장해 준다. 엄청난 저당을 잡힌 저택, 큼직한 자동차, 이혼한 아내와 현재의 아내, 토끼 같은 자식, 요트, 사교 클럽, 예술품 수집 등……. 모든 일이 제대로 풀리고 미래의 가능성이 실현된다면 문제될 것이 없다.

그러나 일이 조금이라도 뒤틀린다면, 재앙은 당신을 사정없이 몰아붙인다. 결국 현재의 모습은 낮은 봉급에서 시작해서 경험을 쌓으며 차근차근 인상되던 과거의 패턴과는 정반대 현상이다. 오히려 말년보다 초년병 시절에 고액의 봉급을 받고 있는 듯하다. 따라서 이런 현실을 꿰뚫어보고 미리부터 안정된 미래를 준비하려는 젊은이에게는 행운이라 할 수 있다.

이번에는 개인적인 사례를 통해서, 가능하면 일찍부터 미래를 설계해야 하는 이유를 설명해 보도록 하자. 언젠가 나는 미시간 주 마켓에서 재테크에 관심 있는 여성을 대상으로 「부자가 되는 법, 부자로 남는 법」을 강연했다. 강의가 끝나자, 멋지게 생긴 여성이 질문을 했다.

"영 씨, 당신은 우리에게 버는 것보다 덜 써야 하고, 그 차액을 유 망한 것에 투자해야 부자가 될 수 있다고 말씀했습니다. 그리고 당 신 가족은 일당 49달러, 시간당 2.04달러, 분당 3.4센트의 비용이 필 요하다고 말씀했습니다. 하지만 내 남편은 그렇게 많은 돈을 벌어오 지 못합니다. 그런데도 버는 것보다 덜 써야 한다고 말씀하실 수 있 습니까?"

나는 그 여성을 똑바로 쳐다보며 대답해 주었다.

"당신 정도의 나이였을 때, 나도 그만한 돈을 벌지 못했습니다. 하 지만 그만큼 쓰지도 않았습니다. 중요한 것은 얼마나 버느냐에 있는 것이 아닙니다. 버는 돈과 쓰는 돈의 차액, 그것이 중요할 뿐입니다. 지난 30년 동안, 나는 한 해도 거르지 않고 버는 돈보다 덜 썼습니 다. 그리고 그 차액을 증권이나 채권에 투자했습니다. 아니, 증권이 유망했기 때문에 대부분을 증권에 투자했습니다. 덕분에 우체부가 하루에 49달러 이상의 배당금 통지서를 우리집 우편함에 넣어줍니 다. 내 고용주가 당장 내일 나를 해고하더라도, 다른 직장을 구하지 못하더라도, 내 가족이 지금처럼 살아가는 데에는 아무런 문제도 없 습니다."

그렇게 강연이 끝났다. 그 여성이 나에게 달려와 내 손을 꼭 잡으 며 말했다.

"고맙습니다. 당장 남편에게 달려가 당신의 강연 내용을 전해 줘 야겠어요."

자, 그 부부가 어떤 대화를 나누었을 것 같은가? 뻔하지 않은가.

남다른 부자란 어떤 사람인가? 내가 아는 한, 부자는 예의바르고 점잖고 친절하고 너그럽다. 대개 부자는 오만하고 인색하다는 평판이 있다. 물론 그런 사람도 있겠지만, 내가 만나본 사람들은 그렇지 않았다.

사람들은 부자를 고운 눈으로 쳐다보지 않는다. 그러나 그것은 잘못된 생각이다. 오히려 부자가 아닌 사람이 부자인 것처럼 우쭐댄다. 그런 사람들이 부자를 왜곡된 시각으로 바라보게 만들었는지 모른다. 부자는 그런 식으로 우쭐댈 필요가 없다. 자신이 부자라는 것을 분명히 알고 있기 때문에, 다른 사람을 언짢게 만들면서까지 부자라는 것을 과시할 필요성을 느끼지 않는다.

사실, 부자는 부자라는 티를 내고 싶어하지도 않는다. 따라서 당신도 부자가 된다면, 그것 때문에 오만해져야겠다는 생각은 아예 갖지 말아라.

강조하고 또 강조하고 싶은 것!

가능하면 좀더 일찍부터 금전적으로 독립할 수 있도록 노력하라. 아무리 강조해도 지나치지 않다. 그래야 미래가 불확실한 연령에 이르렀을 때, 문제없이 먹고 살 수 있을 것이다. 이 세상은 한 번 살고 마는 것이다. 당신에게 주어진 70년이라는 시간에서 하루라도 헛되이 보내지 마라. 그러나 그런 삶을 살게 될 때, 당신은 행복한 말년을 보낼 수 있을 것이다. 당신이 삶에서 최우선에 두어야 할 것도 이것이다.

멋진 노년!

요즘 내가 얼마나 즐거운지 아는가? 증권시장이 강세를 보인 덕분에, 내 순자산이 1989년 8월에 3백만 달러를 가뿐히 넘어섰다.

굉장한 부자에게는 3백만 달러가 별것 아니겠지만, 나에게는 엄청난 돈이다. 아니, 내가 수중에 가졌던 한 푼도 나에게 소중한 것이었다.

돌이켜보면, 이 모든 것이 대학 시절부터 시작되었다. 대학을 다니던 7년 동안, 나는 금전적으로 누구의 도움도 받지 않았다. 그런 독립심은 좋을 수도 있고 나쁠 수도 있다. 내 경우에는 둘 다였다. 필요에 의해서 상당한 돈을 모을 수 있었다는 점에서는 좋았다. 그러나 공부보다는 생활비를 버느라 어슬렁거린 시간이 많았기 때문에 성적이 엉망이었다는 점에서는 나빴다.

내가 백만장자가 되던 1980년 1월 1일은 나에게 무척이나 의미 있는 날이었다. 나는 만나는 사람마다 내가 백만장자가 되었다고 알렸다. 『무한 성공』이라는 잡지의 1980년 1월호에 그런 내용으로 기고하기도 했다.

당시, 부자 친구들은 나를 말렸다. 내가 부자라고 사람들에게 떠벌리는 것이 결코 좋은 모양새가 아니라는 것이었다. 사실이었다. 내가 돈을 버는 데 성공했을지 모르지만, 점잖은 자세를 보여주지는 못했던 것이다.

1985년 5월, 내가 보유한 주식과 채권이 마침내 2백만 달러를 넘어섰다. 나는 만나는 모든 사람에게 수백만장자가 되었다고 알렸다. 나는 멋진 박수가 터질 것이라 생각했다. 그러나 한 부자 친구가 따끔하게 충고해 주었다. 내가 수백만장자라고 떠벌리고 다니기엔 아직 멀었다고.

나는 『웹스터 사전』 1944년판에서 「수백만장자」라는 단어를 찾아보았다. "2백만 달러, 파운드, 프랑 등을 보유한 사람"이라고 정의되어 있었다. 그랬다, 나는 2백만 달러 이상의 재산을 가진 사람이었다. 따라서 나 자신을 수백만장자라 칭해도 부끄러울 것이 없었다.

하지만 내가 그냥 백만장자라고 떠벌릴 때보다 사람들은 못마땅한 표정을 지어 보였다.

당신이 남에게 좋은 인상을 주고 싶은 부자라면, 당신이 얼마를 가진 부자라고 말하지 말라.

그러나 당신이 점잔만 빼고 싶은 부자라면, 당신이 부자라고 얼마든지 말하고 다녀도 상관없다. 「부자가 되는 법, 부자로 남는 법」이라는 제목으로 강연을 다니면서 짭짤한 수입까지 올릴 수 있다. 강연을 의뢰받으면, 이 책의 3장부터 19장을 참조하라. 그것에 당신의 개인 경험담을 덧붙이고, 당신에게 얼마의 돈이 있고, 그런 돈을 어떻게 벌었는지 말해 줘라.

나는 이렇게 강연을 다니면서, 먹고 마시는 것을 포함해서 모든 비용을 제하고도 1년에 4~5만 달러를 벌어들인다. 그러나 신뢰받는 강연자가 되려면 당신의 진실성을 솔직하게 보여줄 수 있어야 한다. 그래서 점잖은 부자는 강연으로 돈을 벌려 하지 않는다.

20 자주 받는 질문과 그 대답

Q 영 씨, 당신은 부자입니까?

A 나는 5장에서 지적한 내용을 간단히 설명하면서, 대답을 대신하려 한다. 나는 부자의 기준이 사람마다 다르다고 말했다. 즉, 부자의 기준은 경제적 배경, 마음가짐, 생활 습관에 따라 달라진다. 항상 이 세 가지 원칙을 마음에 새기도록 하라.

어린 시절을 보냈던 테네시 주 동부의 마을에서 내가 얼마나 멀리 왔는지 깨달았을 때, 나는 선하신 하나님께서 내가 자유경제체제하에서 모았던 모든 것을 언제라도 앗아갈 수 있을 것이라 생각했다. 지금의 나를 부자라 생각지 않는다면, 나는 하나님의 은혜를 모르는 배은망덕한 사람일 것이다. 그렇다, 내 기준에 따르면 나는 부자다. 그리고 부자로 남기 위해 노력중이다.

Q 영 씨, 당신은 몇 살 때부터 인생의 목표를 백만장자에 두었습니까?

A 솔직히 말해서, 백만장자가 인생의 목표라고 생각해 본 적은

없었다. 내가 백만장자가 되었다는 사실을 알았을 때, 나 자신도 상당히 놀랐다.

1941년 미주리 대학 법학과를 졸업했을 때, 나는 26세였다. 당시 나는 거의 빈털터리였다. 대학 7년 동안 누구에게도 손을 벌리지 않고 힘들게 다녔기 때문이다. 나는 텅 빈 주머니가 한없이 부끄러웠다. 다시는 그처럼 비참한 신세가 되지 않겠다고 결심했다. 그래서 생각해 낸 방법이 있었다. 액수가 많고 적고를 떠나서, 지출한 비용을 하루도 빠짐없이 기록하는 것이었다. 덕분에 1946년 해군을 제대하면서, 나는 1만 1천 달러가 저축된 통장을 가질 수 있었다.

그때부터 나는 증권시장에 뛰어들었다. 어떤 주식은 상당한 이익을 남겨주었지만, 손해를 본 주식도 없지 않았다. 그러나 해가 갈수록, 나는 보유 주식을 꾸준히 늘려갔다.

65세가 되어 해리스 은행에서 은퇴 준비를 하면서, 나는 우체부가 전해 주는 배당금 통지서에 쓰인 액수만으로도 우리 식구가 먹고 사는 데 충분하다는 사실을 알게 되었다. 사업주가 매달 지급하는 퇴직 급여도 필요없었다. 그것은 소득세를 인상시킬 뿐이었다. 그래서 나는 인사과로 달려가, 종업원 급여를 담당하고 있던 톰 파피트에게 퇴직금을 한번에 받을 경우 어느 정도 되겠냐고 물었다.

그는 한참 동안 컴퓨터 자판을 두드리더니, "퇴직시 이자율에 따라 달라지는데요. 매달 지급하기로 되어 있는 연금의 현재가치가 어음할인율로 결정되거든요. 따라서 퇴직시 이자율이 현재와 같다면, 거의 30만 달러 정도 될 것 같습니다. 오차는 1만 달러 안팎일 겁니다"라고 대답했다.

그때 나는 이렇게 말했다.

"30만 달러! 30만 달러! 좋아, 톰. 그 돈이면, 내 재산이 1백만 달러가 넘어서겠구먼! 좋았어!"

그날 밤 집에 돌아왔을 때, 아내는 저녁 식사를 준비하고 있었다. 그녀는 무엇인가를 요리중이었다. 나는 아내에게 물었다.

"여보, 백만장자를 남편으로 둔다면 기분이 어떨 것 같소?"

아내는 요리하던 손을 멈추지 않으며 되물었다.

"그 사람이 누군데요?"

예상한 대로, 내 퇴직금은 29만 2천 달러였다. 나는 그 돈을 즉시 해리스 은행의 개인연금계좌에 집어넣었다. 법에 따라 70.5세부터 인출하기로 약속하면서, 퇴직금만이 아니라 퇴직금의 이자에도 세금을 물지 않을 수 있었다.

나는 이렇게 백만장자가 되었다. 거듭 말하지만, 내 인생의 목표는 백만장자가 아니었다. 다만 평소 절약하며 살았기 때문에, 백만장자가 될 수 있었던 것이다.

Q 영 씨, 당신에게 하고 싶은 질문은 없습니다. 하지만 당신 부인에게는 한 가지 묻고 싶은 것이 있습니다. 부인, 당신은 이 남자와 30년 이상을 함께 살았습니다. 하지만 지금처럼 부자가 되기 위해서 무척이나 쪼들린 생활을 했을 겁니다. 부인, 과연 그럴 만한 가치가 있었습니까?

A 영 부인 : 그렇습니다. 나는 무척 쪼들린 생활을 해야 했습니다. 그러나 나는 남편과 비슷한 가정에서 자랐습니다. 미주리의 시골 마을에서 자랐지요. 전기가 없어 호롱불에 의지하며 살았습

니다. 화려한 것을 맛볼 기회조차 갖지 못했습니다.

프레드와 결혼한 이후, 우리는 매년 조금씩 나아졌습니다. 물론 우리는 지금보다 더 큰 집에서 살 수도 있었고, 더 큰 자동차를 굴리면서, 더 멋진 옷을 입을 수도 있었습니다. 그러나 매년 조금씩 나아졌는데, 내가 끔찍한 희생을 치렀다고 말할 수 있을까요? 요즘 우리는 풍요로운 삶을 마음껏 즐기며 살고 있습니다. 그래요, 나는 과거에 절약하며 살았던 생활이 충분히 가치 있다고 생각합니다.

(프레드 영 : 내 아내는 아주 중요한 점을 지적하고 있다. 배우자의 협조가 절대적이다. 당신이 벌어들이는 것을 배우자가 흥청망청 써버린다면, 처음부터 포기하는 것이 낫다. 부자가 되겠다는 생각은 아예 접어버리는 것이 낫다. 지금의 우리처럼 되고 싶다면, 배우자의 적극적이고 철저한 협조가 뒷받침되어야 한다. 그렇지 않으면, 당신은 절대 부자가 되지 못할 것이다. 배우자의 협조가 없다면, 당신만 아등바등 절약할 이유가 없다.)

Q 영 씨, 백만장자가 된 이후 생활이 어떻게 바뀌었습니까? 상류층 사람들과 교제를 나누십니까?

A 천만에. 바뀐 것이 전혀 없다. 백만장자가 되기 전에 사귀었던 사람들과 여전히 교제를 나누고 있다. 옛날부터 줄곧 만나던 친구들, 이웃들, 친척들이다. 아직은 전혀 다른 계층의 사람들과 사귈 때가 아니라고 생각한다. 내가 가진 돈이 그럴 만큼 큰돈도 아니다. 만약 내가 천만장자거나 억만장자가 된다면, 어쩔 수 없이 그런 계층의 사람들과 사귀어야 할지도 모르겠지만.

많은 사람이 사는 곳, 다니는 교회, 소속된 클럽, 휴가지 등등을 기준으로 사람을 판단하려 한다. 그러나 우리는 위네트카의 프로비던트 가에 있는 집에서 40년을 살고 있다. 위네트카의 「터줏대감」들은 프로비던트 가가 전통적으로 「은행 직원과 학교 선생」이 살던 곳이라고 말한다.

최근에 우리는 온수 히터가 고장나서 수리공을 부른 적이 있었다. 그는 일하면서, 계속 "프로비던트 가. 프로비던트 가. 가난뱅이나 살던 곳"이라 투덜거렸다. 하지만 우리는 프로비던트 가에서 사는 것이 좋다. 프로비던트 가에서 살고 있는 사람들을 좋아한다.

우리는 지금도 휴가철이면, 테네시 주의 내 친척을 방문하거나 캔자스에 있는 아내의 친척을 찾아간다. 우리 부부는 시카고의 유니언 리그 클럽에만 유일하게 가입해 있을 뿐이다. 그곳은 비즈니스 클럽이지 사교 클럽이 아니다.

백만장자가 된 이후, 우리 생활에서 달라진 점은 두 가지라고 생각한다. 첫째는 자선단체에 내는 기부금이 많아진 점이다. 우리는 작년에 12만 3천 달러를 기부했다. 둘째는 지출 항목에 대해서 더이상 심각하게 고민하지 않는다는 점이다. 가령 아내나 내가 텔레비전·냉장고·자동차 등을 새로 구입하고 싶거나 해외여행을 하고 싶을 때, 그 비용에 대해 예전처럼 시시콜콜히 따지지 않는다. 전에는 100달러 이상을 지출할 때마다 몇 번이나 망설이며 결정을 미루어야 했을 때가 있었다.

Q 당신이 그렇게 백만장자라고 떠들고 다니면, 위험을 자초하지 않을까요? 강도들이 당신 집을 노릴 수도 있을 텐데요. 그럼 귀찮지 않겠습니까?

A 전혀 걱정하지 않는다. 우리집에는 값나가는 물건이 전혀 없다. 나는 투자자이지 소비자가 아니다. 내 돈은 은행의 신탁계좌에 있을 뿐이다.

강도는 소비자를 노린다. 강도는 무엇인가 건질 것이 있는 집을 노린다. 물론 아무것도 모르는 멍청한 강도가 우리집을 덮칠 수도 있다는 두려움이 없지는 않다. 만약 그런 일이 일어난다면, 다음날 아침 지역신문에 "강도, 영 씨의 집을 샅샅이 뒤졌지만 아무것도 얻지 못하다"는 기사가 대문짝만하게 실릴 것이다. 오히려 강도가 황당한 꼴을 당할 것이다.

Q 당신 말은 아주 그럴 듯하게 들립니다. 그런데 왜 모든 사람이 당신처럼 부자가 되지 못하는 것일까요?

A 좋은 질문이다. 당신 생각대로 아주 쉬운 일이다. 그러나 많은 훈련이 필요하다. 대다수의 사람이 부자가 되는 데 필요한 훈련을 받지 못하고 있을 뿐이다. 나에게는 좀더 나은 생활을 해야겠다는 뚜렷한 동기가 있었다. 26세에 처음 빈털터리가 되었던 순간을 나는 지금도 잊지 않고 있다. 그 순간은 언제나 나를 채찍질하는 강력한 자극제가 되어주었다.

부자가 되려고 노력하는 사람은 많다. 대부분이 1년이나 2년 동안 최대한 절약을 해본다. 그러나 절약해 보았자 부자가 되기는 까마득하다는 생각에, 새 자동차를 구입하고 호화판 여행을 즐긴다. 심지어 저축해 둔 돈까지 꺼내 쓴다. 그럼 그것으로 끝장이다.

거듭 말하지만, 처음에는 느낄 수 없을 정도로 느릿하게 시작된다. 그러나 5년 동안 버는 것보다 덜 쓰고, 그 차액을 어떤 것에든 투자해 보라. 5년 정도가 그렇게 지나면, 재산이 불어난 것을 몸소 느낄 수 있을 것이다. 투자에서 얻는 소득이 무시 못할 정도일 것이다. 그렇게 10년을 계속하라. 그럼 하나의 사업이 된다. 20년이 지나면, 재산이 눈덩이처럼 불어날 것이다. 40년이 지나면, 돈벼락을 맞는 기분일 것이다. 「돈이 돈을 벌어준다」는 격언을 실감할 것이다.

현재 내가 투자한 것에서 거두어들이는 수입은 하루에 495달러이다. 무료 점심, 책 인세, 자문 수수료, 강연료는 포함하지 않은 것이다. 흔들의자에 앉아서 창 밖을 내다보며 시간을 보내도, 그냥 내 주머니에 흘러들어오는 돈이다. 내가 48년 동안 버는 것보다 덜 쓰고, 그 차액을 투자한 결과로 얻은 행복이다. 당신도 이런 방법을 써보라. 적어도 나에게는 분명 효과가 있었던 방법이다.

훈련부족 이외에, 극소수의 사람만이 부자가 되는 또 다른 이유가 있다. 그것은 부자가 될 가능성이 희박하다는 좌절감이다. 사실, 언론은 매일 나쁜 소식을 전해 준다. 지난 10년 동안 그랬던 것도 사실이다. 신문을 읽고 뉴스를 들을수록, 당신 앞에 미래는 없다는 좌절감을 느끼게 된다. 언론계에만 국한된 현상이 아니다. 「부자가 되는 법, 부자로 남는 법」에 대한 강연을 끝낼 때마다, 주로 노년층이 나에게 이렇게 말해 준다.

"요즘 젊은이는 보기에 딱할 지경이오. 인플레이션은 둘째치고 녀석들이 행동하는 것을 보면, 이 험한 세상을 어떻게 헤쳐나갈지 걱정이오."

이처럼 좌절감에 사로잡힌 청년은 부자가 되려는 노력조차 하지 않는다.

그러나 실제로는 그렇지 않다. 현실을 똑바로 분석해야 한다. 백만장자가 되기가 지금보다 쉬운 때는 없었다. 인플레이션만으로 그렇다는 것이 아니다. 최근의 조사에 따르면, 현재 미국에는 416명당 한 명의 백만장자가 있다. 말하자면, 인구의 0.25%가 백만장자라는 뜻이다.

대다수의 국민이 가슴을 치면서 희망이 없다고 절규하는 동안에, 소수의 사람들은 부자가 되는 길을 조용히 걸어가고 있다. 내가 그 소수에 끼여 있다는 사실이 감사할 따름이다. 그런대로 사는 것도 괜찮지만, 부자가 되는 것은 더욱 좋은 일이다.

Q 젊은 부부가 적극적으로 투자에 나서려면 어떻게 해야 합니까?

A 「적극적」이라는 의미를 정확히 모르겠다. 「대대적」이라는 뜻으로 말했을 것이라 생각한다. 그러나 처음부터 거금으로 시작할 필요는 없다. 작게 시작하라. 그렇게 꾸준히 계속하면, 어느새 대대적인 투자로 바뀌어 있을 것이다. 중요한 것은 일단 시작하는 것! 시작하는 방법이 무엇이냐고? 그냥 시작하면 된다.

자동차가 두 대라고? 그럼, 오늘이라도 한 대를 팔아라. 한 대만으로 충분히 견딜 수 있을 것이다. 수백만의 가정이 한 대의 자동차로 문제없이 지낸다. 자동차를 판 돈을 헛되이 쓰지 마라. 은행이나 증권회사를 찾아가 계좌를 개설하라. 매년 호화판 휴가를 즐긴다고? 올해는 집에서 꼼짝도 하지 마라. 집이나 수리하라. 그렇게 굳은 휴가비를 은행 계좌나 증권 계좌에 넣어라. 뜻밖의 돈이 생겼다고? 그것도 계좌에 넣어라. 봉급이 인상되었다고? 오른 액수만큼 계좌에 넣어라. 그런 돈을 생활비에 충당할 생각일랑 꿈도 꾸지 마라.

그렇게 당신 계좌에는 돈이 쌓여간다. 이제부터 배당금을 지급하는 주식을 사라. 아니면 고수익을 보장하는 유가증권을 매입해도 좋다. 배당금을 받았다고? 그것도 계좌에 넣어라. 그래야 나중에 더 많은 주식을 살 수 있을 테니까.

내 나이가 될 때까지 그렇게 계속해 보라. 그럼 돈이 여기저기에서 굴러들어올 것이다.

Q 당신 말을 들으면, 어떤 형태로든 개인적인 빚은 절대 금물입니다. 하지만 젊은 사람이 처음 집을 사면서 현금으로 사기란 현실적으로 불가능하지 않습니까?

A 그렇다. 나는 어떤 형태로든 개인적인 빚은 반대한다. 처음 집을 살 때에도 마찬가지이다. 그런 점에서 내 말이 비현실적으로 들릴 것이다. 그러나 당신이 한 푼의 저당도 없는 집을 살 수 있다면 정말 멋진 일이 아니겠는가! 당신에게 날개를 달아주는 것이다. 그래야 당신이 자유롭게 투자할 수 있다.

그러나 개인적인 빚과 업무상 빚은 틀림없이 구분할 수 있어야 한다. 당신이 사업을 하면서 10%의 이자에 돈을 빌려 그것에서 30%, 혹은 40%나 50%의 수익을 거둘 수 있다면, 빚을 갚고도 남는 돈을 이용할 수 있어야 한다.

이런 방법이 당신을 부자로 만들어줄 수는 있겠지만 소수의 사람, 통계적으로 5~10%의 사람만이 빚을 효과적으로 활용하고 있는 실정이다. 오늘이라도 파산법정을 찾아가 보라. 돈을 빌려 돈을 벌겠다고 생각했던 사람들로 발 디딜 틈이 없다. 그들도 모두 나름대로 머리가 좋다는 사람들이다.

당신이 금융의 마법사가 아니라면, 다른 사람의 돈을 이용하기보다 적은 돈으로 시작하는 것이 훨씬 낫다. 그렇게 투자한 것에서 이자와 배당금을 조금씩 거두어들이며 시작하라.

Q 하지만 빚으로 시작해서 행운을 움켜쥔 사람도 있지 않습니까?

A 물론 그렇다. 은행이나 장인에게 수백 달러를 빌려서 사업을 시작해 성공했다는 사람들의 이야기가 계속해서 신문에 실린다. 그러나 그런 사람들은 타고난 재주꾼일 것이다. 빚을 지지 않았더라도, 어떤 식으로든 부자가 되었을 것이다.

당신이 금융의 마법사라면, 빚진 수천 달러는 수십만 달러로 만들 수도 있다. 그래, 당신이 마법사라면, 빚을 지라고 말하겠다. 그러나 그런 일을 해낼 수 있는 사람은 극소수이다. 반면에, 내가 말하는 것은 누구라도 해낼 수 있다. 당신이 마법사라면, 뭣 하러 나에게 묻는가? 도움이 전혀 필요없을 텐데.

더구나 나는 큰 행운을 말하지 않는다. 그저 당신의 삶을 보다 윤택하게 하는 방법에 대해서 말할 뿐이다. 내 책을 읽은 사람 중에서 1%만이라도 백만장자가 된다면, 나는 그것으로 만족할 것이다.

Q 대부분의 사람이 쓰고 남는 돈을 저축합니다. 인플레이션 때문에 더욱 그렇습니다. 결국 가격이 오르기 전에 미리 소비하는 편이 현명하다고는

생각지 않습니까?

A 그렇다. 대부분의 사람이 쓰고 남는 돈을 저축한다. 그러나 당신마저 그래서는 안된다. 그들과는 다른 사람이 되어야 한다. 나쁘게 말해서, 영악해져라. 먼저 저축하고 먼저 투자해야 한다. 소비는 그 다음이다.

　나는 저축한 돈을 어디에 쓰겠다고 생각해 본 적이 없다. 내 목표는 저축한 돈의 이자에서 얻어지는 이자로 사는 것이다. 당신도 그렇게 할 수 있다면, 부자가 된 것이나 마찬가지이다.

Q 당신은 기독교인입니다. 헌금은 어떻게 하셨습니까? 십일조는 잊지 않고 하셨습니까?

A 소득의 10% 이상을 교회에 헌금해서 나중에 더 큰 부자가 되었다는 흥미 있고 감동적인 이야기를 종종 잡지에서 읽을 수 있다. 멋진 일이다. 그러나 내 방식은 아니었다. 물론 나도 누가복음 6장 38절(주라, 그리하면 너희에게 줄 것이니 곧 후히 되어 누르고 흔들어 넘치도록 하여 너희에게 안겨주리라. 너희의 헤아리는 그 헤아림으로 너희도 헤아림을 도로 받을 것이니라)을 잘 알고 있다. 나는 기독교 가정에서 자랐다. 하나님의 자녀인 것에 자부심을 가졌다. 그러나 부자가 된다면 훨씬 멋질 것이라는 생각을 잠시도 잊지 않았다.

　젊은 시절, 나는 소득의 상당부분을 저축했다. 십일조는 뒷전이었고 투자가 우선이었다. 내가 교회에 거금을 쾌척한 것은 부자가 된 다음이었다. 목사는 내가 아직도 충분히 헌금하지 않는다고 생각한다. 그래서 "하나님의 말씀을 따르지 않으면, 결국 시련당하실 겁니다"고 은근히 협박한다. 그럼 나도 한 마디 한다.

"목사님 말씀이 아직 효력이 없는 모양입니다"라고.

Q 수입의 일정 부분, 가령 10%를 저축하겠다고 목표를 세웠습니까?

A 아니다. 나는 그렇게 용의주도한 사람이 아니었다. 그저 매일, 매주, 매달, 매년 돈이 생길 때마다 저축했을 뿐이다.

1941년 법대를 졸업한 후 내가 처음 얻은 직장은 테네시 주 녹스빌에 있는 테네시 강 유역개발공사였다. 월급은 105달러였다. 연봉으로 따지면 1,260달러였다. 겨우 10%만 저축했더라면, 돈이 되지 않았을 것이다. 2차대전으로 해군에서 복무하던 5년 동안, 나는 월급 21달러의 견습수병에서 시작해서 월급 230달러의 중위로 제대했다. 그 돈의 10%였다면, 그야말로 푼돈이었을 것이다. 1946년 해군에서 제대하면서, 나는 재향군인회에서 일자리를 얻었다. 연봉으로 3,300달러였다.

그로부터 5년 후, 재향군인회에서 받던 연봉이 7,600달러였지만 과감히 4,500달러에 해리스 은행으로 옮겼다. 1년 후 300달러가 인상되었지만, 연봉은 기껏해야 4,800달러에 불과했다. 결국 수입의 10%만 저축해서는 부족했다. 더 많이 저축해야 했다. 요즘 젊은이는 많은 봉급을 받는다. 따라서 10%만 저축해도 부자가 되는 데 큰 문제는 없을 것이다. 그러나 수입의 10% 이상을 저축한다면, 부자가 되는 속도도 그만큼 빨라진다.

내가 결혼한 후에도 아내는 5년 동안 직장에 다녔다. 우리는 아내의 봉급으로 생활했다. 내가 번 돈은 모두 저축하고 투자했다. 1947년부터 1952년 중반까지 그렇게 했다. 그녀의 월급은 겨우 300달러(연봉 3,600달러)였다. 그러나 그 돈이 우리의 디딤돌이었다. 그 돈 덕분에, 우리는 한 푼의 빚도 없이 지금의 집을 살 수 있었다.

5%이든, 10%이든, 아니 20%이든 저축은 훈련이다. 저축된 돈은 당신에게 힘을 줄 것이다. 어떤 수단을 쓰든, 당신이 필요한 이상을 저축하도록 하라. 그럼, 부자는 아니더라도 넉넉한 생활을 즐길 수 있을 것이다.

Q 하지만 친구들의 성화를 어떻게 이겨낼 수 있겠습니까?

A 날카로운 질문이다. 소위 「동류집단의 압력」이라는 것이다. 「친구 따라 강남 간다」는 속담에 비유할 수도 있다. 어떤 연령층이나 어떤 경제계층에도 이런 압력은 있게 마련이다. 가령 시카고나 대도시에는 가정부와 널찍한 앞마당이 없으면 대우받지 못하는 동네가 있다. 자신이 직접 잔디를 깎으며 땀을 흘리고 싶지만, 그렇게 할 수가 없다. 만약 그렇게 한다면, 이웃 사람들에게 핀잔을 받게 될 것이다. 또한 필요하든 않든 간에, 인정받으려면 가정부를 두어야 한다.

정도의 차이는 있지만, 이와 비슷한 압력이 모든 사회계층에 존재한다. 그런 압력은 거주하는 집, 몰고 다니는 자동차, 소속된 골프 클럽, 자식들이 다니는 학교 등등의 형태로 나타난다.

당신의 목표가 친구 따라 강남 가는 것이라면, 당신의 처지를 객관적으로 살펴보고 그런 위치를 유지하기 위해서 무엇을 해야만 하는지 분명히 알아야 한다. 그러나 부자가 되는 것이 당신의 목표라면, 어떤 상황에서도 당신의 생활수준을 이웃 사람에 맞추어서는 안된다.

설령 따돌림을 당할지라도, 당신의 운명을 스스로 통제할 수 있어야만 한다. 흥청망청대던 동류집단도 나중에는 당신의 계좌에 쌓인 돈을 부러운 눈으로 쳐다볼 것이다. 당신이 그들보다 부자가 된다면, 언제라도 따뜻한 환영을 받게 될 것이다.

Q 영 씨, 인생에서 돈 이외에 중요한 것이 무엇이라 생각합니까?

A 건강, 좋은 친구, 다정한 가족 등이 아니겠는가. 물론 당신 나름대로 다른 것을 덧붙일 수도 있다. 솔직히 나는 이런 분야에서 전문가가 아니지만, 한 가지 면에서 남보다 뛰어난 통찰력을 가졌다고 자신 있게 말할 수 있다. 바로 돈이다. 돈을 벌고, 돈을 관리하고, 돈을 지키는 방법에서는 전문가라 자신한다.

혹시 에이브러햄 매슬로 박사의 『욕구의 층위』라는 책을 읽어보았는가? 매슬로 박사는 매력이 넘치는 작가이자 사색가이다. 그는 인간의 욕구를 피라미드형으로 설명해 보였다. 피라미드는 「서바이벌」에서 시작된다. 말하자면, 최후까지 살아남는 것이다. 끝까지 살아남으려는 욕구는 누구에게나 있다. 가령 당신이 태평양 한가운데에서 뗏목에 몸을 싣고 있다면, 그때는 살아남겠다는 생각밖에 없을 것이다. 다우존스 지수가 어떻고, 이자율이 어떻고, 양키즈가 월드시리즈에서 우승했는지 등은 전혀 관심사가 아닐 것이다.

그러나 위기의 순간에서 벗어나 살아나면, 당신의 욕구는 「안전」이라는 것을 향하게 된다. 당신에게 해를 끼칠 수 있는 모든 것에서 안전할 수 있기를 바란다.

어느 정도 안전하다는 생각이 들게 되면, 당신의 욕구는 자연스레 「사회적 접촉」을 향하게 된다. 친구, 친척, 클럽, 교회, 공동체, 동호인, 동창회 등을 찾는다. 사회적 접촉을 유난히 중요하게 여기는 사람이 있지만, 그렇다고 사회에서 떨어져나와 외톨이로 살 수 있는 사람도 없다.

사회적으로 인정받고 나면, 「자존심」이라는 욕구가 찾아온다. 자신에게 자부심을 느끼고 싶은 것이다. 타인에게 존경과 칭찬을 받고 싶은 욕구라 말할 수 있다.

매슬로 박사에 따르면, 궁극적인 욕구는 「자기실현」이다. 그는 자기실현이라는 것이 무엇이고, 누구나 자기실현을 이룰 수 있는 것인지 분명하게 말해 주지 않는다. 그러나 자기실현이 우리가 바라는 궁극의 목표인 것만은 분명하다.

인간의 욕구에 대해 좀더 많은 것을 알고 싶다면, 도서관에서 에이브러햄 매슬로의 『욕구의 층위』라는 책을 찾아 읽어라. 그럼 많은 것을 배울 수 있을 것이다.

그러나 도서관에서도 찾아볼 수 없는 것이 있다. 바로 프레드 영이 주장하는 「부자가 되기 위한 삼각형」이라는 것이다. 삼각형은 「수입 / 지출」로 시작된다. 무조건 지출을 초과하는 수입이 있어야 한다. 그런 단계를 성취한 다음에야, 당신은 이 세상에서 「서바이벌」, 즉 살아남을 수 있다.

수입이 지출을 꾸준히 상회하게 된다면, 부자가 되기 위한 두 번째 단계, 즉 「저축 / 보험」이라는 단계를 준비할 수 있다. 나는 저축과 보험을 하나로 생각한다. 실제로 종신 생명보험은 저축 수단일 수 있기 때문이다. 당신에게 필요한 만큼 저축과 보험을 마련하게 되면, 이제 「투자」 프로그램에 뛰어들 준비를 한다. 주식, 채권, 부동산, 사업, 보석, 예술품 등에 투자한다. 당신에게 적합한 것을 선택하도록 한다.

투자를 어느 정도 해놓은 다음에는 마지막으로 「유언」을 생각해야만 한다. 당신이 땀흘려 일한 대가로 그런 재산을 저축하고 모을 수 있었다. 따라서 당신이 죽기 전에, 그 재산을 어떻게 처분하라고 결정할 권리가 당신에게는 있다. 죽음은 피할 수 없는 것이다. 거듭 말하지만, 당신이 돈을 마음대로 처분할 수 있을 때 유언을 준비하도록 하라. 물론, 당신에게 돈이 한 푼도 없다면 유언할 것도 없겠지만.

매슬로가 말했던 「자기실현」은 돈이 듬뿍 담긴 「신탁계좌」였을 것이다. 부자가 되려는 사람의 궁극적인 목표도 바로 그것이다. 또한 그것은 신분의 상징이기도 하다.

테네시 동부의 시골에서 자랐던 어린 시절, 자동차는 신분의 상징이었다. 멋진 자동차를 볼 때마다, 우리는 "저 커다란 자동차를 좀 봐. 차 주인은 틀림없이 부자일 거야. 저런 자동차를 몰려면 부자여야 한다고"라고 말했다.

사실이었다. 당시는 신용 있는 사람이라면 누구라도 커다란 자동차를 살 수 있었다. 주택 또한 신분의 상징이었다. 우리는 언덕 위에 세워진 커다란 집을 바라보면서, "저 집 좀 봐. 정원수가 너무 멋있어. 집 주인은 틀림없이 부자일 거야. 저런 집에서 살려면 부자여야 한다고"라고 말했다.

그러나 요즘 우리는 멋진 정원수로 둘러싸인 커다란 집을 볼 때마다, "저 집에는 저당이 얼마나 잡혀 있을까?"라고 말한다.

그러나 든든한 신탁계좌가 있다면, 저당 같은 것은 필요없다.

248

그래, 부자가 되어도 좋고 부자가 되지 않아도 좋다. 당신이 진짜 부자라면, 부자라고 자랑하고 다닐 필요도 없다. 그래도 다른 사람이 알아준다. 당신이 부자라는 것을 영원히 감출 수는 없기 때문이다.

그렇다, 돈 이외에도 인생에는 중요한 것이 많다. 그러나 당신에게 돈이 있다면, 다른 중요한 것들도 쉽게 성취하고 즐길 수 있을 것이다.

Q 당신 가족은 하루에 생활비로 49달러를 쓴다고 말했습니다. 하루에 49달러로 어떻게 살아갑니까? 그 정도라면 극빈자 수준인데요.

A 그 질문에는 세 가지로 나누어 대답하겠다.

(1) 그 49달러는 세금이 포함되지 않은 액수이다. 소득세는 얼마를 버느냐에 따라 달라진다. 생활비와는 아무런 관계가 없다.

(2) 나에게는 빚이 없다. 따라서 이자를 갚을 이유가 없다. 오히려 나는 은행에서 이자를 받는다. 그러나 당신에게 빚이 있다면, 이자까지도 생활비에 포함시켜야 할 것이다.

(3) 그 49달러에는 교회나 자선단체에 기부하는 돈이 포함되지 않는다. 나는 자선단체에 충분한 돈을 기부하고 있다고 믿는다. 그런 돈까지 생활비에 포함시킨다면, 기부금을 선뜻 내놓기가 망설여질 것이다.

이렇게 따져볼 때, 하루에 49달러는 적은 액수가 아니다. 물론 우리는 아직도 절약하며 생활하지만, 하고 싶은 것은 다하며 살아간다.

Q 투자 초년병이라면 어떤 주식에 투자하는 것이 바람직하겠습니까?

A 투자 초년병이라면, 이름이 널리 알려진 초일류급 회사에 투자하라. 가령 AT & T, IBM, 엑슨 등이다.

처음에는 이름도 알려지지 않은 벤처 기업을 피하도록 하라. 투기적 성격이 짙기 때문이다. 떨어지기 시작하면, 걷잡을 수 없이 떨어진다. 주식을 팔고 싶어도 팔리지 않는다. 그런 쓰라린 패배를 맛보면 증권시장을 영원히 등지게 되는 수가 있다. 그럼 국가 경제가 자금원을 잃게 되는 셈이다. 또한 부자가 되겠다는 당신의 동기마저도 상실하게 된다.

우량 주식으로 시작하라. 그리고 어떤 이유 때문에 오르고 내리는지 느껴보도록 하라. 배당금을 받는 즐거움을 만끽한 다음에야, 위험성이 높은 투기적 시장에 뛰어들어라.

Q 당신이 거둔 최고의 투자는 무엇이었습니까?

A 물론 내가 살고 있는 집이다. 나는 그 집을 1952년에 1만 9,500 달러에 샀다. 40년이 지난 지금, 그 집의 시가는 20만 달러가 넘는다. 25만 달러를 받을 수도 있다. 그러나 나는 그 집을 투자 목적으로 산 것이 아니었다. 우리가 살고 싶은 공간을 산 것이다. 그 집이 대단한 이익을 남지게 된 것은 순전히 우연이다.

Q 그럼 주식에서 거둔 최고의 투자는 어땠습니까?

A 1950년대 중반과 후반에 샀던 피바디 석탄회사였다고 생각한다. 당시 피바디는 거의 파산할 것처럼 보였다. 피바디는 매출에서 순위를 다투던 거대한 석탄공급회사였다. 그러나 가정용 난방

으로 천연가스가 확산되면서 석탄이 시장에서 밀려나고 있었다. 피바디는 보통주만이 아니라 우선주에서도 배당금을 건너뛰었다. 당연히 주가는 3달러로 곤두박질쳤다.

그때 피바디는 오토 그레센스라는 새로운 최고경영자를 영입했다. 그레센스는 석탄 소매업에서 손을 떼고, 종업원을 대대적으로 해고하고, 비싼 임대료를 내야 하는 중심가에서 벗어나 임대료가 저렴한 외곽지로 회사를 이전시키겠다고 발표했다. 한마디로 비용을 최대한 줄이겠다는 것이었다. 그러면서 석탄을 장기적으로 사용할 대상을 찾아나섰다.

나는 그레센스의 능력을 믿었다. 그래서 나는 피바디 주식을 3달러에 사들였다. 곧 2.78달러로 떨어졌다. 나는 더 사들였다. 그후 3.12달러로 올랐다. 나는 더 사들였다. 주가는 계속 올랐다. 5달러, 10달러, 32달러, 37달러로 올랐다. 케네컷 구리회사가 피바디를 인수한다고 발표했을 때에는 48.5달러까지 올라갔다. 그때의 성공으로 나는 해리스 은행에서 「마법사」라는 별명을 얻게되었다.

Q 그럼 최악의 투자는 무엇이었습니까?

A 네 회사가 파산하는 것을 무력하게 지켜보아야 했던 적이 있다. 나로서는 최악의 투자였을 것이다. 그러나 엄격하게 말하면 그렇지도 않다. 적어도 세 회사는 악의적으로 파산한 것이 아니었다. 다시 말하지만, 희망이 있을 때에만 파산도 경험하는 것이다. 희망이 없다면, 소리없이 사라질 뿐이다.

당시 나는 분명히 알고 있었다. 위험이 아주 높은 벤처 기업에 투자했기 때문에, 투자액을 모두 잃을 수도 있다는 것을. 하지만 일이 제대로 풀려, 넷 중에 하나라도 성공한다면 모든 손실을 보충하고도 거금을 손에 쥘 수 있었다. 그러나 불행히도 네 회사 모두 그런 기적을 만들어내지 못했다. 성공과 실패의 커다란 차이를 씁쓰레한 마음으로 되씹어야 했다.

중요한 것은 투기적인 투자를 할 때 부담해야 할 위험을 아는 것이다. 그리고 그런 위험을 기꺼이 감수하는 데에서 만족을 찾는 것이다.

나는 그때의 실패를 조금도 후회하지 않는다. 다른 곳에서 성공한 것으로 그런 실패를 완전히 씻어낼 수 있었기 때문이다.

Q 우리 같은 사람이 투자하려면 어디에 도움을 청해야 할까요?

A 어디에서도 실질적인 도움을 얻을 수 없다. 당신 스스로 알아서 해야 한다. 가령 당신에게 돈이 조금 있다고 하자. 그럼 투자 상담자, 은행 신탁부서 등은 당신 돈을 관리해 주는 대가로 수수료를 챙기려 달려들 것이다. 그러나 그런 전문가가 소액을 다룬다는 것은 경제적이지 못하다. 그들에게는 50만 달러도 코묻은 돈으로 보일 때가 있다.

물론 증권회사 직원에게 도움을 청할 수도 있다. 그러나 기억하라! 그들의 첫째 목적은 주식을 사고 파는 것이다. 투자 자문이 아니다. 최종 결정은 당신 몫이다. 당신이 선택한 주식이 내린다고 해서 다른 사람을 탓하지 말라.

당장 서점으로 달려가라. 투자에 관련된 책을 찾아보라. 엄청나게 많을 것이다. 그럼 프레드 영의 『가난했던 나 백만장자가 되다』로 시작하라. 더 많은 것을 알고 싶으면, 리처드 리펜바크의 『봉급의 덫을 이겨내는 법』(맥그로 힐)을 읽어라. 초보자에게는 썩 괜찮은 책이다.

벤저민 그레이엄의 『영리한 투자자』(하퍼&로)는 투자에 대한 고전이다. 이 책은 1949년에 초판이 발간되었지만, 아직도 건전한 투자를 위해서는 반드시 읽어야 할 책이다. 그 이후의 개정판도 괜찮다.

경제의 흐름에 대해서 알고 싶다면, 로버트 제네츠키의 『경제의 비밀』(1986)을 읽어보라. 쉽게 씌어 있어 재미있게 읽을 수 있다. 제목대로 경제의 비밀을 파악하는 데 도움이 될 것이다.

마지막으로는 밀턴 프리드먼의 『선택의 자유』(하코트, 브레이스, 자바노비치)를 권하고 싶다. 프리드먼이 책에서 말하고 있는 것을 완전히 이해할 때까지 두고 두고 읽을 만한 책이다.

하나 더! 일간지의 경제면을 꼼꼼히 읽어라. 경제 신문이나 경제 잡지도 빼놓지 마라. 읽을 것이 너무 많다고 투덜대지 마라. 시간이 없다고 변명하지 마라. 저녁 시간, 주말, 휴일, 휴가…….시간은 얼마든지 있다.

실수를 두려워하지 마라. 노련한 투자자도 때로는 실수한다. 실수에서 교훈을 얻도록 하라. 성공이 실패를 충분히 만회해 줄 것이라고 생각하라.

한 가지 더! 공공단체나 대학에서 투자에 대한 강좌를 무료로 개설하고 있다. 증권회사도 약간의 비용으로 투자 강좌를 열고 있다. 그런 강좌도 상당히 도움이 될 것이다.

Q 뮤추얼 펀드에 대해서 어떻게 생각하십니까?

A 뮤추얼 펀드도 재산을 늘리는 데 효과적인 방법이다. 뮤추얼 펀드는 시장 상황에 대한 민첩한 대응, 전문적인 관리, 지속적인 감독, 유동성, 꾸준한 재투자를 보장해 준다. 그밖에도 수많은 혜택과 편의성을 제공해 준다.

이런 이점 때문에, 뮤추얼 펀드는 요즘 엄청난 인기를 누리고 있다. 그런 폭발적인 인기를 등에 업고, 뉴욕증권시장에 상장된 주식의 수보다 뮤추얼 펀드가 더 많은 실정이다. 따라서 뮤추얼 펀드를 선택하는 데 신중해야 한다.

또한 당신이 염두에 두고 있는 목표를 지향하는 뮤추얼 펀드를 선택해야 한다. 가령 당신이 현재의 수익보다는 자본 증자를 중요하게 여긴다면, 자본 증자를 목표로 삼는 뮤추얼 펀드를 선택해야 한다. 반대로 안전하면서 최대의 수익을 얻고자 한다면, 안전성과 수익성을 지향하는 뮤추얼 펀드를 선택해야 한다. 펀드의 안내서를 꼼꼼히 살펴보면, 각 펀드가 지향하는 목표가 무엇인지 상세히 씌어 있다.

Q 영 씨, 요즘에는 절세법을 모르면 부자가 될 수 없다는 이야기를 들었습니다. 당신은 어떤 식으로 절세했습니까?

A 요즘에는 그런 질문을 하는 사람이 드물다. 1986년에 개정된 세법으로 그 질문은 두 가지 점에서 의미가 없어졌다.

첫째, 최고 세율이 28%(어떤 경우에는 33%)로 줄어들어 절세라는 의미가 많이 퇴색되었다. 둘째, 개정된 세법은 순수한 의미에서의 세제 특혜를 없애는 방향으로 나가고 있다. 따라서 고소득층에게 유리하던 세금우대조치가 대부분 삭제되고 말았다.

어쨌든 당신 질문에 대답해 보자. 내 절세법은 백만장자가 되기 전과, 백만장자가 된 후로 나누어 설명할 필요가 있다.

내가 돈을 벌려고 아등바등하던 시절, 나는 세금을 꼬박꼬박 낼 수밖에 없었다. 지금도 주택융자금은 세금을 감면받을 수 있는 가장 보편적인 방법이지만, 나는 집을 사면서 한 푼도 융자받지 않았다. 지방채를 적잖게 보유하고 있었지만, 그것도 세금을 감면받거나 재산을 늘리는 데 별 도움이 되지 않았다. 정년퇴직할 즈음 나는 소득의 거의 60%를 세금으로 내는 애국자였다. 울화통이 터졌지만, 국민의 의무이므로 어쩔 수 없었다.

나는 절세를 반대하지 않는다. 절대 반대하지 않는다. 다만 나에게 적합한 절세법을 찾아내지 못했을 뿐이다. 당시 내가 찾아낼 수 있었던 절세법은 절세법이라기보다는 오히려 탈루법에 가까웠다. 마침내 내가 찾아낸 해결책은 부자에게만 적용될 수 있는 방법이었다. 부자가 되기 위해 발버둥치는 사람을 위한 것은 아니었다. 따라서 나는 백만장자가 되기 위해서 혼신의 노력을 다했다. 그 과정에서 한 푼의 탈세도 없었다.

그러나 재산이 백만 달러를 넘어서면서 세금 혜택은 당면의 과제로 떠올랐다. 나는 이런 방법을 사용했다.

(1) 해리스 은행에서 퇴직하면서, 나는 퇴직금을 한번에 목돈으로 받아서 곧바로 전액을 개인연금계좌에 집어넣었다. 그때 한 푼의 세금도 내지 않았다. 내가 그 계좌에서 돈을 인출할 때까지 원금이나 이자에 대해서 세금을 지불할 필요가 없다. 법에서 규정한 대로, 70.5세가 되는 순간부터

돈을 인출하면 그만이다.

1985년 중반에 70.5세가 되었으니, 나는 매년 일정액을 인출하면서 그 액수에 대한 세금을 지불하면 된다. 말하자면, 세금을 「유예」시켰을 뿐이다. 그러나 세금을 유예시킬 때마다, 유예된 돈만큼을 유용하게 활용할 수 있다. 바로 그 점이 중요하다. 나는 앞으로도 계속해서 그 계좌에서 돈을 인출할 것이다. 물론 인출한 액수에 대한 세금도 충실하게 납부할 것이다.

(2) 나는 65세가 되면서 노후연금에 가입했다. 연간 1만 5천 달러를 납부하는 연금이었다. 그것 또한 70.5세가 되어 납입금을 인출할 때까지 세금이 유예되는 형식이었다. 물론 1985년 중반 70.5세가 되면서 추가납입을 하지 않았다.

(3) 1981년 나는 66세였다. 그 해, 경제회복을 위한 세법 개정이 있으면서 내 나이에도 정식 개인연금계좌에 가입할 수 있어 매년 2천 달러를 불입하기 시작했다. 물론 이 불입금도 70.5세가 되면서 중단시켰다. 이 계좌도 노후연금처럼 유예된 세금만큼의 소득을 늘려주고 있다.

(4) 1981년 개정된 세법에 따라, 공익형 주식의 배당금을 재투자할 경우에도 세금 유예를 받을 수 있었다. 나를 비롯해서, 그 세법을 활용한 사람들은 매년 1,500달러의 세금을 유예받았다. 1981년 개정세법의 이 조항은 5년 후에 자동 폐기되었지만, 나는 그렇게 유예받은 7,500달러를 당시 저평가되었던 주식에 전액 투자할 수 있었다. 그때 사들인 주식을 팔 때까지 7,500달러에 대한 세금을 납부할 필요가

없다.

(5) 마지막으로, 1981년 12%의 이자를 보장해 주면서 면세 혜택을 주었던 채권을 상당량 사들였다.

별것 아니라고? 물론, 큰 부자에게는 별것이 아니다. 그러나 당신이나 나처럼 평범한 사람에게는 결코 무시할 액수가 아니다. 또한 그처럼 하찮아 보이는 세금 혜택이 1946년에도 시행되었더라면, 나는 지금 더 큰 부자가 되었을 것이다.

개인연금제도를 절대 무시하지 마라. 이 제도는 가난한 사람을 위해 만들어진 것이었다. 큰 부자에게는 연간 2천 달러가 아무것도 아니지만, 그런 것을 최대한 이용하려는 우리 같은 사람에게는 행복한 노년을 보장해 줄 수 있다.

또한 1981년부터 1986년까지 한시적으로 적용된 것으로, 공익형 주식의 배당금을 재투자할 경우 유예되었던 연간 1,500달러도 큰 부자에게는 의미가 없었겠지만, 보다 윤택한 삶을 살고 싶었던 우리에게는 굉장한 선물이었다.

솔직히 말해서, 능력 있다는 사람들이 개인연금제도를 이용하지 않는 이유를 이해할 수 없다. 1986년 개정된 세법에서 몇 가지 제약이 생기기는 했지만, 너무나 좋은 제도이다. 그래서 오히려 무시하는 것일까? 아쉽게도 소수의 노동자만이 이 제도를 활용하고 있을 뿐이다.

보라! 직장이 없는 배우자라면 연간 2천 달러 혹은 2,250달러를 불입할 수 있다. 직장이 있을 경우에는 4천 달러까지 불입이 가능하다. 결국 그만큼의 돈에 대한 세금을 유예받는다는 뜻이다. 그런데도 많은 사람이 이런 장점을 깨닫지 못하고 있다.

보라! 어떤 상황에서는 2천 달러, 2,250달러, 4천 달러 이상을 불입할 수 있다. 나는 그렇게 했다. 개인연금제도는 두 부분으로 나누어져 있다. 하나는 널리 알려진 것으로, 연간 불입액이 2천 달러, 2,250달러, 4천 달러라는 것이다. 다른 하나는 대부분이 모르고 있는 것이다.

가령 당신이 퇴직연금을 차근차근 적립하고 있다고 해보자. 그런데 어떤 이유로 중도에 회사를 그만둘 경우, 사업주가 당신에게 목돈으로 주는 퇴직금을 개인연금계좌로 「이월」시킬 수 있다는 것이다. 상한선은 없다. 말하자면, 10억 달러라도 이월시킬 수 있다.

물론 당신이 퇴직금을 일시에 받을 수 있는지는 사업주에게 달려 있다. 당신이 그렇게 달라고 요구할 수는 없다. 현재 극소수의 사업주만이 그렇게 해주고 있지만, 앞으로는 점점 그런 추세로 변해 갈 것이다.

해리스 은행은 엄격한 선별기준에 따라 퇴직금을 일시에 지급했다. 나는 경영진을 설득시켰다. 퇴직금을 한번에 받더라도, 해리스 은행이 피해를 입지 않도록 철저히 관리할 자신이 있다고 말했다. 물론 건달 같은 사람이 해리스 은행에서 부행장으로 퇴직했다고 떠들고 다닌다면, 사업주로서는 무척이나 못마땅할 것이다. 은행의 이미지에 결코 좋은 일이 아니기 때문이다.

해리스 은행이 엄격한 선별기준을 적용했던 이유를 충분히 이해할 수 있다. 그러나 요즘 들어 해리스 은행은 원하는 직원에게 차별 없이 퇴직금을 일시에 지급해 주고 있다.

그럼, 내가 받은 퇴직금 29만 2천 달러를 개인연금계좌에 이월시켜 어떤 식으로 투자했는지를 말해 주겠다. 바로 이런 이야기를 듣고 싶을 것이다.

나는 대부분을 고수익률의 회사채에 투자했다. 인출할 때까지 세금을 낼 필요가 없기 때문에 당연히 고수익이 보장된다. 그렇게 투자해서 나는 연간 3만 달러의 수익을 올렸지만 세금을 유예받았다. 70.5세 이후로 법에 규정된 최소한의 액수를 인출하고 있으며, 나머지 금액은 재투자해서 현재 연간 3만 6,500달러의 수익을 올리고 있다. 물론 세금을 유예받은 소득이다.

1년에 3만 6,500달러가 어느 정도라고 생각하는가? 1년이 365일이니, 정확히 하루에 100달러다. 토요일, 일요일, 국경일에도 100달러를 벌어들인다.

말하자면, 우리집 거실에서 무럭무럭 자라는 포도나무와도 같다. 매일 밤 자정이 되면, 100달러짜리 지폐가 돈바구니에 떨어진다. 그리고 자정을 넘어서면 곧바로 100달러 지폐가 서서히 만들어지기 시작한다. 시간이 지나면서, 100달러 지폐는 점점 커진다. 오늘 밤 자정에도 100달러 지폐는 어김없이 내 돈바구니에 떨어진다. 굉장하지 않은가?

당신도 이처럼 무럭무럭 자라는 포도나무를 기르고 싶지 않은가? 나는 개인연금계좌와 퇴직금을 이용해서 그런 포도나무를 키웠다. 지금이라도 시작하라. 그럼, 당신의 포도나무도 매일 10달러, 20달러, 50달러를 맺어줄 것이다. 젊어서 시작한다면, 당신의 포도나무는 매일 200달러를 돈바구니에 떨어뜨려줄 것이다.

얼마의 결실을 맺느냐는 것은 당신이 얼마나 일찍 시작하느냐에 달려 있다. 결국 당신이 알아서 할 일이다.

Q 영 씨, 당신의 충고대로 해서 부자가 된 사람이 있습니까?

A 물론이다. 바로 내가 그 증거다. 하지만 당신 질문은 다른 사람이 있느냐는 뜻일 것이다.

내가 회장으로 있는 「재산 지키기 운동」의 회원 중에 이미 백만장자가 된 사람이 여럿 있다. 물론 그들은 전에도 윤택한 생활을 하던 사람들이다. 그러나 아직 백만장자의 수준에는 이르지 못했지만, 내 충고를 진지하게 받아들여 예전보다 훨씬 윤택하게 살아가고 있는 사람은 헤아릴 수 없이 많다.

내가 모든 사람을 백만장자로 만들려는 것은 아니다. 그렇게 할 능력도 없다. 다만 어렵게 살아가는 사람들에게 좀더 잘살 수 있다는 용기를 북돋워주려는 것뿐이다. 그런 점에서 내 노력이 헛되지 않았다는 증거를 보여주는 눈물겨운 편지들이 내 서류함에 잔뜩 쌓여 있다.

Q 영 씨, 향락에는 젊었을 때 즐겨야 한다는 이야기가 있습니다. 당신의 충고와는 완전히 상반되는 것입니다. 이런 이야기에 대해서 어떻게 생각하십니까?

A 당신이 선택할 문제이다. 나는 그런 인생관에 대해서 왈가왈부할 처지가 아니다. 그러나 당신이 인생을 즐기기 위해 돈을 써대고 싶다면, 다음 세 가지 중의 하나를 분명히 해야 한다.

(1) 막대한 유산을 받아라.

(2) 부잣집 도련님이나 아가씨와 결혼하라.

(3) 둘 모두 불가능하면, 젊어서 죽어버려라. 젊어서 죽지 못하면, 필경 당신은 고달프고 피곤한 노후를 맞아야 할 것이

다. 이렇게 악담을 퍼부어서 미안하다. 그렇지만 재미있으라고 한 이야기는 결코 아니다.

Q 영 씨, 1987년 8월에도 당신의 강연을 들은 적이 있습니다. 그때, 당신은 재산의 순가치가 거의 3백만 달러에 가깝다고 말했습니다. 그런데 1991년 11월 현재, 당신의 순가치는 280만 달러입니다. 대체 어떻게 된 일입니까?

A 좋은 질문이고 날카로운 지적이다. 그렇게 순가치가 줄어든 것에는 두 가지 이유가 있다.

(1) 1987년 10월의 시장붕괴로 거의 2년간 가치가 감소된 상태였다. 1987년 10월 19일 하루에만, 내가 보유한 주식의 가치가 23만 8천 달러나 떨어졌다. 그러나 성급히 팔지 않았다. 오히려 값이 떨어진 주식을 더 많이 사들였다. 덕분에 1989년 8월에는 3백만 달러 수준을 회복할 수 있었다.

(2) 1987년 8월의 강연을 들었다면 알고 있겠지만, 순가치가 줄어든 더 중요한 이유는 기부금 때문이다. 우리는 매년 10만 달러 이상을 기부한다. 12월중에 집중적으로 기부한다. 따라서 그동안 기부한 40만 달러를 계산한다면, 나는 만족스런 성과를 거두었다고 생각한다.

Q 당신은 검소한 생활을 합니다. 또한 우리에게도 그런 생활을 하라고 요구합니다. 그런데 어떻게 그렇게 많은 돈을 기꺼이 기부할 수 있는지 이해가 되지 않습니다.

A 두 가지 이유 때문이다.

(1) 당신에게 많은 돈이 있다면, 옳다고 믿는 것을 기꺼이 도와줄 수 있어야 한다. 일종의 공중도덕이라 생각한다.

(2) 이제 나는 상속세를 현실적인 문제로 고민해야 하는 나이가 되었다. 아내와 자식에게 120만 달러까지는 세금 없이 재산을 상속해 줄 수 있다. 그러나 그 이상을 넘어서 3백만 달러까지는 무려 55%의 상속세가 부과된다.

나는 소득세만은 언제나 충실하게 납부해야만 한다고 믿었다. 그런 자세가 훌륭한 시민의식이라 생각한다. 또한 나는 최고세율의 소득세를 납부하는 계층에 속하려고 열심히 노력했다.

그러나 상속세는 다르다. 솔직히 말해서, 세금을 완납한 소득의 55%를 정부가 다시 징수한다는 것이 기분 나쁘다. 그래서 내 순가치를 55%의 상속세율 적용액 이하로 떨어뜨리려고 의도적으로 노력한다. 자선단체에 열심히 기부하는 것도 그런 맥락에서 이해하면 된다. 당신이 4년 후에 내 강연을 다시 듣게 된다면, 그런 이유 때문에 내 순가치는 더욱 떨어져 있을 것이다.

Q 영 씨, 요즘에도 그렇게 열심히 일하시는 이유가 뭡니까? 이제 당신에게는 쓰고 남을 정도의 돈이 있지 않습니까? 죽을 때, 돈을 짊어지고 갈 수도 없을 텐데요.

A 그렇다, 저승까지 돈을 가져갈 수는 없다. 그러나 내가 이 땅에 살았다는 증거를 남겨두고 싶다. 내가 원하는 것도 바로 그것이다.

내가 계속 일하는 이유는 간단하다. 세상에서 돈 버는 재미보다 나은 것이 없기 때문이다. 낚시, 골프, 운동, 여행 등에서는 별다른 흥미를 느낄 수 없다. 그래서 내가 가장 재미있어 하는 것을 즐길 뿐이다. 그렇게 못할 이유가 없지 않은가?

나는 해리스 은행의 신탁계좌를 바탕으로 모든 거래를 해결한다. 돈 버는 일에 재미를 느끼는 한 계속할 생각이다. 내가 죽고 나면 상속자들은 두 가지를 알게 될 것이다.

첫째, 내가 재산을 몽땅 들고 저승에 가지 않았다는 것과 둘째, 내가 이 땅에 살았다는 증거를 남겨놓았다는 것이다.

내 재산을 상속받는 사람들은 무척이나 즐거워할 것이다. 그럼 내 상속자는 누구인가? 내 아내와 두 자식, 그리고 두 손자이다. 나를 가르쳐주었던 대학, 그리고 내가 일에서 손을 떼고 싶을 때 나를 위해 편안한 보금자리를 마련해 줄 양로원에도 일정액을 남겨줄 생각이다.

평범한 월급쟁이에서 백만장자가 되기까지[*]

미국인의 40%가 저축을 하고 있습니다.

미국인의 60%는 저축을 하지 않습니다.

신사 숙녀 여러분, 이것은 유감스런 일입니다.

미국의 저축률은 미국의 산업성장을 뒷받침해 주기에 너무나 낮습니다. 그래서 더욱 유감입니다.

우리 국민의 60%가 쓸쓸하고 고달픈 노년을 보내고 있기 때문에, 더욱 유감입니다.

65세 이상 국민의 60%가 면세점 이하의 소득에서 허덕대고 있기 때문에 더욱 유감입니다.

하지만 저축하는 40%의 국민이 신탁회사에 요구하는 서비스는 나날이 늘어나고 있습니다. 그런 요구 덕분에, 여러분과 나와 같은 사람은 일할 기회가 늘어납니다.

이 나라에 절대적으로 필요한 것은 더 많은 사람이 저축하도록

---

* 이 연설은 1991년 1월 30일, 로스앤젤레스의 힐튼 호텔에서 있었던 전미신탁관련회사 직원의 연례모임에서 행한 것이다.

장려하는 것입니다.

그 비율을 역전시켜야만 합니다. 적어도, 국민의 60%가 저축을 하도록 만들어야만 합니다.

그래야, 수많은 사회 문제가 해결될 것입니다.

그래야, 수많은 납세자에게 세금유예 혜택을 나눠줄 수 있을 것입니다.

그래야, 신탁회사의 고객이 지금보다 50% 이상 늘어날 것입니다.

그래야, 우리 같은 사람들에게 고용의 기회가 늘어날 것입니다.

국민의 60% 이상이 저축하는 것이 가능할 수 있을까요?

나는 가능하다고 생각지 않습니다. 대공황 이후로, 미국의 세법은 저축하는 사람에게 절대적으로 불리했고 지금도 마찬가지입니다. 지금 이 순간에도, 의회는 「부자」에 대한 세금을 인상하겠다고 벼르고 있습니다. 정말 그럴 듯하게 들리지 않습니까!

그러나 의회는 부자에게 무거운 세금을 매기겠다고 떠들어대지만, 정작 케네디 가문이나 록펠러 가문에 대해서는 입도 뻥긋하지 않습니다. 푼돈을 모아 저축하는 40%의 국민에게 화살을 겨누고 있는 것입니다.

요즘 들어, 1980년대 동안 가진 사람과 없는 사람의 격차가 더욱 커졌다는 이야기가 들립니다. 결국 레이건 행정부를 비난하는 소리입니다. 가난한 사람에게서 빼앗아 부자에게 주었다는 음모론까지 제기되는 실정입니다.

여러분도 이런 이야기를 들었을 것입니다.

그런 이야기가 나돈다고 놀랄 것은 전혀 없습니다. 당연한 결과입니다. 저축하는 40%와 저축하지 않는 60%가 지금처럼 계속되는 한, 가진 사람과 없는 사람의 격차는 나날이 커질 것입니다.

어떤 시기와 비교해도 마찬가지일 것입니다. 물론 정부가 저축하는 사람에게서 빼앗아서 저축하지 않는 사람에게 준다면 달라질 것입니다. 소위 「부의 재분배」라는 이름으로 알려진 것입니다.

내 분석에 따르면, 레이건 행정부는 후버 행정부 이후로 부의 재분배를 가장 등한시했던 정부였습니다. 바로 그런 이유 때문에, 가진 사람과 없는 사람의 격차가 더욱 심하게 커졌던 것입니다.

그래서 나는 저축하는 여러분에게 당부드립니다. 정부가 여러분에게서 빼앗아 없는 사람에게 주려 해도 흥분하지 말라는 것입니다. 그런 것 때문에 풀이 죽어서는 안됩니다.

저축하는 40%의 국민을 바탕으로, 정부는 부를 재분배해야만 합니다. 그렇지 않으면, 저축하는 40%가 모든 것을 소유하고, 저축하지 않는 60%는 아무것도 갖지 못할 것입니다. 재분배가 없는 한, 그렇게 되는 것은 시간 문제일 뿐입니다. 물론 우리가 그런 수준에 이르렀다고 말하는 것은 아닙니다.

우드포드 씨, 지금 이 방에는 당신 회사의 신탁부서를 찾을 예비고객이 400여 명 앉아 있습니다. 40%는 실제로 당신을 찾아오겠지만, 60%는 그렇지 못할 것입니다.

당신을 찾아오는 40% 중에서,
일부는 관리형 신탁을,
일부는 저축형 신탁을,

266

일부는 가계형 신탁을,

일부는 보험형 신탁을,

일부는 상속형 신탁을 개설할 것입니다.

물론 약속만 해두는 고객도 있을 것입니다.

당신을 찾아오는 40% 중에서,

일부는 유산을 상속받았을 것이고,

일부는 부자와 결혼했을 것이고,

그 나머지는 부자가 되기 위해 억척스레 일하는 사람일 것입니다.

나는 부자가 되려고 억척스레 일했던 사람입니다.

이 자리에 모인 여러분도 억척스레 일하는 사람들입니다. 그런 여러분을 위해서 몇 가지 중요한 조언을 드리려 합니다.

시작은 간단합니다. 버는 것보다 덜 쓰십시오. 그리고 그 차액을 유망한 것에 투자하십시오.

여러분이 무슨 생각을 하는지 나는 알고 있습니다. 여러분의 머리가 복잡하게 돌아가는 소리가 들리는 것 같습니다. "영 씨, 버는 것보다 덜 쓸 수가 없습니다. 쥐꼬리만큼 벌지만, 쓸 곳은 태평양이라고요" 하고 빈정거릴 수도 있습니다.

물론입니다. 당연합니다. 그러나 규모 있게 생활하지 않는 한, 언제나 지출이 소득을 초과하게 마련입니다. 규모 있는 생활을 해야만 합니다. 현재 당신의 처지를 객관적으로 점검해 보아야 합니다. 당신의 재정적 상황을 경영적 차원에서 보아야 합니다. 당신의 돈이 어디로 새나가는지 알아야 합니다. 음식비, 의상비, 주거비, 유흥비,

교통비 등으로 얼마를 지출하는지 기록해야 합니다.

10개나 12개의 항목이면 충분할 것입니다. 각 항목에서 지출되는 비용을 수시로 살펴보고, 그 비용을 아껴서 장래를 위해 도움이 되는 것에 투자할 수는 없었는지 반성해 보십시오. 기본적이면서도 근본적인 것입니다. 여러분이 신탁회사 직원에서 대고객으로 성장하고 싶다면, 이런 식으로 시작해야 합니다.

효과가 있을 것입니다. 내가 그렇게 했기 때문에, 효과가 있을 것이라 자신 있게 말할 수 있습니다.

1952년 4월 해리스 은행의 신탁부서에 발령받았을 때, 나는 37세였습니다. 2만 6천 달러의 연봉을 모두 주식에 투자했습니다. 그때 생활비는 아내의 봉급으로 해결했습니다. 빚은 없었습니다. 집도 없었고, 자동차도 없었고, 텔레비전도 없었습니다.

그로부터 27년 후 해리스 은행을 퇴직할 때, 내 손에는 104만 달러가 있었습니다. 그렇게 신탁회사의 고객이 되었습니다. 1990년 12월 말, 내 재산은 252만 달러입니다. 지난 5년 동안 50만 달러를 자선단체에 기부했음에도 말입니다.

현재 내 투자소득은 하루에 492달러입니다. 토요일, 일요일, 국경일을 가리지 않습니다. 매일 492달러를 벌어들입니다. 거듭 말하지만, 그것은 투자에서만 얻는 소득입니다. 오늘처럼 무료 점심이나 강연료, 자문료, 저작권료, 책 인세 등은 포함되지 않은 액수입니다. 그런데 「부자가 되는 법, 부자로 남는 법」에 대해 쓴 이 책은 12.95 달러입니다. 여러분에게 좋은 선물이 될 것입니다.

요즘 나는 신탁회사의 종업원이 아니라 고객이라는 자격으로 무료 점심을 즐깁니다. 엄청난 차이가 있습니다. 나는 이제 고객으로서의 즐거움을 만끽합니다. 신탁회사의 고객이 되었다는 것은, 내가 일생 동안 경험했던 가장 멋진 사건의 하나였습니다!

정말 멋지지 않습니까!

고맙습니다.

강연이 끝나자 젊고 매력적인 아가씨가 강단으로 다가왔다. 그리고 함박웃음을 머금은 얼굴로 이렇게 말했다.

"영 씨, 너무 감동적이었습니다! 제가 신탁회사의 고객이 될 수 있다고는 한 번도 생각하지 못했습니다. 지금껏, 그들은 나와 다른 세계에서 사는 사람들이라 생각했습니다."

나는 배부른 소크라테스가 되고 싶다

어떻게 하면 부자가 될 수 있을까?

진정한 성직자를 제외할 때, 이 땅에서 부자가 되고 싶지 않은 사람이 있을까? 과연 어느 정도의 재산을 가져야 부자라고 떳떳하게 말할 수 있는 것일까?

서점에 나가 보면 소위 「재테크」라는 이름으로 재산을 관리하는 방법에 대한 책이 널려 있다. 그러나 그런 책들은 한결같은 방향으로 씌어 있다. 조금 과장해서 말하면, 돈이 없는 사람에게는 전혀 쓸모가 없는 책이다. 일정한 돈이 마련된 사람이 돈을 굴리는 방법에 대해서 씌어져 있기 때문이다.

그러나 프레드 영의 『가난했던 나 백만장자가 되다』는 다르다. 처음부터 시작한다. 테네시 동부의 시골 구석에서 태어난 사내가 맨손으로 수백만장자로 거듭나는 과정을 솔직하게 이야기해 준다. 폭넓은 경험·재치·권위, 그리고 보통사람의 느낌과 열망을 포착해 내는 감각 등을 총망라해서, 프레드 영은 우리에게 부자가 되는 법을 가르쳐준다. 더 나아가서 부자가 된 다음, 어렵게 모은 재산을 지키는 방법에 대해서도 말해 준다.

그가 가르쳐주는 방법은 자신이 몸소 겪은 생생한 경험담과 30년 이상을 미국에서 손꼽히는 투자신탁회사에 근무한 경력을 바탕으로 한 까닭에, 일반적인 재테크 책과는 다른 독특한 모습을 보여준다. 앞뒤가 딱 들어맞는 실질적인 조언은 우리가 구체적인 삶에서 적합한 결정을 내리는 방법, 그리고 소득을 꾸준히 늘려가기 위해서 어떤 변화가 있어야 하는지를 가르쳐준다.

프레드 영은 솔직하다. 자신이 백만장자로 성장하는 과정에서 터득한 성공의 비밀을 우리에게 그대로 나눠주려 한다. 그의 비밀이 완전한 것이라 말하지는 않지만, 절대적인 것이라 말한다. 그런 절대적 조언을 멀리하는 사람을 나무라고 꾸짖는다. 아예 "일찍 죽어버려라!"고 악담까지 해댄다.

이런 점에서, 이 책은 너무나 솔직하고 재미있다. 솔직한 만큼, 어려운 이론적인 이야기는 전혀 없다. 쉽게 읽혀진다. "왜 진작 이런 것을 몰랐을까!"라고 무릎을 치게 만든다.

프레드 영은 과장하거나 꾸미지 않는다. 있는 그대로 이야기한다. 6장의 첫부분을 읽으면서, 옮긴이는 '이렇게 글을 써도 되는 것인가?'라는 의구심이 일었다. 그만큼 현실을 직설적으로 이야기한다. 그렇기 때문에 실감나게 읽혀진다.

옮긴이는 이 책을 번역하면서 '나도 부자가 될 수 있겠구나'라는 자신감을 얻었다. 독자 여러분보다 몇 개월 먼저 읽었기 때문에 그만큼 여러분보다 빨리 부자가 될 수 있는 처지에 있다. 이것도 프레드 영이 가르쳐준 비밀의 하나이다.

그러나 프레드 영은 부자가 되기 위해서는 희생이 따라야 한다고 말한다. 그런 희생이 전제될 때, 행복이 싹틀 수 있다고 한다. 그가 말하는 행복은 물질적 풍요에서 시작된다. 그는 부자가 되는 과정은 행복을 만들어가는 과정이라고 주장한다. 신자유주의가 지배하는 오늘의 세상에서, 그의 말은 조금도 틀리지 않다.

배고픈 소크라테스가 되겠는가, 아니면 배부른 돼지가 되겠는가? 둘 다 되기 싫다. 나는 배부른 소크라테스가 되고 싶다. 프레드 영이 가르쳐준 방법대로 하면 그렇게 될 수 있을 것 같다. 이 책에 담겨 있는 가르침을 그대로 따라보자. 그러면 우리도 궁핍한 혹은 평범한 삶에서 벗어나 멋진 신세계에 들어설 수 있을 것이다.

다시 말하면, 우리같이 평범한 사람도 부자가 되고 부자로 남아 자식들에게 유산을 왕창 물려줄 수 있을 것이다.

생극에서
강주헌